高等职业教育教材

生物化学检验技术

吴九玲　陈瑞云　冯丽雄　主编

化学工业出版社

·北京·

内容简介

《生物化学检验技术》所编检测项目主要是目前药品、保健品及食品检测最常见的项目。全书围绕氨基酸、蛋白质、酶、糖、脂肪、核酸、维生素七类生物化学物质设置检测项目，共七个工作项目。每个项目从定性检测到定量检测两个方面分设不同的工作任务，每一个工作任务的检测都引用新型的、常用的检测方法。

本书可作为高等职业院校生物技术类、食品类、药品类等相关专业的教材，也可作为生物化学检验相关技术人员的参考用书。

图书在版编目（CIP）数据

生物化学检验技术 / 吴九玲，陈瑞云，冯丽雄主编.

北京 ：化学工业出版社，2024.10. --（高等职业教育教材）. -- ISBN 978-7-122-46982-3

Ⅰ. R446.1

中国国家版本馆 CIP 数据核字第 20244UT164 号

责任编辑：王 芳 提 岩
责任校对：宋 玮
装帧设计：关 飞

出版发行：化学工业出版社
      （北京市东城区青年湖南街 13 号 邮政编码 100011）
印   装：北京云浩印刷有限责任公司
787mm×1092mm 1/16 印张 14¾ 字数 347 千字
2025 年 10 月北京第 1 版第 1 次印刷

购书咨询：010-64518888
售后服务：010-64518899
网   址：http://www.cip.com.cn
凡购买本书，如有缺损质量问题，本社销售中心负责调换。

定   价：45.00 元   版权所有 违者必究

编写人员名单

主　编	吴九玲	深圳城市职业学院
	陈瑞云	深圳城市职业学院
	冯丽雄	深圳城市职业学院
副主编	余展旺	深圳城市职业学院
	伍　辉	深圳城市职业学院
	陈巧红	深圳城市职业学院
	匡海奇	深圳城市职业学院
参　编	张　霖	深圳理工大学
	万恒兴	深圳城市职业学院
	李　敏	深圳城市职业学院
	袁思敏	深圳城市职业学院
	余姝桥	深圳城市职业学院
	官昭英	深圳城市职业学院
	何曼文	深圳城市职业学院
	周理华	深圳城市职业学院
	袁克湖	深圳重链生物科技有限公司
	张健高	深圳华润九新药业有限公司
	卓秋琦	深圳万乐药业有限公司
主　审	杨国武	深圳市计量质量检测研究院

前言

《生物化学检验技术》以深圳城市职业学院校本教材的形式，在校试用十余年。主编及编者们结合多年的工作经验和教学实践经验，根据职业教育的特点、生物化学检验技术最新要求进行了完善。其主要特色为：

1. 体现科学性、准确性、实用性、先进性，以适应职业教育教学需求

（1）科学性：教材编写重点关注学生能做（会做）什么，在做中学；重点教会学生如何完成工作任务，知识、技能学习结合任务完成过程来进行；用职业能力表述课程目标；以工作任务为教学内容；围绕工作任务学习的需要，以典型产品或服务为载体设计学习项目及任务。

（2）准确性：教材中的检测任务参考最新的国际、国家标准规范和行业标准。

（3）实用性：所纳入的检测项目，以药品、保健品、食品行业工作岗位中普遍检测的项目为主。

（4）先进性：无论是传统检测项目，还是新检测项目，均以体现最新理论、最新观点、最新方法、最新评价标准为编写的实体，突出生物化学检验技术技能的先进性。

2. 有机融入课程思政

项目学习目标中明确提出素质目标，比如作为检验人员，必须严格按照标准完成检验操作、对检验结果能实事求是地记录、能与他人分工协作等。"导学阅读"结合课程特点及职业特点设置拓展阅读。

3. 配套丰富数字资源

书中以二维码链接的形式配套微课、电子课件、习题答案等资源，形成纸数融合新形态教材。

在本教材的编写过程中，深圳城市职业学院科研办及应用生物学院给予大力支持，在此表示衷心的感谢！限于编者经验和水平，书中不妥之处在所难免，恳请读者批评指正。

编者

2025 年 3 月

项目七　维生素的检测 —————————————— 190

项目学习检测参考答案

项目一
氨基酸的检测

 学习目标

知识目标：1. 熟悉氨基酸的定义、种类、结构特点；
    2. 熟悉氨基酸的理化性质；
    3. 了解氨基酸的功能及应用。

技能目标：1. 会查找氨基酸检测相关依据及标准；
    2. 会利用颜色反应完成氨基酸的定性鉴定；
    3. 会用色谱分离法点样并分离氨基酸；
    4. 会用甲醛滴定法测定口服液中氨基酸的含量。

素质目标：1. 养成实验室安全防护习惯（佩戴护目镜/手套），培养安全防护意识；
    2. 树立原始数据记录规范性意识，确保检测数据可追溯性；
    3. 恪守检测数据真实性原则，客观出具检测结果。

氨基酸的故事

≫导学阅读　　世界上第一个工业化生产的氨基酸产品——谷氨酸钠

  世界上最早从事氨基酸工业化生产的是日本味之素公司的创始人池田菊苗。他于 20 世纪 40 年代初在实验室中偶然发现：在海带浸泡液中可提取出一种白色针状结晶物。该物质具有强烈鲜味，分析结果表明它是谷氨酸的一种钠盐。池田菊苗找到一种工业化生产味之素的新途径，即利用小麦粉加工淀粉后剩下的"面筋"为原料，首先用盐酸将其水解得到谷氨酸，然后加入纯碱中和即可得到食品级的谷氨酸钠。谷氨酸是世界上第一个工业化生产的氨基酸单一产品。此后，科学家可利用蛋白质水解法将羽毛、人发、猪血等原料水解成氨基酸，但这些氨基酸多为"DL 混合型氨基酸"，其拆分十分困难。

★思考与讨论

① 世界上第一个工业化生产的氨基酸单一产品是什么？

② 氨基酸是什么？其来源有哪些？

  氨基酸（amino acid）在药品、食品、化妆品中的应用非常广泛。氨基酸在医药上主要用来制备复方氨基酸注射液，也用作治疗药物，以及用于合成多肽药物。目前用作药物的氨基酸有 100 多种，其中包括 20 种构成蛋白质的氨基酸和 100 多种构成非蛋白质的氨基酸。

有关氨基酸的检测方法很多，在《中华人民共和国药典》（简称《中国药典》）及国家标准中均有规定。本项目选取食品、药品中有关氨基酸产品的定性、定量检测工作内容作为学习任务。

 知识储备

氨基酸是含有氨基和羧基的一类有机化合物的统称，是指含有一个碱性氨基和一个酸性羧基的有机化合物，通式为：$H_2NCHRCOOH$。氨基酸由 C、H、O、N 四种元素组成。

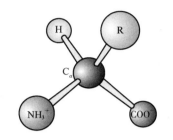

图 1-1　α-氨基酸结构示意图

一、氨基酸的结构式

氨基连在 α-碳上的为 α-氨基酸。α-氨基酸结构示意图如图 1-1 所示。

组成蛋白质的 20 种常见氨基酸的名称和结构式见表1-1。

表 1-1　20 种常见氨基酸的名称和结构式

分类	名　　称	中文缩写	英文缩写		结构式
			三字母缩写	单字母缩写	
非极性氨基酸	甘氨酸（α-氨基乙酸） Glycine	甘	Gly	G	$CH_2{-}COO^-$ $\quad\ \overset{\mid}{\underset{+}{N}}H_3$
	丙氨酸（α-氨基丙酸） Alanine	丙	Ala	A	$CH_3{-}CH{-}COO^-$ $\qquad\overset{\mid}{\underset{+}{N}}H_3$
	亮氨酸（γ-甲基-α-氨基戊酸）* Leucine	亮	Leu	L	$(CH_3)_2CHCH_2{-}CHCOO^-$ $\qquad\qquad\ \overset{\mid}{\underset{+}{N}}H_3$
	异亮氨酸（β-甲基-α-氨基戊酸）* Isoleucine	异亮	Ile	I	$CH_3CH_2CH{-}CHCOO^-$ $\qquad\overset{\mid}{C}H_3\ \overset{\mid}{+}NH_3$
	缬氨酸（β-甲基-α-氨基丁酸）* Valine	缬	Val	V	$(CH_3)_2CH{-}CHCOO^-$ $\qquad\qquad\overset{\mid}{\underset{+}{N}}H_3$
	脯氨酸（α-四氢吡咯甲酸） Proline	脯	Pro	P	
	苯丙氨酸（β-苯基-α-氨基丙酸）* Phenylalanine	苯丙	Phe	F	
	甲硫（蛋）氨酸（α-氨基-γ-甲硫基戊酸）* Methionine	蛋	Met	M	$CH_3SCH_2CH_2{-}CHCOO^-$ $\qquad\qquad\ \overset{\mid}{\underset{+}{N}}H_3$

续表

分类	名　称	中文缩写	英文缩写（三字母缩写）	英文缩写（单字母缩写）	结构式
非极性氨基酸	色氨酸[α-氨基-β-（3-吲哚基）丙酸]*　Tryptophan	色	Trp	W	（吲哚环）—$CH_2CH(^+NH_3)COO^-$
非电离的极性氨基酸	丝氨酸（α-氨基-β-羟基丙酸）　Serine	丝	Ser	S	$HOCH_2{-}CH(^+NH_3)COO^-$
	谷氨酰胺（α-氨基戊酰胺酸）　Glutamine	谷胺	Gln	Q	$H_2N{-}\overset{O}{C}{-}CH_2CH_2CH(^+NH_3)COO^-$
	苏氨酸（α-氨基-β-羟基丁酸）*　Threonine	苏	Thr	T	$CH_3CH(OH){-}CH(^+NH_3)COO^-$
	半胱氨酸（α-氨基-β-巯基丙酸）　Cysteine	半胱	Cys	C	$HSCH_2{-}CH(^+NH_3)COO^-$
	天冬酰胺（α-氨基丁酰胺酸）　Asparagine	天胺	Asn	N	$H_2N{-}\overset{O}{C}{-}CH_2CH(^+NH_3)COO^-$
	酪氨酸（α-氨基-β-对羟苯基丙酸）　Tyrosine	酪	Tyr	Y	$HO{-}(C_6H_4){-}CH_2{-}CH(^+NH_3)COO^-$
酸性氨基酸	天冬氨酸（α-氨基丁二酸）　Aspartic acid	天	Asp	D	$HOOCCH_2CH(^+NH_3)COO^-$
	谷氨酸（α-氨基戊二酸）　Glutamic acid	谷	Glu	E	$HOOCCH_2CH_2CH(^+NH_3)COO^-$
碱性氨基酸	赖氨酸（α，ω-二氨基己酸）*　Lysine	赖	Lys	K	$^+NH_3CH_2CH_2CH_2CH_2CH(NH_2)COO^-$
	精氨酸（α-氨基-δ-胍基戊酸）　Arginine	精	Arg	R	$H_2N{-}\overset{^+NH_2}{C}{-}NHCH_2CH_2CH_2CH(NH_2)COO^-$
	组氨酸[α-氨基-β-（4-咪唑基）丙酸]　Histidine	组	His	H	（咪唑环）—$CH_2CH(^+NH_3)COO^-$

注：名称中结构式带*为必需氨基酸。

二、氨基酸的分类

氨基酸的分类

（一）按照氨基酸的来源分类

氨基酸种类很多，其中人体所需的氨基酸约有 20 种。一般根据氨基酸的来源可将其分为蛋白质氨基酸和非蛋白质氨基酸。

（1）蛋白质氨基酸（proteinogenic amino acid）　蛋白质氨基酸是直接参与蛋白质分子合成的氨基酸，是由遗传密码子编码的氨基酸，除脯氨酸外均为 α-氨基酸。

（2）非蛋白质氨基酸（non-proteinogenic amino acid）　非蛋白质氨基酸是除蛋白质氨基酸以外的不能直接参与蛋白质分子合成的氨基酸，也是不由遗传密码子编码的氨基酸。包括 D-氨基酸或 β-氨基酸、γ-氨基酸、δ-氨基酸，例如：瓜氨酸、鸟氨酸、茶氨酸、β-丙氨酸、γ-氨基丁酸、5-氨基乙酰丙酸等。

（二）按照氨基酸侧链 R 基的化学结构分类

蛋白质氨基酸按照侧链 R 基的化学结构可以分为以下几种。

（1）脂肪族氨基酸（aliphatic amino acid）　侧链 R 基为脂肪族基团的蛋白质氨基酸。例如：丙氨酸、缬氨酸、亮氨酸、异亮氨酸、甲硫氨酸（蛋氨酸）、天冬氨酸、谷氨酸、赖氨酸、精氨酸、甘氨酸、丝氨酸、苏氨酸、半胱氨酸、天冬酰胺、谷氨酰胺。

（2）芳香族氨基酸（aromatic amino acid）　侧链 R 基为芳香基团的蛋白质氨基酸。例如：苯丙氨酸、酪氨酸、色氨酸。

（3）杂环族氨基酸（heterocyclic amino acid）　侧链 R 基为咪唑环或吲哚环的蛋白质氨基酸。例如：组氨酸。

（4）杂环亚氨基酸（heterocyclic imino acid）　含有亚氨基且侧链 R 基为吡咯环的蛋白质氨基酸。例如：脯氨酸。

（三）按照氨基酸侧链 R 基的极性分类

蛋白质氨基酸可以按照侧链 R 基的极性分为非极性氨基酸和极性氨基酸。

（1）非极性氨基酸（nonpolar amino acid）　侧链 R 基为非极性基团的蛋白质氨基酸。例如：丙氨酸、缬氨酸、亮氨酸、异亮氨酸、脯氨酸、苯丙氨酸、色氨酸、甲硫氨酸（蛋氨酸）。

（2）极性氨基酸（polar amino acid）　侧链 R 基为极性基团的蛋白质氨基酸。

根据 pH 值为 7.0 时 R 基是否电离及其所带电荷，极性氨基酸可分为极性不带电荷氨基酸、极性带负电荷氨基酸以及极性带正电荷氨基酸。

① 极性不带电荷氨基酸　例如：甘氨酸、丝氨酸、苏氨酸、半胱氨酸、酪氨酸、天冬酰胺、谷氨酰胺。

② 极性带负电荷氨基酸　例如：天冬氨酸、谷氨酸。

③ 极性带正电荷氨基酸　例如：赖氨酸、精氨酸、组氨酸。

（四）按照营养学需求分类

蛋白质氨基酸可以按照营养学需求分成必需氨基酸、半必需氨基酸（条件必需氨基酸）、非必需氨基酸。

（1）必需氨基酸（essential amino acid）　人（或其他脊椎动物）体内必不可少，而机体内又不能合成，必须由食物供给的蛋白质氨基酸。对成人来说，必需氨基酸有 8 种，包括赖氨酸、蛋氨酸、亮氨酸、异亮氨酸、苏氨酸、缬氨酸、色氨酸和苯丙氨酸。对婴儿来说，组氨酸和精氨酸也是必需氨基酸。各种动物所需必需氨基酸的种类大致相同，但因各自遗传特性的不同，也存在一定的差异。

必需氨基酸缺乏的症状有：缺乏活力和精力；早衰现象；伤口愈合性能差；儿童发育迟缓。必需氨基酸的主要功能：身体的成长、维护及保养所需。

（2）条件必需氨基酸（conditionally essential amino acid）或半必需氨基酸（semi-essential amino acid）　特定条件下，人（或其他脊椎动物）能够合成但不能满足正常需要的蛋白质氨基酸。例如：精氨酸、组氨酸、谷氨酰胺等。

（3）非必需氨基酸（nonessential amino acid）　人（或其他脊椎动物）能够自身合成，无须从食物中获取的蛋白质氨基酸。例如：甘氨酸、丙氨酸、脯氨酸、酪氨酸、丝氨酸、半胱氨酸、天冬酰胺、天冬氨酸、谷氨酸。

（五）按照构型分类

D/L 构型的定义源自于甘油醛的构型，属于相对构型。D/L 构型命名法有其局限性，只适用于含有氢原子的手性碳原子。通常是含有羟基和氢原子的手性碳原子更易用 D/L 命名，羟基在手性碳原子右侧的叫 D-型，羟基在手性碳原子左侧的叫 L-型。

将 α-氨基酸用 Fischer（费歇尔）投影式表示，羧基写在竖线的上方，R 基写在竖线的下方，氨基和氢写在横线的两侧，若氨基的位置与 L-甘油醛中羟基的位置一致，就定义为 L-氨基酸；若与 D-甘油醛中羟基的位置一致，就定义为 D-氨基酸。即若氨基在左定义为 L-氨基酸；若氨基在右则定义为 D-氨基酸（图 1-2）。

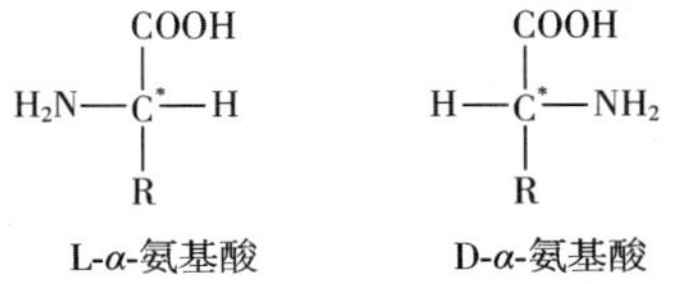

图 1-2　α-氨基酸的 D/L 构型

L-型氨基酸例如：L-苯丙氨酸、L-丙氨酸、L-色氨酸、L-酪氨酸、L-组氨酸、L-精氨酸、L-天冬氨酸、L-谷氨酸、L-异亮氨酸、L-亮氨酸、L-甲硫氨酸（蛋氨酸）、L-脯氨酸、L-丝氨酸、L-苏氨酸、L-缬氨酸等。

D-型氨基酸例如：D-苯丙氨酸、D-丙氨酸、D-色氨酸、D-酪氨酸、D-组氨酸、D-精氨酸、D-天冬氨酸、D-谷氨酸、D-异亮氨酸、D-亮氨酸、D-甲硫氨酸（蛋氨酸）、D-脯氨酸、D-丝氨酸、D-苏氨酸、D-缬氨酸、D-胱氨酸等。

DL-型氨基酸例如：DL-甲硫氨酸（蛋氨酸）、DL-色氨酸、DL-丝氨酸、DL-精氨酸、DL-亮氨酸、DL-苯丙氨酸、DL-天冬酰胺、DL-丙氨酸、DL-酪氨酸、DL-脯氨酸、DL-胱氨酸、DL-组氨酸、DL-天冬氨酸、DL-谷氨酰胺等。

天然的氨基酸多数是 L-构型的。甘氨酸是 α-氨基乙酸，无手性碳原子，没有 D-构型和 L-构型之分。

（六）按氨基在碳原子上的位置分类

氨基酸按氨基在碳原子上的位置分成 α-氨基酸、β-氨基酸、γ-氨基酸、δ-氨基酸等。α-氨基酸的氨基与羧基均连接于同一个 α 碳原子上。β-氨基酸的氨基则位于羧基相邻的第 2 个碳原子上，以此类推。

（1）α-氨基酸　如甘氨酸、丙氨酸、亮氨酸、异亮氨酸、缬氨酸、胱氨酸、半胱氨酸、甲硫氨酸、苏氨酸、丝氨酸、苯丙氨酸、酪氨酸、色氨酸、鸟氨酸、瓜氨酸等。

（2）β-氨基酸　如β-苯丙氨酸、β-丙氨酸、β-硫代正亮氨酸等。

（3）γ-氨基酸　如γ-氨基丁酸等。

（4）δ-氨基酸　如δ-氨基戊酸等。

三、氨基酸的物理性质

氨基酸为无色晶体，熔点超过200℃。α-氨基酸有酸、甜、苦、鲜等不同味感。谷氨酸单钠盐和甘氨酸是用量最大的鲜味调味料。氨基酸一般易溶于水、酸溶液和碱溶液，不溶或微溶于乙醇或乙醚等有机溶剂。不同氨基酸在水中的溶解度不一样，例如酪氨酸的溶解度最小，25℃时，100g水中酪氨酸仅溶解0.045g，但在热水中酪氨酸的溶解度较大。赖氨酸和精氨酸常以盐酸盐的形式存在，因为它们极易溶于水，因潮解而难以制得结晶。

（1）外观　常见的氨基酸多为无色离子结晶体，结晶形状因氨基酸的结构不同而有所差异，如L-谷氨酸为四角柱形结晶，D-谷氨酸则为菱形片状结晶。

（2）熔点　氨基酸结晶的熔点较高，一般在200～300℃，许多氨基酸在达到或接近熔点时会分解成胺和CO_2。

（3）溶解度　绝大部分氨基酸都能溶于水（表1-2）。不同氨基酸在水中的溶解度有差别，如赖氨酸、精氨酸、脯氨酸的溶解度较大，酪氨酸、半胱氨酸、组氨酸的溶解度很小。各种氨基酸都能溶于强碱和强酸，但氨基酸不溶或微溶于乙醇。

表 1-2　氨基酸在 25℃水中的溶解度　　　　　　　　　　单位：g/L

氨基酸	溶解度	氨基酸	溶解度	氨基酸	溶解度
丙氨酸（Ala）	167.2	甘氨酸（Gly）	249.9	脯氨酸（Pro）	620.0
精氨酸（Arg）	855.6	组氨酸（His）	41.9	丝氨酸（Ser）	422.0
天冬酰胺（Asn）	28.5	异亮氨酸（Ile）	34.5	苏氨酸（Thr）	13.2
天冬氨酸（Asp）	5.0	亮氨酸（Leu）	21.7	色氨酸（Trp）	13.6
半胱氨酸（Cys）	280.0	赖氨酸（Lys）	739.0	酪氨酸（Tyr）	0.4
谷氨酰胺（Gln）	7.2（37℃）	蛋氨酸（Met）	56.2	缬氨酸（Val）	58.1
谷氨酸（Glu）	8.5	苯丙氨酸（Phe）	27.6	—	—

（4）味感　氨基酸及其衍生物具有一定的味感，如酸、甜、苦、鲜等。其味感的种类与氨基酸的种类、立体结构有关。从立体结构上讲，一般来说，D-型氨基酸都具有甜味，其甜味强度高于相应的L-型氨基酸。

（5）紫外吸收特性　氨基酸的一个重要光学性质是对光有吸收作用。20种构成蛋白质的氨基酸在可见光区域均无光吸收；在远紫外区（<220nm）均有光吸收；在紫外区（近紫外区）（220～300nm）只有苯丙氨酸、酪氨酸、色氨酸三种氨基酸有光吸收能力，这三种氨基酸的R基含有苯环共轭双键系统。苯丙氨酸的最大光吸收在259nm，酪氨酸在275nm，色氨酸在278nm。蛋白质一般都含有这三种氨基酸基团，可以利用280nm波长处的紫外吸收特性定量

检测蛋白质的含量。

氨基酸中仅色氨酸、酪氨酸和苯丙氨酸能产生荧光，甚至蛋白质分子中的色氨酸也仍然会产生荧光（激发波长 280nm，在 348nm 波长处荧光最强）。氨基酸所处的环境极性对它们的紫外吸收和荧光性质有影响，可以通过这些氨基酸的环境变化对生色基团产生的微扰作用所引起的光谱变化来考查蛋白质构象的变化。

（6）氨基酸的立体结构　蛋白质温和水解（酸或酶法）产生的所有氨基酸除甘氨酸外，都具有旋光性，这种性质（手性）是因为有不对称 α-碳原子存在，根据碳原子上四种不同取代基的正四面体位置，可以得到两种立体异构体（或对映体）。两种立体异构体用费歇尔法表示，按 D- 和 L- 甘油醛类推。天然存在的蛋白质中，只存在 L 型异构体的氨基酸。氨基酸的这种结构一致性是决定蛋白质结构的一个主要因素。异亮氨酸、苏氨酸、羟基赖氨酸和羟基脯氨酸等 4 种氨基酸各有第二个不对称中心（即 β-碳原子），所以它们各有 4 种立体异构体，如 L-苏氨酸、D-苏氨酸、L-别苏氨酸、D-别苏氨酸。某些氨基酸的 D 型异构体存在于一些微生物的细胞壁和具有抗菌作用的多肽内，如放线菌素 D、短杆菌肽和短杆菌酪肽。

四、氨基酸的两性解离

1.两性解离与等电点

氨基酸分子中同时含有酸性基团和碱性基团，既能与较强的酸反应，也能与较强的碱反应而生成稳定的盐，具有两性化合物的特征。

氨基酸在水溶液或结晶内基本上均以兼性离子的形式存在。所谓兼性离子是指在同一个氨基酸分子上带有能释放出质子的—NH_3^+ 正离子和能接受质子的—COO^- 负离子，因此氨基酸是两性电解质。

氨基酸的等电点：氨基酸的带电状况取决于所处环境的 pH 值，改变 pH 值可以使氨基酸带正电荷或负电荷，也可使它的正负电荷数相等，刚好以偶极离子形式存在。偶极离子形式的氨基酸在电场中，既不向负极移动，也不向正极移动，呈电中性，即净电荷为零的两性离子状态。使氨基酸所带正负电荷数相等即净电荷为零时的溶液 pH 值称为该氨基酸的等电点，通常用 pI 表示。

当氨基酸溶液的 pH 大于 pI（如加入碱）时，氨基酸中的—NH_3^+ 给出质子，氨基酸主要以阴离子形式存在，在电场中则向正极移动。反之，当溶液的 pH 小于 pI（如加入酸）时，氨基酸中的—COO^- 结合质子，这时氨基酸主要以阳离子形式存在，在电场中则向负极移动，见图 1-3。各种氨基酸由于其组成和结构的不同而具有不同的等电点。中性氨基酸的等电点小于 7，一般为 5.0～6.5。酸性氨基酸的等电点为 3 左右。碱性氨基酸的等电点为 7.58～10.8。带电颗粒在电场的作用下，向着与其电性相反的电极移动，称为电泳（electrophoresis，EP）。由于各种氨基酸的分子量和 pI 不同，在相同 pH 的缓冲溶液中，不同的氨基酸不仅带的电荷状况有差异，而且在电场中的泳动方向和速率也往往不同。因此，基于这种差异，可用电泳技术分离氨基酸的混合物。例如，天冬氨酸和精氨酸的混合物置于电泳支持介质（滤纸或凝胶）中央，调节溶液的 pH 值至 6.02（为缓冲溶液）时，此时天冬氨酸（pI=2.98）带负电荷，在电场中向正极移动，而精氨酸（pI=10.76）带正电荷，向负极移动。

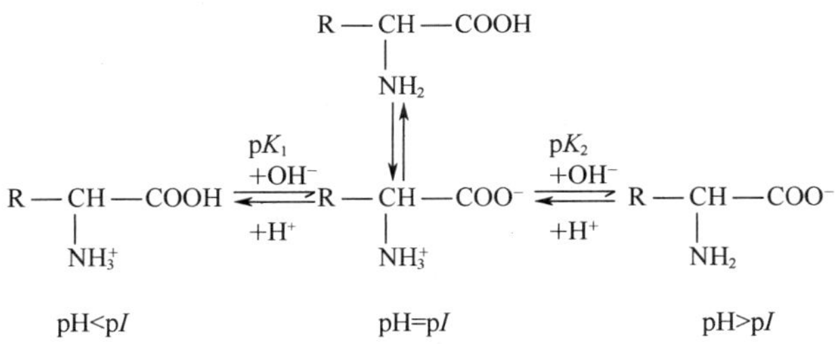

图 1-3　氨基酸的两性解离

pH<pI 时氨基酸带正电荷，在电场中向负极移动；pH=pI 时氨基酸呈两性离子，净电荷为零，在电场中不移动；
pH>pI 时，氨基酸带负电荷，在电场中向正极移动

2. 解离常数

图 1-3 解离式中 K_1 和 K_2 分别代表 α-碳原子上—COOH 和—NH$_2$ 的表观解离常数。解离常数 pK_1 是 K_1 的负对数，pK_2 是 K_2 的负对数。表观解离常数是在特定条件（一定溶液浓度和离子强度）下测定的。等电点的计算可由其分子上解离基团的表观解离常数来确定。氨基酸的解离常数见表 1-3。一般 pI 值等于两个相近的 pK 值之和的一半，比如天冬氨酸、赖氨酸的等电点。

表 1-3　氨基酸的解离常数及其性质

三字母缩写	单字母缩写	中文译名	支链	分子量	等电点	羧基解离常数	氨基解离常数	R 基解离常数	R 基
Gly	G	甘氨酸	亲水性	75.07	6.06	2.35	9.78		—H
Ala	A	丙氨酸	疏水性	89.09	6.11	2.35	9.87		—CH$_3$
Val	V	缬氨酸	疏水性	117.15	6.00	2.39	9.74		—CH—(CH$_3$)$_2$
Leu	L	亮氨酸	疏水性	131.17	6.01	2.33	9.74		—CH$_2$—CH(CH$_3$)$_2$
Ile	I	异亮氨酸	疏水性	131.17	6.05	2.32	9.76		—CH(CH$_3$)—CH$_2$—CH$_3$
Phe	F	苯丙氨酸	疏水性	165.19	5.49	2.20	9.31		—CH$_2$—C$_6$H$_5$
Trp	W	色氨酸	疏水性	204.23	5.89	2.46	9.41		—C$_8$NH$_6$
Tyr	Y	酪氨酸	疏水性	181.19	5.64	2.20	9.21	10.46	—CH$_2$—C$_6$H$_4$—OH
Asp	D	天冬氨酸	酸性	133.10	2.85	1.99	9.90	3.90	—CH$_2$—COOH
Asn	N	天冬酰胺	亲水性	132.12	5.41	2.14	8.72		—CH$_2$—CONH$_2$
Glu	E	谷氨酸	酸性	147.13	3.15	2.10	9.47	4.07	—(CH$_2$)$_2$—COOH
Lys	K	赖氨酸	碱性	146.19	9.60	2.16	9.06	10.54	—(CH$_2$)$_4$—NH$_2$
Gln	Q	谷氨酰胺	亲水性	146.15	5.65	2.17	9.13		—(CH$_2$)$_2$—CONH$_2$
Met	M	甲硫氨酸	疏水性	149.21	5.74	2.13	9.28		—(CH$_2$)—S—CH$_3$
Ser	S	丝氨酸	亲水性	105.09	5.68	2.19	9.21		—CH$_2$—OH
Thr	T	苏氨酸	亲水性	119.12	5.60	2.09	9.10		—CH(CH$_3$)—OH
Cys	C	半胱氨酸	亲水性	121.16	5.05	1.92	10.70	8.37	—CH$_2$—SH
Pro	P	脯氨酸	疏水性	115.13	6.30	1.95	10.64		—C$_3$H$_6$
His	H	组氨酸	碱性	155.16	7.60	1.80	9.33	6.04	
Arg	R	精氨酸	碱性	174.20	10.76	1.82	8.99	12.48	

3. 多氨基氨基酸（碱性氨基酸）和多羧基氨基酸（酸性氨基酸）的解离

多氨基氨基酸和多羧基氨基酸的解离过程一般是：先解离 α-COOH，随后解离其他—COOH；然后解离 α-NH$_3$，随后解离其他—NH$_3^+$。总之羧基的解离度大于氨基，α-C 上基团的解离度大于非 α-C 上同一基团的解离度。

4. 氨基酸的酸碱滴定曲线

以甘氨酸为例：甘氨酸溶于水时，溶液 pH 值为 5.97，分别用标准 NaOH 和 HCl 滴定，以溶液 pH 值为纵坐标，以加入 HCl 和 NaOH 的物质的量为横坐标作图，得到滴定曲线。该曲线一个十分重要的特点就是在 pH=2.34 和 pH=9.60 处有两个拐点，分别为其 pK_1 和 pK_2。规律：pH<pK_1'时，[R$^+$]>[R$^±$]>[R$^-$]；pH>pK_2'时，[R$^-$]>[R$^±$]>[R$^+$]；pH=pI 时，净电荷为零；pH<pI 时，净电荷为"＋"；pH>pI 时，净电荷为"－"。

图 1-4 是甘氨酸的解离酸碱滴定曲线，横坐标由左向右形成的曲线是用 NaOH 滴定的曲线，溶液的 pH 由小到大逐渐升高；横坐标由右向左形成的曲线是用盐酸滴定的曲线，溶液的 pH 由大到小逐渐降低。曲线中从左向右第一个拐点是氨基酸羧基解离 50% 的状态，第二个拐点是氨基酸的等电点，第三个拐点是氨基酸氨基解离 50% 的状态。

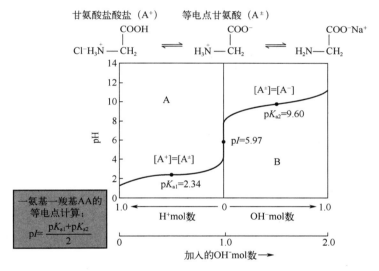

图 1-4　甘氨酸的解离酸碱滴定曲线

（pK_{a1} 为甘氨酸羧基解离常数，pK_{a2} 为甘氨酸氨基解离常数）

五、氨基酸的化学性质

氨基酸和蛋白质分子中的反应基团主要是指它们的氨基、羧基和侧链的反应基团即巯基、酚羟基、羟基、硫醚基、咪唑基和胍基等。这些反应基团参与的化学反应有的可用来对蛋白质和肽进行化学修饰，改善它们的亲水性和疏水性或功能特性；有的被用于对蛋白质和氨基酸进行定量分析，例如氨基酸与茚三酮、邻苯二甲醛或荧光胺反应是氨基酸定量分析中常用的反应。

氨基酸的
化学性质

1. 氨基的反应

（1）酰化　氨基可与酰化试剂如酰氯或酸酐在碱性溶液中反应，生成酰胺。该反应在多肽合成中可用于保护氨基。

氨基与酰化试剂（通常是酰氯）反应的一般反应式为：

$$R—CO—Cl + NH_2—R' \rightarrow R—CO—NH—R' + HCl$$

其中，R—CO 表示酰基，R'表示氨基酸的侧链基团。酰氯中的羰基（C=O）与氨基发生亲核加成反应，生成酰胺，同时释放出氯化氢（HCl）作为副产物。

（2）与亚硝酸作用　氨基酸在室温下与亚硝酸反应，脱氨，生成羟基羧酸和氮气。因为伯胺都有这个反应，所以赖氨酸的侧链氨基也能反应，但速度较慢。此反应常用于蛋白质的化学修饰、水解程度测定及氨基酸的定量分析。反应式如下：

$$R—\underset{NH_2}{\overset{O}{\underset{|}{CH}}}—\overset{O}{\overset{\|}{C}}—OH + HNO_2 \rightarrow R—\underset{OH}{\overset{|}{CH}}—\overset{O}{\overset{\|}{C}}—OH + N_2\uparrow + H_2O$$

收集反应放出的氮气，可用来测定氨基酸的含量，这种测定氨基酸含量的方法称为范斯莱克（van Slyke）氨基测定法。

（3）与醛反应　氨基酸 α-氨基上的氢与醛或酮羰基上的氧脱水缩合，会生成含碳氮双键（—C=N—）的亚胺，称为席夫碱（Schiff base）。反应式如下：

$$R1—\overset{O}{\overset{\|}{C}}—R2 + R3—NH_2 \longrightarrow \overset{R1}{\underset{R2}{>}}C=N—R3 + H_2O$$

席夫碱化学性质活泼，能够发生多种反应。糖酵解中的果糖二磷酸醛缩酶就是通过生成席夫碱中间物进行催化的。

氨基还可以与甲醛反应，生成羟甲基化合物。由于氨基酸在溶液中以偶极离子形式存在，所以不能用酸碱滴定法测定含量。在中性或弱碱性水溶液中，氨基酸的 α-氨基与甲醛反应生成席夫碱即亚甲基亚氨基衍生物，与甲醛反应后，氨基酸不再是偶极离子，其滴定终点可用一般的酸碱指示剂指示，因而可以滴定，这叫甲醛滴定法。反应式如下：

$$R—CH(COO^-)—NH_3^+ \rightleftharpoons R—CH(COO^-)—NH_2 + H^+ \xrightarrow{\text{NaOH}} 中和$$

$$R—CH(COO^-)—NH_2 \xrightarrow{\text{HCHO}} R—CH(COO^-)—NHCH_2OH \xrightarrow{\text{HCHO}} R—CH(COO^-)—N(CH_2OH)_2$$

（4）与异硫氰酸苯酯（PITC）反应　α-氨基与 PITC 在弱碱性条件下形成相应的苯氨基硫甲酰衍生物（PTC-AA），PTC-AA 在硝基甲烷中与酸作用发生环化，生成相应的苯乙内酰硫脲衍生物（PTH-AA），此反应又称艾德曼反应（Edman reaction），化学反应式如下：

$$\alpha\text{-氨基酸} + PITC \longrightarrow PTC\text{-}AA + 苯酚$$

$$PTC\text{-}AA + 硝基甲烷 + 酸 \longrightarrow PTH\text{-}AA + 甲醛$$

PTH-AA 衍生物是无色的，在酸性条件下极稳定并可溶于乙酸乙酯，用乙酸乙酯抽提后，经高压液相色谱分离鉴定就可以确定肽链 N 末端氨基酸的种类。该法的优点是可连续分析出 N 端的十几种氨基酸。瑞典科学家 P. Edman 首先使用该反应测定蛋白质 N 末端的氨基酸。氨基酸自动顺序分析仪就是根据该反应原理设计的，在蛋白质的氨基酸顺序分析方面占有重要地位。

（5）磺酰化　氨基酸与 5-（二甲胺基）萘-1-磺酰氯（DNS-Cl）反应，生成 DNS-氨基酸。

DNS-Cl 是一种常用的氨基酸衍生化试剂。化学方程式如下：

$$\text{氨基酸 + DNS-Cl} \longrightarrow \text{DNS-氨基酸衍生物 + HCl}$$

产物 DNS-氨基酸是一种带有 DNS 基团的氨基酸衍生物，在酸性条件下（如 6mol/L HCl 溶液）即使是 100℃ 也不会被破坏，因此可用于氨基酸末端分析。DNS-氨基酸有强荧光，激发波长在 360nm 左右，比较灵敏，可以通过光度法或色谱法进行定量分析。

（6）与 DNFB 反应　在弱碱性（pH 8～9）、暗处、室温或 40℃ 条件下，氨基酸的 α-氨基很容易与 2,4-二硝基氟苯（2,4-dinitrofluorobenzene，缩写为 DNFB）反应，生成黄色的 2,4-二硝基氨基酸（dinitrophenyl amino acid，DNP-氨基酸）。该反应由 F. Sanger 首先发现，曾被其用来测定胰岛素的氨基酸顺序，也叫桑格反应（Sanger reaction）。DNFB 是一种常用于检测氨基酸的试剂。氨基酸与 DNFB 反应的化学式如下：

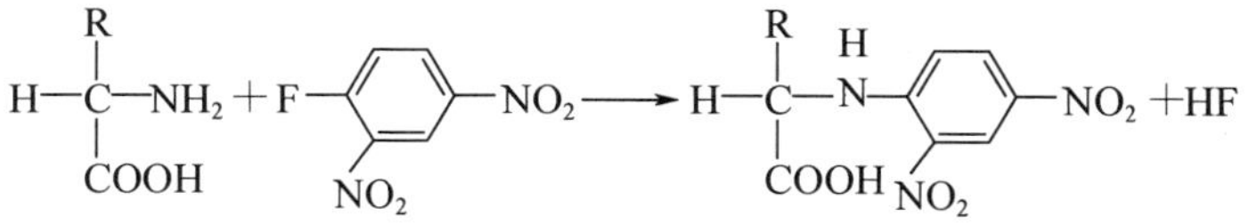

在这个反应中，DNFB 与氨基酸中的氨基发生取代反应，形成 2,4-二硝基苯基氨基酸，并同时释放出氢氟酸（HF）。这个反应可用于检测和定量氨基酸的含量。不同氨基酸的反应条件有所不同。

（7）转氨反应　在转氨酶的催化下，氨基酸可脱去氨基，变成相应的酮酸。化学反应式如下：

$$\text{氨基酸 1} + \alpha\text{-酮酸 2} \longrightarrow \alpha\text{-酮酸 1} + \text{氨基酸 2}$$

其中，氨基酸 1 是氨基被转移的氨基酸，α-酮酸 2 是接收氨基的 α-酮酸，α-酮酸 1 是生成的新的 α-酮酸。转氨反应是通过转氨酶催化，将氨基酸中的氨基转移到 α-酮酸上的反应。

（8）茚三酮反应　氨基酸与茚三酮在微酸性溶液中加热，生成的复合物大多数是蓝色或紫色，在 570nm 波长处有最大吸收值。茚三酮与脯氨酸和羟基脯氨酸则生成黄色产物，最大吸收波长 λ_{max} 为 440nm。上述反应常用于氨基酸的比色（包括荧光法）测定。根据这个反应可通过二氧化碳测定氨基酸含量。反应式如下：

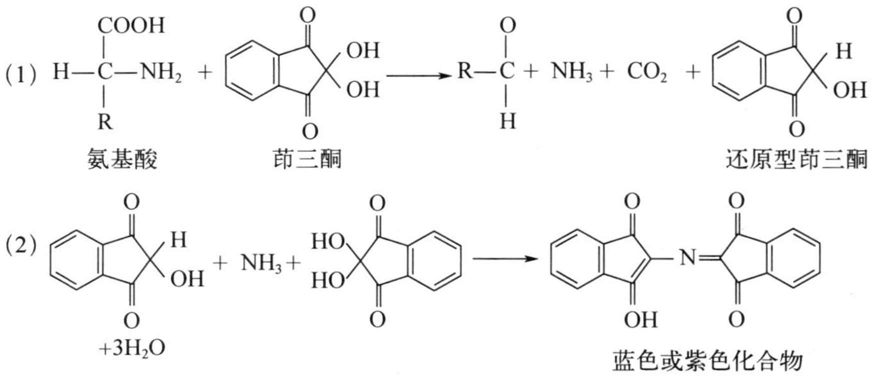

2. 羧基的反应

羧基的反应主要是生成盐的反应和生成酯的反应。

（1）与碱反应　羧基可与碱作用生成盐，其中重金属盐不溶于水。这个反应是酸碱中和反应。反应式可以表示为：

$$\text{氨基酸} + \text{碱} \longrightarrow \text{盐} + \text{水}$$

（2）与醇反应　羧基可与醇生成酯，此反应常用于多肽合成中的羧基保护。某些酯有活化作用，可增加羧基活性，如对硝基苯酯，在多肽合成中用于活化羧基。将氨基保护以后，氨基酸可与二氯亚砜或五氯化磷作用生成酰氯，在多肽合成中用于活化羧基。在脱羧酶的催化下，氨基酸可脱去羧基，形成伯胺（脯氨酸除外）。

（3）与荧光胺（fluorescamine）反应　氨基酸和一级胺反应生成强荧光衍生物，可用来快速定量测定氨基酸、肽和蛋白质。此法灵敏度高，激发波长390nm，发射波长475nm。

荧光胺是一种荧光染料，具有较强的荧光性质，可以在紫外线激发下发出可见光，常用于生物荧光标记和分析。当氨基酸与荧光胺反应时，主要是通过羧基基团与荧光胺之间的酰胺键生成荧光标记的氨基酸。这种反应通常发生在碱性条件下，因为氨基酸的羧基基团在碱性条件下更容易进行质子化，从而增加与荧光胺反应的机会。

氨基酸与荧光胺反应可用于检测和定量氨基酸的含量，进而分析蛋白质的组成和结构。通过标记特定的氨基酸，可以追踪和研究蛋白质在细胞内的定位和运输。荧光标记的氨基酸还可以用于进行蛋白质的相互作用和结构功能关系的研究。

3. 侧链的反应

氨基酸的侧链基团有很多种，比如苯环、酚基、羟基、巯基、吲哚基、胍基、咪唑基等。不同的侧链基团使氨基酸在蛋白质中具有不同的功能和性质。氨基酸的侧链基团在生物体中发挥着重要作用。非极性氨基酸（如甘氨酸、丙氨酸、脯氨酸、缬氨酸、亮氨酸、异亮氨酸、蛋氨酸）的侧链基团具有非极性特性，这些氨基酸通常参与形成蛋白质的疏水核心。极性不带电氨基酸（如丝氨酸、苏氨酸、半胱氨酸、天冬酰胺、谷氨酰胺）的侧链基团通常为—OH、—$CONH_2$ 等极性不带电基团，易形成氢键，在生物过程中有特殊的功能，比如在酶的活性位点中起到关键作用。含芳香基团的氨基酸（如苯丙氨酸、酪氨酸、色氨酸）的侧链多为苯环、吲哚环等芳香环状结构基团，具有独特的化学性质，这些氨基酸在紫外吸收光谱中表现突出。极性带电氨基酸比如碱性氨基酸（如赖氨酸、精氨酸、组氨酸）、酸性氨基酸（如天冬氨酸、谷氨酸），它们能在溶液中携带正电荷或负电荷，这些极性带电氨基酸通常位于蛋白质的表面，参与蛋白质离子键的形成。

其中，氨基酸侧链上的氨基、羧基等能发生类似 α-氨基或羧基的化学反应。

丝氨酸、苏氨酸的侧链羟基可以形成酯或糖苷。在生物体蛋白质中，丝氨酸常与磷酸结合，酪蛋白中含有大量的丝氨酸磷酸酯。

半胱氨酸侧链巯基化学反应性高，通常会发生以下反应：

（1）二硫键（disulfide bond）　半胱氨酸在碱性溶液中容易被氧化形成二硫键，生成胱氨酸。胱氨酸中的二硫键在形成蛋白质的构象上起很大作用。氧化剂和还原剂都可以打开二硫键。在研究蛋白质结构时，氧化剂过甲酸可以定量地拆开二硫键，生成相应的磺酸。还原剂如巯基乙醇、巯基乙酸也能拆开二硫键，生成相应的巯基化合物。半胱氨酸中的巯基很不稳定，极易氧化，因此利用还原剂拆开二硫键时，往往进一步用碘乙酰胺、氯化苄、N-乙基顺丁烯二酰亚胺和对氯汞苯甲酸等试剂与巯基作用，把它保护起来，防止它重新氧化。

（2）烷化　半胱氨酸可与烷基试剂，如碘乙酸、碘乙酰胺等发生烷化反应。半胱氨酸与吖丙啶（氮丙环）反应，生成带正电的侧链，称为 S-氨乙基半胱氨酸（AECys）。

（3）与重金属反应 极微量的某些重金属离子，如 Ag^+、Hg^{2+}，就能与巯基反应，生成硫醇盐，导致含巯基的酶失活。

4. 常用于氨基酸检验的反应

① 酪氨酸、组氨酸能与重氮化合物反应（Pauly 反应），可用于定性、定量测定。组氨酸生成棕红色的化合物，酪氨酸则生产橘黄色的化合物。

② 精氨酸在氢氧化钠中与 1-萘酚（又名 α-萘酚）和次溴酸钠反应，生成红色物质，称为坂口反应。此反应可用于胍基的鉴定。

③ 酪氨酸与硝酸、亚硝酸、硝酸汞和亚硝酸汞反应，生成白色沉淀，加热后变红，称为米伦氏反应，是鉴定酚基的特性反应。

④ 色氨酸中加入乙醛酸后再缓慢加入浓硫酸，在界面处会出现紫色环，用于鉴定吲哚基。在蛋白质中，有些侧链基团被包裹在蛋白质内部，因而反应很慢甚至不反应。

六、氨基酸的功能及应用

氨基酸的特殊性质，决定了其在食品、医药、饲料添加剂及化妆品等行业的广泛应用。

氨基酸的应用

1. 在食品行业的应用

谷氨酸钠是人类应用的第一种氨基酸，也是世界上应用范围最广、产销量最大的一种氨基酸。从 1908 年日本投入工业化生产到现在，人们陆续发现甘氨酸、丙氨酸、脯氨酸、天冬氨酸也具有调味作用，并将之应用于食品行业。目前有 8 种氨基酸被用作食品调味剂。

赖氨酸是人体必需氨基酸之一，也是蛋白质的第一限制氨基酸，具有增强胃液分泌和造血机能的作用。人体缺乏赖氨酸，就会发生蛋白质代谢障碍和机能障碍。中国已把赖氨酸列入食品营养强化剂使用卫生标准，并开发出多种赖氨酸食品、饮料等。

植物蛋白的氨基酸不平衡，会影响蛋白质的营养价值。在谷类食品中添加适量的赖氨酸，可大幅度增加蛋白质的营养价值，提高粮食中蛋白质的利用率，故赖氨酸又被列为营养强化剂。通常，在谷类作物食品中添加赖氨酸 0.1%～0.3%，在小麦淀粉中添加赖氨酸 0.2%，就可使蛋白质的营养价值由 50%提高到 70%。

天门冬氨酸与苯丙氨酸、甘氨酸与赖氨酸合成的甜味二肽（俗称蛋白糖），甜度为蔗糖的 150 倍左右，甜味纯正，热值低，其分解产物能被人体吸收利用，故多用于汽水、咖啡、乳制品等的生产中。

甘氨酸具有抑制生长、螯合、缓冲及抑制氧化等作用，故可用作食品添加剂，还可以作为调味剂、氨基酸营养强化剂和保鲜剂；甘氨酸与纯碱中和产出的甘氨酸钠，可用作营养添加剂；甘氨酸溶液与碱式碳酸钠的反应产物氨酸铜，可用于治疗缺乏症等。

2. 在医药行业的应用

氨基酸是合成人体蛋白质、激素、酶及抗体的原料，在人体内参与正常的代谢和生物活动。用氨基酸及其衍生物可治疗多种疾病，其可作为营养剂、代谢改良剂，具有抗溃疡、防辐射、抗菌、治癌、催眠、镇痛以及为特殊病人配制特殊膳食的功效。

由多种氨基酸按一定比例配比制成的氨基酸注射液能治疗多种疾病。比如：复方氨基酸注射液（18AA）、复方氨基酸注射液（18AA-Ⅰ）、复方氨基酸注射液（18AA-Ⅱ）、复方氨基酸注射液（18AA-Ⅲ）、复方氨基酸注射液（18AA-Ⅳ）等。目前被应用到氨基酸注射液生产中的氨基酸种类已经从 11 种发展到 20 种以上。氨基酸注射液中的氨基酸含量由低浓度的3%发展到12%，甚至达到16%（质量），氨基酸注射液的用途由单一营养发展到尿毒症用、肝病用等专用途径。

以氨基酸为原料的激素、抗生素、抗癌剂等生物活性多肽日益增多，已在工业上生产的多肽有谷胱甘肽、促胃液素、催产素、促肾上腺皮质激素（ACTH）及降钙素等。以氨基酸作原料的生产案例还有：丙氨酸及天冬氨酸用于合成维生素 B$_6$，β-丙氨酸用于合成泛酸钙，谷氨酸用于合成叶酸等。

近年来又开发了复方氨基酸制剂，如赖氨酸-维生素滴剂、精氨酸和脱氧胆酸复合剂、赖氨酸复方口服液等，这些复方氨基酸制剂具有促进儿童生长发育，治疗各种梅毒以及提高血细胞数等疗效。

3. 在饲料添加剂行业的应用

中国在饲料添加剂行业用的氨基酸主要有蛋氨酸和赖氨酸。其功效主要是：促进动物生长发育，改善肉质；提高畜禽生产能力，增加产量；提高饲料利用率，节省蛋白质饲料，降低成本。国际上配合饲料的发展趋势是以"维生素+矿物质+氨基酸"为主要添加剂，以缓解蛋白质饲料资源供需矛盾。

蛋氨酸具有促进肾上腺素合成胆碱，抗脂肪肝的作用，主要用于鸡饲料中，亦可用于猪、牛的配合饲料中。在目前鱼粉供应不足的情况下，蛋氨酸与豆类饲料配合使用，还可以部分代替鱼粉。据报道，在鸡配合饲料中添加 0.01%的蛋氨酸，即可节省蛋白饲料 2%～3%。用含量 0.1%～0.2%蛋氨酸的配合饲料喂养蛋鸡，可明显提高蛋鸡的产蛋量，增加蛋重，并延长产蛋期。在肉鸡日粮中添加蛋氨酸 0.56%～0.6%，肉鸡胴体脂肪含量可减少到 15%，瘦肉的增加量达到 3.5%～7.5%。

赖氨酸具有增强畜禽食欲、提高抗病能力、促进外伤治愈的作用，是合成脑神经及生殖细胞、核蛋白质及血红蛋白的必需物质。赖氨酸主要用于猪，亦可用于家禽和犊牛，饲料中的一般添加量为 0.1%～0.2%。如在猪饲料中添加 0.04%～0.22%的 L-赖氨酸，猪可增重 10%～37%；在鸡饲料中添加 0.2%的 L-赖氨酸盐酸盐，7 周内雄、雌鸡体重分别增长 39%和 13%。

4. 在化妆品行业的应用

氨基酸及其衍生物与人体皮肤结构相似，易被皮肤吸收，使老化和硬化的表皮恢复水合性和弹性，延缓皮肤衰老。因此氨基酸在日用化工中的应用已有取代常用化工原料的趋势，如氨基酸和高级脂肪酸制成的表面活性剂、抗菌剂，已成为最高效的添加剂，被广泛应用。精氨酸、甘氨酸、苯丙氨酸、缬氨酸的碳酸盐、聚天门冬氨酸等制成的护发剂、染发剂、永久型烫发剂已经发展为时兴商品供应市场。用氨基酸合成的氨基酸羧酸型两性表面活性剂，具有毒性低、刺激小、柔软、抗静电、杀菌等性能，在化妆品等行业有较大用途。

5. 在其他行业的应用

在生物工程方面，半胱氨酸等正被开发成新的保护剂，亮氨酸、胱氨酸等正作为发酵工业中多种氨基酸生产菌的添加剂被应用。在轻工业方面，聚谷氨酸和聚丙氨酸正在被研制为具有良好保温性和透气性的人造皮革和高级人造纤维。在农业方面，以氨基酸为原料合成的除草剂、防腐剂，作为不污染环境、无公害的新型农药出现在田野上。在重金属提取和电镀工业方面，天门冬氨酸、组氨酸、丝氨酸在溶金液中应用，使溶金能力提高100～200倍；谷氨酸等可用于电镀工业的电解溶液中，胱氨酸可用于铜矿探测，氨基酸烷基酯可用于海上流油回收等。

工作任务

任务一　胱氨酸片的鉴别

胱氨酸片的主要成分为L-胱氨酸，为氨基酸类药物，在促进毛发健康生长、辅助治疗脂溢性脱发、改善皮肤代谢、参与解毒过程、增强机体抵抗力等方面具有一定功效。胱氨酸的具体作用如下：

1. 促进毛发健康生长

胱氨酸是构成毛发角蛋白的重要成分，服用胱氨酸片可为毛发合成提供原料，维持毛囊正常生理功能，促进毛发的生长与修复，改善毛发脆弱、易断等问题。

2. 辅助治疗脂溢性脱发

脂溢性脱发常伴随毛囊萎缩，胱氨酸片可补充毛囊营养，增强毛囊对营养物质的吸收，延缓毛囊退化，联合其他抗雄激素药物使用，能更好地改善脱发症状。

3. 改善皮肤代谢

胱氨酸参与体内的生物氧化和还原过程，有助于维持皮肤细胞的正常代谢，增强皮肤弹性，减少皱纹产生，还可辅助治疗斑秃、银屑病等皮肤疾病，促进皮肤修复。

4. 参与解毒过程

胱氨酸在体内可转化为半胱氨酸，后者是谷胱甘肽的重要组成部分。谷胱甘肽能与体内的有毒物质结合，促进其排出体外，从而发挥解毒作用，减轻毒素对身体的损害。

5. 增强机体抵抗力

胱氨酸可参与蛋白质的合成，有助于维持机体正常的生理功能，增强免疫细胞活性，提升机体的抵抗力，减少疾病发生风险。

胱氨酸片应在医生指导下使用，过量服用可能导致胃肠道不适、结石风险增加等不良反应。

现抽检到一批胱氨酸片，要求进行鉴别。胱氨酸片质量标准载于《中华人民共和国药典》（2025版）二部，具体如图1-5所示。

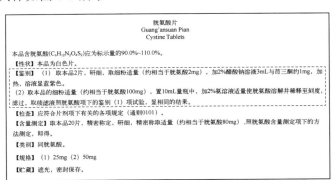

图1-5　胱氨酸片的质量标准

按本品种项下规定的方法进行以下鉴别任务。

一、检测方法

（一）茚三酮与氨基酸颜色反应

在加热条件及弱酸环境下，大多数氨基酸与茚三酮反应生成蓝色或紫色化合物（茚三酮与天冬酰胺反应生成棕色产物；与脯氨酸或羟脯氨酸反应生成黄色产物）及相应的醛和二氧化碳。生成的蓝色或紫色化合物在波长 560～580nm 有吸收峰。该方法被广泛应用于食品、法医、临床诊断等领域中氨基酸和蛋白质的定性或定量检测。茚三酮与氨基酸的反应式如下：

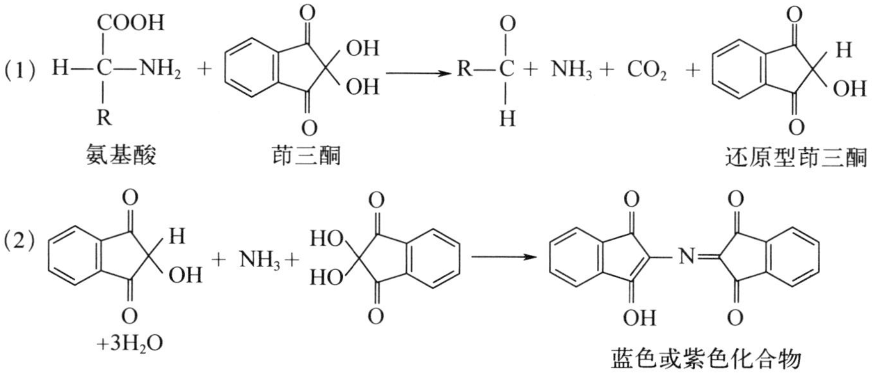

这个反应需要弱酸性的条件，因此需要酸。氨基酸常温下相对稳定，试验需要还原性的茚三酮，而一般溶剂中都是水合茚三酮，因此需要加热，使它们活化。

主要反应分为两步：

第一步：氨基酸 + 弱酸 —————→ 水合茚三酮 + 二氧化碳 + 醛类 + 氨气

第二步：两个水合茚三酮 + 氨 —————→ 还原性茚三酮

茚三酮用于鉴定氨基酸，其反应十分灵敏，是鉴定氨基酸的最简便方法。

（二）薄层色谱法

薄层色谱法（TLC）系将供试品溶液点于薄层板上，在展开容器内用展开剂展开，使供试品所含成分分离，所得色谱图与适宜的标准物质按同法所得的色谱图对比，亦可用薄层色谱扫描仪进行扫描，用于鉴别、检查或含量测定。

1. 仪器与材料

（1）薄层板　按支持物的材质分为玻璃板、塑料板或铝板等；按固定相种类分为硅胶薄层板、键合硅胶板、微晶纤维素薄层板、聚酰胺薄层板、氧化铝薄层板等。固定相中可加入黏合剂、荧光剂。硅胶薄层板常用的有硅胶 G、硅胶 GF_{254}、硅胶 H、硅胶 HF_{254}，G、H 表示含或不含石膏黏合剂，F_{254} 为在紫外线 254nm 波长下显绿色背景的荧光剂。按固定相粒径大小分为普通薄层板（10～40μm）和高效薄层板（5～10μm）。

在保证色谱质量的前提下，可对薄层板进行特别处理和化学改性以适应分离的要求，可用实验室自制的薄层板。固定相颗粒大小一般要求粒径为 10～40μm。玻板应光滑、平整，洗净后不附水珠。

（2）点样器　一般采用微升毛细管或手动、半自动、全自动点样器材。

（3）展开容器　上行展开一般可用适合薄层板大小的专用平底或双槽展开缸，展开时须能密闭。水平展开用专用的水平展开槽。

（4）显色装置　喷雾显色应使用玻璃喷雾瓶或专用喷雾器，要求用压缩气体使显色剂呈均匀细雾状喷出；浸渍显色可用专用玻璃器械或用适宜的展开缸代用；蒸气熏蒸显色可用双槽展开缸或适宜大小的干燥器代替。

（5）检视装置　为装有可见光、254nm和365nm紫外线光源及相应的滤光片的暗箱，可附加摄像设备供拍摄图像用。暗箱内光源应有足够的光照度。

（6）薄层色谱扫描仪　系指用一定波长的光对薄层板上有吸收的斑点，或经激发后能发射出荧光的斑点，进行扫描，将扫描得到的谱图和积分数据用于物质定性或定量的分析仪器。

2.操作方法

（1）薄层板制备

① 市售薄层板　临用前一般应在110℃下活化30min。聚酰胺薄膜不需活化。铝基片薄层板、塑料薄层板可根据需要剪裁，但须注意剪裁后的薄层板底边的固定相层不得有破损。如在存放期间被空气中杂质污染，使用前可用三氯甲烷、甲醇或二者的混合溶剂在展开缸中上行展开预洗，晾干，110℃下活化，置干燥器中备用。

② 自制薄层板　除另有规定外，将1份固定相和3份水（或加有黏合剂的水溶液，如0.2%～0.5%羟甲基纤维素钠水溶液，或为规定浓度的改性剂溶液）在研钵中沿同一方向研磨混合，去除表面的气泡后，倒入涂布器中，在玻板上平稳地移动涂布器进行涂布（厚度为0.2～0.3mm），取下涂好薄层的玻板，置水平台上于室温下晾干后，在110℃下烘30min，随即置于有干燥剂的干燥箱中备用。使用前检查其均匀度，在反射光及透视光下检视，表面应均匀、平整、光滑，并且无麻点、无气泡、无破损及污染。

（2）点样　除另有规定外，在洁净干燥的环境中，用专用毛细管或配合相应的半自动、自动点样器械点样于薄层板上。一般为圆点状或窄细的条带状，点样基线距底边10～15mm，高效板一般基线离底边8～10mm。圆点状直径一般不大于4mm，高效板一般不大于2mm。接触点样时注意勿损伤薄层表面。条带状宽度一般为5～10mm，高效板条带宽度一般为4～8mm，可用专用半自动或自动点样器械喷雾法点样。点间距离可视斑点扩散情况以相邻斑点互不干扰为宜，一般不小于8mm，高效板供试品间隔不小于5mm。

（3）展开　将点好供试品的薄层板放入展开缸中，浸入展开剂的深度以距原点5mm为宜，密闭。除另有规定外，一般上行展开8～15cm，高效薄层板上行展开5～8cm。溶剂前沿达到规定的展距，取出薄层板，晾干，待检测。

展开前如需要溶剂蒸气预平衡，可在展开缸中加入适量的展开剂，密闭，一般保持15～30min。溶剂蒸气预平衡后，应迅速放入载有供试品的薄层板，立即密闭，展开。如需使展开缸达到溶剂蒸气饱和的状态，则须在展开缸的内壁贴与展开缸高、宽同样大小的滤纸，一端浸入展开剂中，密闭一定时间，使溶剂蒸气达到饱和后再如法展开。

必要时，可进行二次展开或双向展开，进行第二次展开前，应使薄层板上残留的展开剂完全挥干。

（4）显色与检视　有颜色的物质可在可见光下直接检视，无色物质可用喷雾法或浸渍法以适宜的显色剂显色，或加热显色，在可见光下检视。有荧光的物质或显色后可激发产生荧光的物质可在紫外线灯（365nm 或 254nm）下观察荧光斑点。对于在紫外线下有吸收的成分，可用带有荧光剂的薄层板（如硅胶 GF_{254} 板），在紫外线灯（254nm）下观察荧光板面上的荧光物质淬灭形成的斑点。

（5）记录　薄层色谱图像一般可采用摄像设备拍摄，以光学照片或电子图像的形式保存。也可用薄层色谱扫描仪扫描或其他适宜的方式记录相应的色谱图。

3. 系统适用性试验

按各品种项下要求对实验条件进行系统适用性试验，即用供试品和标准物质对实验条件进行试验和调整，应符合规定的要求。

（1）比移值（R_f）　系指从基线至展开斑点中心的距离与从基线至展开剂前沿的距离的比值。

$$R_f = \frac{\text{基线至展开斑点中心的距离}}{\text{基线至展开剂前沿的距离}}$$

除另有规定外，杂质检查时，各杂质斑点的比移值 R_f 以在 0.2～0.8 之间为宜。

（2）检出限　系指限量检查或杂质检查时，供试品溶液中被测物质能被检出的最低浓度或量。一般采用已知浓度的供试品溶液或对照标准溶液，与稀释若干倍的自身对照标准溶液在规定的色谱条件下，在同一薄层板上点样、展开、检视，以后者显清晰可辨斑点的浓度或量作为检出限。

（3）分离度（或称分离效能）　鉴别时，供试品与标准物质色谱中的斑点均应清晰分离。当薄层色谱扫描法用于限量检查和含量测定时，要求定量峰与相邻峰之间有较好的分离度，分离度（R）的计算公式为：

$$R = 2（d_2 - d_1）/（W_1 + W_2）$$

式中　d_2——相邻两峰中后一峰与原点的距离；

　　　d_1——相邻两峰中前一峰与原点的距离；

W_1 及 W_2——相邻两峰各自的峰宽。

除另有规定外，分离度应大于 1.0。

在选择化学药品杂质检查的方法时，可将杂质对照品用供试品自身稀释的对照溶液溶解制成混合对照溶液，也可将杂质对照品用待测组分的对照品溶液溶解制成混合对照标准溶液，还可采用供试品以适当的降解方法获得的溶液，上述溶液点样展开后的色谱图中，应显示清晰分离的斑点。

（4）相对标准偏差　薄层扫描含量测定时，同一供试品溶液在同一薄层板上平行点样的待测成分的峰面积测量值的相对标准偏差应不大于 5.0%；需显色后测定的或者异板的相对标准偏差应不大于 10.0%。

4. 测定法

（1）鉴别　按各品种项下规定的方法，制备供试品溶液和对照标准溶液，在同一薄层板上点样、展开与检视，供试品色谱图中所显斑点的位置和颜色（或荧光）应与标准物质色谱图的斑点一致。必要时化学药品可采用供试品溶液与标准溶液混合点样、展开，与标准物质相应斑点应为单一、紧密斑点。

（2）限量检查与杂质检查　按各品种项下规定的方法，制备供试品溶液和对照标准溶液，并按规定的色谱条件点样、展开和检视。供试品溶液色谱图中待检查的斑点与相应的标准物质斑点比较，颜色（或荧光）不得更深；或按照薄层色谱扫描法操作，测定峰面积值，供试品色谱图中相应斑点的峰面积值不得大于标准物质的峰面积值。含量限度检查应按规定测定限量。

化学药品杂质检查可采用杂质对照法、供试品溶液的自身稀释对照法或两法并用。供试品溶液除主斑点外的其他斑点与相应的杂质对照标准溶液或系列浓度杂质对照标准溶液的相应主斑点比较，不得更深，或与供试品溶液自身稀释对照溶液或系列浓度自身稀释对照溶液的相应主斑点比较，不得更深。通常应规定杂质的斑点数和单一杂质量，当采用系列自身稀释对照溶液时，也可规定估计的杂质总量。

（3）含量测定　参照薄层色谱扫描法，按各品种项下规定的方法，制备供试品溶液和对照标准溶液，并按规定的色谱条件点样、展开、扫描测定。或将待测色谱斑点刮下经洗脱后，再用适宜的方法测定。

5. 薄层色谱扫描法

薄层色谱扫描法系指用一定波长的光照射在薄层板上，对薄层色谱中可吸收紫外线或可见光的斑点，或经激发后能发射出荧光的斑点进行扫描，将扫描得到的图谱及积分数据用于鉴别、检查或含量测定。可根据不同薄层色谱扫描仪的结构特点，按照规定方式扫描测定，一般选择反射方式，采用吸收法或荧光法。除另有规定外，含量测定时应使用市售薄层板。

扫描方法可采用单波长扫描法或双波长扫描法。如采用双波长扫描法，应选用待测斑点无吸收或最小吸收的波长为参比波长，供试品色谱图中待测斑点的比移值（R_f 值）、光谱扫描得到的吸收光谱图或测得的光谱最大吸收和最小吸收应与对照标准溶液相符，以保证测定结果的准确性。薄层色谱扫描定量测定应保证供试品斑点的量在线性范围内，必要时可适当调整供试品溶液的点样量，供试品与标准物质同板点样、展开、扫描、测定和计算。

薄层色谱扫描用于含量测定时，通常采用线性回归二点法计算，如线性范围很窄时，可用多点法校正多项式回归计算。供试品溶液和对照标准溶液应交叉点于同一薄层板上，供试品点样不得少于 2 个，标准物质每一浓度不得少于 2 个。扫描时，应沿展开方向扫描，不可横向扫描。

二、工作准备

1. 仪器设备和器皿

研钵，药匙，分析天平，展开缸，毛细管，10mL 容量瓶，200mL 容量瓶，烧杯，漏斗，玻璃棒，铁架台，吸耳球，刻度吸管，滤纸，洗瓶，试管，电磁炉，滴管，专用平底或双槽展开缸，硅胶薄层板，装有可见光，254nm 和 365nm 紫外线光源及相应的滤光片的暗箱，薄层色谱扫描仪，玻璃喷雾瓶或专用喷雾器。

2. 试剂

2%醋酸钠溶液、茚三酮、2%氨溶液、胱氨酸片、胱氨酸对照品、盐酸精氨酸对照品、异丙醇-浓氨溶液（7∶3）、0.2%茚三酮的正丁醇-冰醋酸溶液（95∶5）。

三、工作过程

1. 胱氨酸片【鉴别】（1）项下

（1）标准要求　此项胱氨酸片鉴别依据《中华人民共和国药典》（2025 版）二部胱氨酸片【鉴别】（1）、《中华人民共和国药典》（2025

胱氨酸片的鉴别 1

版）四部通则 8002 试液规定完成试验。

（2）收集资料

① 胱氨酸片【鉴别】（1）　《中国药典》（2025 版）二部

【鉴别】（1）取本品 2 片，研细，取细粉适量（约相当于胱氨酸 2mg），加 2%醋酸钠溶液 3mL 与茚三酮约 1mg，加热，溶液显蓝紫色。

② 胱氨酸片【鉴别】（1）所需试剂配法　《中国药典》（2025 版）四部"试液"项下：

a. 醋酸钠试液：取醋酸钠结晶 13.6g，加水使溶解成 100mL，即得。

b. 茚三酮试液：取茚三酮 2g，加乙醇使溶解成 100mL，即得。

c. 茚三酮：用于检测氨或者一级胺和二级胺的试剂。该试剂近似为白色结晶，或浅黄色结晶粉末，微溶于乙醚及三氯甲烷，100℃以上变为红色。

（3）完成任务

① 计算取样量

a. 取 20 片胱氨酸片，精密称取重量，求得平均片重 $M_{平均}$。

$$取样量 = M_{平均} \times 0.002 \div 规格（规格单位：g）$$

b. 取 2 片胱氨酸片，用研钵研磨成细粉，精密称取计算所得取样量。

② 鉴别过程

a. 配制 2%醋酸钠溶液：取醋酸钠 2.00g，加水溶解成 100mL，摇匀。

b. 称量茚三酮约 1mg 备用。

c. 鉴定：取胱氨酸片研细，按步骤①算得"取样量"取样至洁净试管，加 2%醋酸钠溶液 3mL，加茚三酮约 1mg，振摇。沸水浴加热。

③ 鉴别结果　参照鉴别中描述现象，与鉴别现象相同记录为"真"，不同记录为"假"。

2. 胱氨酸片【鉴别】（2）项下

（1）标准要求　此项胱氨酸片鉴别依据《中华人民共和国药典》（2025 版）二部中的胱氨酸片【鉴别】（2）、胱氨酸品种项下的【鉴别】（1）及胱氨酸项下的【检查】，《中华人民共和国药典》（2025 版）四部通则 8002 试液规定完成试验。

胱氨酸片的鉴别 2

（2）收集资料

① 胱氨酸片【鉴别】（2）　取本品的细粉适量（约相当于胱氨酸 100mg），置于 10mL 容量瓶中，加 2%氨溶液适量使胱氨酸溶解并稀释至刻度，过滤，取续滤液照胱氨酸项下的鉴别（1）项试验，显相同的结果。

② 胱氨酸项下的【鉴别】（1）　取本品与胱氨酸对照品各适量，分别加 2%氨溶液溶解并稀释制成每 1mL 中约含 10mg 的溶液，作为供试品溶液与对照品溶液。照其他氨基酸项下的方法试验，供试品溶液所显主斑点的位置和颜色应与对照品溶液的主斑点相同。

③ 胱氨酸项下的【检查】：其他氨基酸　照薄层色谱法[《中国药典》（2025 版）通则（0502）]试验。

④所需试剂配法

a. 2%氨溶液：可用市售浓氨溶液稀释成 2%氨溶液。

b. 0.2%茚三酮：取茚三酮 0.2g，加乙醇使溶解成 100mL，即得。

（3）完成任务

① 计算取样量

a. 求得平均片重 $M_{平均}$ 见本任务中的三，工作过程下 1. 胱氨酸片【鉴别】（1）项下（3）①。

$$取样量 = M_{平均} \times 0.1 \div 规格（规格单位：g）$$

b. 取适量胱氨酸片，用研钵研磨成细粉，精密称取计算所得取样量。

② 鉴别过程

a. 配制供试品溶液：称取胱氨酸片计算所得取样量，置于 10mL 容量瓶中，加 2%氨溶液，使胱氨酸溶解并稀释至刻度，用滤纸过滤，即得每 1mL 中约含 10mg 胱氨酸的溶液。

b. 配制对照溶液：精密量取供试品溶液 1mL，置于 200mL 容量瓶中，用 2%氨溶液稀释至刻度，摇匀。

c. 配制系统适用性溶液：取 100mg 胱氨酸对照品与 10mg 盐酸精氨酸对照品，分别置于 10mL 容量瓶中，加 2%氨溶液溶解并稀释制成每 1mL 中分别约含胱氨酸 10mg 和盐酸精氨酸 1mg 的溶液。

d. 准备薄层色谱分离装置：按照《中华人民共和国药典》（2025 版）四部　通则 0502 薄层色谱法要求准备色谱分离缸、薄层板装置。采用硅胶 G 薄层板，以异丙醇-浓氨溶液（7：3）为展开剂。

e. 鉴别操作：吸取上述三种溶液各 2μL，分别点于同一薄层板上，展开，晾干，喷以 0.2%茚三酮的正丁醇-冰醋酸溶液（95：5），在 80℃下加热至斑点出现，立即检视。

f. 系统适用性要求：对照溶液应显一个清晰的斑点，系统适用性溶液应显两个完全分离的斑点。

g. 限度：供试品溶液如显杂质斑点，其颜色与对照溶液的主斑点比较，不得更深（0.5%），且不得超过 1 个。

③ 鉴别结果　鉴别结果应满足系统适用性要求及限度要求，供试品溶液所显主斑点的位置和颜色与对照品溶液的主斑点相同，则为"真"。若供试品溶液所显主斑点的位置和颜色与对照品溶液的主斑点不同，则为"假"。

※提示注意

① 薄层色谱板类型　分为高效薄层色谱（HPTLC）板、普通薄层色谱板、制备型薄层色谱板。高效薄层色谱板与普通薄层色谱板相比，涂层颗粒较小，具有分辨率高、显影速度快、样品扩散小、溶剂消耗低等优点。制备型薄层色谱板用于分离、纯化某一特定物质，涂层相对较厚。应根据需要选择。

②薄层色谱吸附剂常见类型

a. 硅胶：常见的 TLC 板吸附剂分为硅胶 G 板、硅胶 H 板、硅胶制备板。所用的洗脱液与正相高效液相色谱法（HPLC）所用的类似。

b. 氧化铝：分为中性氧化铝、碱性氧化铝和酸性氧化铝，其选择性与二氧化硅相似，但略有不同，也是比较常见的 TLC 板吸附剂。

c. 微晶纤维素板：无吸附性，属分配色谱分离材料，适用于亲水性极性物质的分离测定。

吸附剂根据是否有荧光指示剂又可分为含荧光指示剂和无荧光指示剂两类，应注意区分。

★思考与讨论

① 氨基酸的鉴别用薄层色谱法应选择什么类型的吸附剂？

② 氨基酸溶液在薄层色谱板上所显主斑点的位置和颜色与什么有关？

四、结果记录

将检测结果记录到表 1-4 中。

表 1-4   结果记录表

	结果记录表			
样品名称		批号		
样品来源				
检测人		检测日期		
检测项目		检测依据		
检测仪器				
检测试剂				
工作过程				
实验现象与检测结果				
记录人		记录日期		
备注				

五、工作评价

根据表 1-5 对工作任务的学习情况进行整体评价。

表 1-5   工作评价表

评价内容		技术要求和评分标准	配分	扣分原因和记录	得分
查阅工作依据（5分）		（1）会正确查找相关标准	2		
		（2）掌握相关检验原理	3		
工作准备（10分）		（1）按要求完成相关试剂的配制	5		
		（2）按要求完成相关器皿及仪器的准备	5		
工作过程	1. 样品前处理（10分）	按要求完成样品的前处理	10		
	2. 检验操作（40分）	（1）正确完成检验各步骤	20		
		（2）正确完成对照试验	5		
		（3）正确操作相关仪器及器皿	15		
	3. 检验结果（15分）（定性、定量二选一）	定性检验：（1）对照试验结果正确（2）检验结果正确	5 10		
		定量检验：（1）正确使用公式（2）正确计算结果（3）正确计算精密度（4）正确换算单位	5 3 5 2		
	4. 现场清理（10分）	工作过程保持工作台面整洁干净	3		
		及时并正确处理废弃物	3		
		检验结束后能将试剂、器皿、仪器正确复位	4		
工作成果（10分）		（1）正确填写检验记录	8		
		（2）给出准确有效的结论	2		

任务二　酱油中氨基酸态氮的检测（酸度计法）

酱油是指以大豆和/或脱脂大豆、小麦和/或小麦粉和/或麦麸为主要原料，经微生物发酵制成的具有特殊色、香、味的液体调味品。酱油的主要理化指标有氨基酸态氮、总酸、无盐固形物等，在这几个指标中以氨基酸态氮最为重要。

氨基酸态氮是指以氨基酸形式存在的氮，氨基酸态氮含量与氨基酸的量成正比关系，是酱油中氨基酸含量的特征指标，其含量越高，酱油的鲜味越强，质量越好。

氨基酸态氮作为酱油的营养指标之一，也是酱油酿造过程中大豆蛋白水解率高低的特征性指标，氨基酸态氮可以用来判定酱油的发酵程度，也是酱油的质量指标，特级、一级、二级、三级的氨基酸态氮含量要求分别为：≥0.80g/100mL、≥0.70g/100mL、≥0.55g/100mL、≥0.40g/100mL。国家标准中规定氨基酸态氮含量合格值为≥0.40g/100mL，是基于正常的酱油生产工艺下能达到的指标。

因此，氨基酸态氮的检测显得非常重要，提高其检测的准确性，尽可能使检测结果与真实值接近，以杜绝不合格产品流入市场。

《食品安全国家标准　酱油》（GB 2717—2018）规定酱油的技术要求包括原料要求、感官要求、理化要求、污染物限量和真菌毒素限量、微生物限量、食品添加剂和食品营养强化剂六个方面。其中理化指标要求如图1-6。

项目	指标	检验方法
氨基酸态氮/（g/100mL） ≥	0.4	GB 5009.235

图1-6　酱油的理化指标要求

现抽检到一批某品牌酱油，按照《食品安全国家标准　酱油》（GB 2717—2018）要求进行氨基酸态氮的测定。氨基酸态氮的测定参照《食品安全国家标准　食品中氨基酸态氮的测定》（GB 5009.235—2016）。

一、检测方法

食品中氨基酸态氮的测定标准GB 5009.235—2016适用于酱油、酱、黄豆酱中氨基酸态氮的定量检测，包括酸度计法、比色法两种方法。其中酸度计法适用于以粮食和其副产品豆饼、麸皮等为原料酿造或配制的酱油，以粮食为原料酿造的酱类，以黄豆、小麦粉为原料酿造的豆酱类食品中氨基酸态氮的测定。本次任务选用酸度计法检测酱油中的氨基酸态氮的含量。

氨基酸是酱油中的重要成分之一，原料中的蛋白质水解产生氨基酸，同时具有氨基和羧基两种化学基团。当氨基酸溶解于水时，既可表现出酸的性质，又可表现出碱的性质，具有两性电离性质，可据此进行定量分析。

由于氨基酸同时含有羧基（酸性）和氨基（碱性），因此，当在氨基酸溶液中加入过量的甲醛溶液时，—NH_2与甲醛（HCHO）结合，形成—$NH—CH_2OH$、—$N(CH_2—OH)_2$等羟甲基衍生物，使NH_3^+上的H^+游离出来，从而使其碱性消失。这样就可以用标准强碱溶液来滴定

—COOH，根据消耗的碱量可以计算出氨基酸的含量，用间接的方法测定氨基酸总量。

反应式如下：

$$R-\underset{\underset{H_3N-O}{|}}{\overset{\overset{H}{|}}{C}}-\underset{\overset{O}{\parallel}}{C}\rightleftharpoons R-\underset{\underset{NH_2}{|}}{\overset{\overset{H}{|}}{C}}-\underset{\overset{O}{\parallel}}{C}-OH \xrightarrow{+HCHO} R-\underset{\underset{N=CH_2}{|}}{\overset{\overset{H}{|}}{C}}-COOH$$

$$\xrightarrow{+NaOH} \underset{\underset{NH-CH_2OH}{|}}{R-CH-COOH} \left[\underset{HOH_2C-N-CH_2OH}{R-CH-COOH} \right] 或$$

$$\underset{\underset{N=CH_2}{|}}{R-CH-COONa} 或 \underset{\underset{NH-CHO}{|}}{R-CH-COOH}$$

若样品中只含有单一的已知氨基酸，则可由此法滴定的结果算出氨基酸的含量，其准确程度为理论含量的 90%。若样品中含有多种氨基酸（如蛋白质水解液），不能由此法算出各氨基酸的含量，只能测定蛋白质水解后的水解程度，水解越彻底，滴定值越大。

脯氨酸与甲醛作用后，生成的化合物不稳定，导致滴定后结果偏低；酪氨酸含酚基结构，导致滴定结果偏高；溶液中若有铵离子存在也可与甲醛反应，往往使结果偏高。

本任务是利用氨基酸的两性作用，加入甲醛以固定氨基，使羧基显示出酸性，以酸度计测定终点，用氢氧化钠标准溶液滴定后定量氨基酸态氮的含量。

二、工作准备

1. 仪器设备和器皿

酸度计（附磁力搅拌器）、10mL 微量碱式滴定管、分析天平（感量 0.1mg）。

酸度计（pH 计）的准备：

a. 开机预热 15min，调节至 pH 值钮。

b. 设置 pH 计温度补偿。

c. 检查 pH 电极，用蒸馏水洗净、插好。

d. 斜率开到最大（14）。

e. 用 pH 6.86 的缓冲溶液调节定位，用 pH 9.18 的缓冲溶液调节斜率，反复直至稳定。

酸度计的校准

2. 试剂

甲醛[36%～38%，应不含有聚合物（没有沉淀且溶液不分层）]、氢氧化钠（0.05mol/L NaOH）、酚酞（$C_{20}H_{14}O_4$）、乙醇（CH_3CH_2OH）、邻苯二甲酸氢钾（$C_8H_5KO_4$）基准物质。

三、工作过程

1. 氢氧化钠滴定溶液的配制

经国家认证并授予标准物质证书的标准滴定溶液或配制方法如下：

（1）酚酞指示液　称取酚酞 1g，溶于 95% 的乙醇中，用 95% 乙醇稀释至 100mL。

（2）氢氧化钠溶液[氢氧化钠标准滴定溶液 $c(NaOH)=0.05mol/L$]　称取

酱油中氨基酸态氮的检测（酸度计法）

110g 氢氧化钠于 250mL 的烧杯中，加 100mL 的水，振摇使之溶解成饱和溶液，冷却后置于聚乙烯的塑料瓶中，密塞，放置数日，澄清后备用。取上层清液 2.7mL，加适量新煮沸过的冷蒸馏水至 1 000mL，摇匀。

（3）氢氧化钠标准滴定溶液的标定　准确称取约 0.36g 在 105～110℃下干燥至恒重的基准邻苯二甲酸氢钾，加 80mL 新煮沸过的水，使之尽量溶解，加 2 滴酚酞指示液（10g/L），用氢氧化钠溶液滴定至溶液呈微红色，30s 不褪色。记下耗用氢氧化钠溶液的体积。同时做空白试验。

（4）计算　氢氧化钠标准滴定溶液的浓度按下式计算：

$$c(\mathrm{NaOH}) = \frac{m \times 1000}{(V_1 - V_2)\, M}$$

式中　m ——邻苯二甲酸氢钾质量，g；

V_1 ——氢氧化钠溶液体积，mL；

V_2 ——空白试验消耗氢氧化钠溶液体积，mL；

M ——邻苯二甲酸氢钾的摩尔质量，g/mol，$M(\mathrm{KHC_8H_4O_4})$=204.227g/mol。

2. 滴定

吸取 5.0mL 试样，置于 100mL 容量瓶中，加水至刻度，混匀后吸取 20.0mL 置于 200mL 烧杯中，加 60mL 水，插入酸度计的复合电极并调整至适当高度，开动磁力搅拌器，用 0.05mol/L 氢氧化钠标准溶液滴定至酸度计指示 pH 8.2，记下消耗 0.05mol/L 氢氧化钠标准溶液的体积，即可计算总酸含量。

食品总酸指食品中所有酸性成分的总量。包括在测定前已离解成氢离子的酸的浓度（游离态），也包括未离解的酸的浓度（结合态、酸式盐）。其大小可借助标准碱液滴定来求取，故又称可滴定酸度。酱油中总酸包括乳酸、醋酸、琥珀酸和柠檬酸等各种有机酸。

加入 10.0mL 甲醛溶液，混匀，再用氢氧化钠标准溶液继续滴定至 pH 9.2，记下消耗 0.05mol/L 氢氧化钠标准溶液的体积。

同时取 80mL 水，先用氢氧化钠标准溶液（0.05mol/L）调节至 pH 8.2，再加入 10.0mL 甲醛溶液，混匀，再用氢氧化钠标准溶液继续滴定至 pH 9.2，同时做试剂空白试验。

在重复性条件下完成两次独立检测。

＊提示注意

① 宜选用 0.05mol/L 的氢氧化钠溶液，酸度计中的滴定管量程只有 10mL 的，如果使用 0.10mL/L 的话，那消耗的氢氧化钠体积不在最适范围，这样误差会偏大。

② 在操作过程中，要等仪器上的数字稳定后再慢慢地滴定，尤其是在快接近终点的时候。因为酸度计仪器检测速度比较慢，不能连续滴定，从而减少误差。

3. 计算

试样中氨基酸态氮的含量按下列公式计算。

$$X = \frac{(V_1 - V_2)\, c \times 0.014}{V V_3 / V_4} \times 100$$

式中　X ——试样中氨基酸态氮的含量（以氮计），g/100mL；

V_1 ——测定用试样稀释液加入甲醛后消耗氢氧化钠标准滴定溶液的体积，mL；

V_2 ——试剂空白实验加入甲醛后消耗氢氧化钠标准滴定溶液的体积，mL；

V_3——试样稀释液的取用量，mL；

V_4——试样稀释液的定容体积，mL；

V ——吸取试样的体积，mL；

c ——氢氧化钠标准滴定溶液浓度，mol/L；

100——单位换算系数；

0.014——1.00mL 氢氧化钠标准滴定溶液[$c(NaOH)$=1.000mol/L]相当于氮的质量，g。

计算结果保留两位有效数字。

4. 结果分析

根据国家标准 GB 2717 中的规定，即酱油中氨基酸态氮≥0.4g/100mL，对结果进行判定。

精密度要求：两次独立测定结果的绝对差值不得超过算术平均值的10%。

★思考与讨论

① 氨基酸态氮的酸度计法测定过程中有哪些环节会产生误差？

② 甲醛溶液在检验过程中起什么作用？

四、结果记录

根据检测结果记录表 1-6 及表 1-7。

表 1-6　酱油中氨基酸态氮的检测（酸度计法）结果记录表

样品名称		批号	
生产厂家			
抽样人		抽样日期	
检测项目		检测依据	
检测仪器			
检测试剂			
检测过程			
检测结果	平行样 1	平行样 2	空白
V_1			
V_2			
V_2-V_1			
V			
V_3			
V_4			
X			
平均值			
平均偏差			
相对平均偏差			
结论			
检测人		复核人	
检测时间		复核时间	
备注			

表 1-7 酱油中氨基酸态氮的检测（酸度计法）检验报告

名称		生产批号	
规格		数量	
实验室温度		抽样时间	
检验依据			
检验项目	标准要求	检验结果	结果判定
氨基酸态氮/（g/100mL）			
……	……	……	……
检验结论	该样品共检　项，□ 符合　□ 不符合检验依据的要求 质检机构盖章：		

批准人：　　　　　　　　　　　　　　质量检验员：

五、工作评价

根据表 1-5 对工作任务的学习情况进行整体评价。

 能力拓展

拓展任务　酱油中氨基酸态氮的检测（比色法）

一、检测方法

食品中氨基酸态氮的测定标准 GB 5009.235—2016 适用于酱油、酱、黄豆酱中氨基酸态氮的定量检测，包括酸度计法、比色法两种方法。

酱油中氨基酸态氮的检测（比色法）

比色法适用于以粮食和其副产品豆饼、麸皮等为原料酿造或配制的酱油中氨基酸态氮的测定。本拓展任务选用比色法完成市场上抽检酱油的氨基酸态氮的检测。

除甘氨酸之外，其余蛋白质氨基酸都有手性碳原子，都具有旋光性。色氨酸、酪氨酸、苯丙氨酸含芳香环共轭系统，最大吸收峰分别在 279nm、278nm、259nm。

从图 1-7 可以看出在 280nm 波长处色氨酸的光吸收最强，苯丙氨酸最弱，其他氨基酸在该处无吸收。

本任务即在 pH 值为 4.8 的乙酸钠-乙酸缓冲液中，氨基酸态氮与乙酰丙酮和甲醛反应生成黄色的 3,5-二乙酸-2,6 二甲基-1,4 二氢化吡啶氨基酸衍生物。在波长 400nm 处测定吸光度，与标准系列比较定量。本方法的检出限为 0.007mg/100g，定量限为 0.021mg/100g。

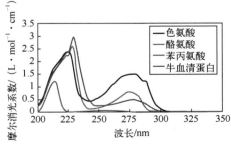

图 1-7　氨基酸及牛血清蛋白在 280nm 波长附近的吸收峰

二、工作准备

1. 仪器设备和器皿

分光光度计、电热恒温水浴锅（100℃±0.5℃）、10mL 具塞玻璃比色管。

2. 试剂

（1）乙酸溶液（1mol/L）　量取 5.8mL 冰醋酸（CH_3COOH），加水稀释至 100mL。

（2）乙酸钠溶液（1mol/L）　称取 41g 无水乙酸钠（CH_3COONa）或 68g 乙酸钠（$CH_3COONa \cdot 3H_2O$），加水溶解后稀释至 500mL。

（3）乙酸钠-乙酸缓冲液　量取 60mL 乙酸钠溶液（1mol/L）与 40mL 乙酸溶液（1mol/L）混合，该溶液 pH 4.8。

（4）显色剂　15mL 37%甲醇（CH_3OH）与 7.8mL 乙酰丙酮（$C_5H_8O_2$）混合，加水稀释至 100mL，剧烈振摇混匀（室温下放置稳定三日）。

（5）氨氮标准储备溶液（1.0mg/mL）　精密称取于 105℃下干燥 2h 的硫酸铵 0.472g，加水溶解后移入 100mL 容量瓶中，并稀释至刻度，混匀，此溶液每毫升相当于 1.0mg 氨氮（10℃下冰箱内储存稳定 1 年以上）。

（6）氨氮标准使用溶液（0.1g/L）　用移液管精密量取 10mL 氨氮标准储备溶液（1.0mg/mL）于 100mL 容量瓶内，加水稀释至刻度，混匀，此溶液每毫升相当于 0.1mg 氨氮（10℃下冰箱内储存稳定 1 个月）。

三、工作过程

1. 试液配制

精密吸取 1.0mL 试样于 50mL 容量瓶中，加水稀释至刻度，混匀。

2. 标准曲线的绘制

精密吸取氨氮标准使用溶液（0.1g/L）0mL、0.05mL、0.1mL、0.2mL、0.4mL、0.6mL、0.8mL、1.0mL（相当于 NH_3-N 0μg、5.0μg、10.0μg、20.0μg、40.0μg、60.0μg、80.0μg、100.0μg）分别于 10mL 比色管中，向各比色管中分别加入 4mL 乙酸钠-乙酸缓冲液（pH 4.8）及 4mL 显色剂。用水稀释至刻度，混匀。置于 100℃水浴中加热 15min，取出，水浴冷却至室温后，移入 1cm 比色皿内，以零管作参比，于波长 400nm 处测量吸光度，绘制标准曲线或计算线性回归方程（表 1-8）。

表 1-8　标准曲线的制作

试管号	S1	S2	S3	S4	S5	S6	S7	S8
氨氮标准使用溶液（0.1g/L）/mL	0	0.05	0.1	0.2	0.4	0.6	0.8	1.0
乙酸钠-乙酸缓冲液（pH 4.8）/mL	4	4	4	4	4	4	4	4
显色剂/mL	4	4	4	4	4	4	4	4
水/mL	2	1.95	1.9	1.8	1.6	1.4	1.2	1

3. 试样测定

精密吸取 2mL 试样稀释溶液（约相当于氨基酸态氮 100μg）于 10mL 比色管中。依次将乙酸钠-乙酸缓冲液（pH 4.8）、显色剂加至 10mL 比色管中，用水稀释至刻度，混匀。置于 100℃水浴中加热 15min，取出，水浴冷却至室温后，移入 1cm 比色皿内，以零管作参比，于波长 400nm 处测量吸光度。试样吸光度与标准曲线比较定量或代入标准回归方程，计算试样含量（表 1-9）。

表 1-9　试样的测定

试管号	1	2
待测液/mL	2	2
乙酸钠-乙酸缓冲液（pH 4.8）/mL	4	4
显色剂/mL	4	4

4. 结果计算

试样中氨基酸态氮的含量按下列公式计算。

$$X_1 = \frac{m}{m_1 \times 1000 \times 1000 \times V_1/V_2} \times 100$$

$$X_2 = \frac{m}{V \times 1000 \times 1000 \times V_1/V_2} \times 100$$

式中　　X_1——试样中氨基酸态氮的含量，g/100g；

　　　　X_2——试样中氨基酸态氮的含量，g/100mL；

　　　　m ——试样测定液中氮的质量，μg；

　　　　m_1——称取试样的质量，g；

　　　　V ——吸取试样的体积，mL；

　　　　V_1——测定用试样溶液体积，mL；

　　　　V_2——试样前处理中的定容体积，mL；

100、1000 ——单位换算系数。

5. 结果分析

根据国家标准 GB 2717 中的规定，即酱油中氨基酸态氮≥0.4g/100mL，对结果进行判定。

6. 精密度

在重复性条件下获得的两次独立测定结果的绝对差值不得超过算术平均值的 10%。

★思考与讨论

① 氨基酸态氮的比色计法测定过程中有哪些环节会产生误差？

② 氨基酸态氮的酸度计法和比色计法各有什么优点？

四、结果记录

将检测结果填入表 1-10。

表 1-10 酱油中氨基酸态氮的检测（比色法）结果记录表

样品名称						批号			
生产厂家									
抽样人						抽样日期			
检测项目						检测依据			
检测仪器									
检测试剂									
检测过程									

标准曲线的制作	试管号	S1	S2	S3	S4	S5	S6	S7	S8
	氨氮标准使用溶液（0.1g/L）/mL	0	0.05	0.1	0.2	0.4	0.6	0.8	1.0
	乙酸钠-乙酸缓冲液（pH 4.8）/mL	4	4	4	4	4	4	4	4
	显色剂/mL	4	4	4	4	4	4	4	4
	水/mL	2	1.95	1.9	1.8	1.6	1.4	1.2	1
	光吸收值 A								

检测结果	试管号	1	2	空白
	待测液/mL	2	2	—
	乙酸钠-乙酸缓冲液（pH 4.8）/mL	4	4	4
	显色剂/mL	4	4	4
	水/mL	0	0	2
	光吸收值 A			

结果计算	根据公式：$X_2 = \dfrac{m}{V \times 1000 \times 1000 \times V_1 / V_2} \times 100$ 酱油的氨基酸态氮的含量 $X=$（　　　）g/100mL
结论	

检测人		检测日期	
复核人		复核日期	
备注			

五、工作评价

根据表 1-5 对工作任务的学习情况进行整体评价。

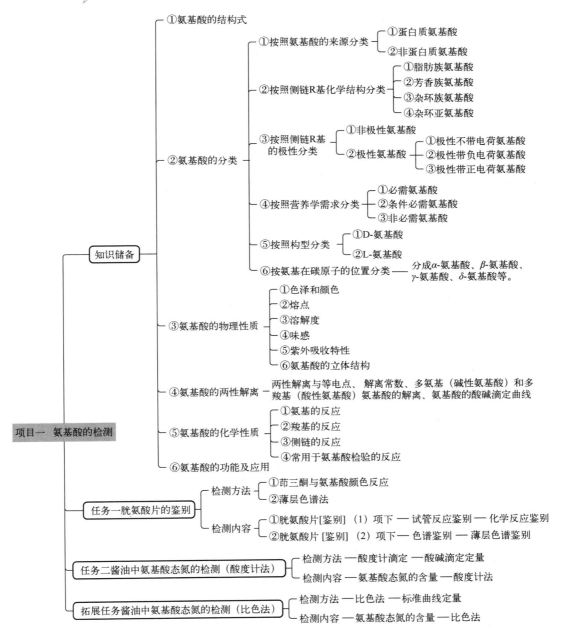

项目学习思维导图

项目一　氨基酸的检测

- 知识储备
  - ①氨基酸的结构式
  - ②氨基酸的分类
    - ①按照氨基酸的来源分类
      - ①蛋白质氨基酸
      - ②非蛋白质氨基酸
    - ②按照侧链R基化学结构分类
      - ①脂肪族氨基酸
      - ②芳香族氨基酸
      - ③杂环族氨基酸
      - ④杂环亚氨基酸
    - ③按照侧链R基的极性分类
      - ①非极性氨基酸
      - ②极性氨基酸
        - ①极性不带电荷氨基酸
        - ②极性带负电荷氨基酸
        - ③极性带正电荷氨基酸
    - ④按照营养学需求分类
      - ①必需氨基酸
      - ②条件必需氨基酸
      - ③非必需氨基酸
    - ⑤按照构型分类
      - ①D-氨基酸
      - ②L-氨基酸
    - ⑥按氨基在碳原子的位置分类——分成α-氨基酸、β-氨基酸、γ-氨基酸、δ-氨基酸等。
  - ③氨基酸的物理性质
    - ①色泽和颜色
    - ②熔点
    - ③溶解度
    - ④味感
    - ⑤紫外吸收特性
    - ⑥氨基酸的立体结构
  - ④氨基酸的两性解离——两性解离与等电点、解离常数、多氨基（碱性氨基酸）和多羧基（酸性氨基酸）氨基酸的解离、氨基酸的酸碱滴定曲线
  - ⑤氨基酸的化学性质
    - ①氨基的反应
    - ②羧基的反应
    - ③侧链的反应
    - ④常用于氨基酸检验的反应
  - ⑥氨基酸的功能及应用
- 任务一胱氨酸片的鉴别
  - 检测方法
    - ①茚三酮与氨基酸颜色反应
    - ②薄层色谱法
  - 检测内容
    - ①胱氨酸片[鉴别]（1）项下—试管反应鉴别—化学反应鉴别
    - ②胱氨酸片[鉴别]（2）项下—色谱鉴别—薄层色谱鉴别
- 任务二酱油中氨基酸态氮的检测（酸度计法）
  - 检测方法—酸度计滴定—酸碱滴定定量
  - 检测内容—氨基酸态氮的含量—酸度计法
- 拓展任务酱油中氨基酸态氮的检测（比色法）
  - 检测方法—比色法—标准曲线定量
  - 检测内容—氨基酸态氮的含量—比色法

? 项目学习检测

一、填空题

1. 氨基酸的等电点（pI）是指_____。

2. 氨基酸在等电点时，主要以_____离子形式存在。在 pH>pI 的溶液中，大

部分以_____离子形式存在；在 pH<pI 的溶液中，大部分以_____离子形式存在。

3. 组成蛋白质的氨基酸中含硫的氨基酸有_____和_____。能形成二硫键的氨基酸是_____。

4. 谷氨酸的 pK_1（α-COOH）=2.19，pK_2（α-NH$_3^+$）=9.67，pK_3（R 基）=4.25，其 pI 值应为_____。

5. 在下列空格中填写合适的氨基酸名称：_____是带芳香族的极性氨基酸；_____和_____是带芳香基的非极性氨基酸；_____是含硫的极性氨基酸；_____和_____是分子量较小且不含硫的氨基酸；在一些酶的活性中心中起重要作用并含有羟基的极性较小的氨基酸是_____。

6. 甲醛滴定是利用氨基酸的氨基与中性甲醛反应，然后用碱来滴定_____上释放的_____。

7. 组成蛋白质分子的碱性氨基酸有_____、_____和_____；酸性氨基酸有_____和_____。

8. 脯氨酸和羟脯氨酸与茚三酮反应产生____色的物质。其他氨基酸与茚三酮反应产生____色的物质。

二、单选题

1. 组成蛋白质的基本单位是（　　）。

A. L-α-氨基酸　　　B. D-β-氨基酸　　　C. D-α-氨基酸　　　D. L-β-氨基酸

E. 以上结果均不是

2. 关于氨基酸的说明哪个是不正确的？（　　）

A. 酪氨酸和苯丙氨酸都含有苯环　　　B. 苏氨酸和丝氨酸都含有羟基

C. 亮氨酸和缬氨酸都是分支氨基酸　　　D. 脯氨酸和酪氨酸都是非极性氨基酸

E. 组氨酸和色氨酸都是杂环氨基酸

3. 下列哪种氨基酸溶液不能引起偏振光的旋转？（　　）

A. 丙氨酸　　　B. 甘氨酸　　　C. 亮氨酸　　　D. 丝氨酸　　　E. 缬氨酸

4. 属于亚氨基酸的是（　　）。

A. 丝氨酸　　　B. 脯氨酸　　　C 精氨酸　　　D. 赖氨酸　　　E. 蛋氨酸

5. 下列氨基酸在生理 pH 范围内缓冲能力最大的是（　　）。

A. Gly　　　B. His　　　C. Cys　　　D. Asp　　　E. Glu

6. 哪一种氨基酸组分在 280nm 处，具有最大的光吸收？（　　）

A. 色氨酸吲哚基　　B. 酪氨酸苯酚基　　C. 苯丙氨酸苯环　　D. 半胱氨酸的巯基

E. 肽链中的肽键

7. 有一混合氨基酸溶液，其 pI 值分别为 4.6、5.0、5.3、6.7、7.3，电泳时欲使其中四种向正极移动，缓冲液 pH 值应该是多少？（　　）

A. 4.0　　　B. 5.0　　　C. 6.0　　　D. 7.0　　　E. 8.0

8. 与茚三酮反应成黄色的是（　　）。

A. 苯丙氨酸　　　B. 酪氨酸　　　C. 色氨酸　　　D. 组氨酸　　　E. 脯氨酸

9. 氨基酸在等电点时，具有的特点是（　　　）。

A. 不带正电荷　　　B. 不带负电荷　　　C. A+B　　　　　D. 溶解度最大

E. 在电场中不泳动

10. 下列氨基酸中哪个具有分支的碳氢侧链?（　　　）

A. 苯丙氨酸　　　　B. 组氨酸　　　　　C. 色氨酸　　　　D. 异亮氨酸

11. 下列哪一类氨基酸完全是非必需氨基酸?（　　　）

A. 碱性氨基酸　　　B. 含硫氨基酸　　　C. 分支氨基酸　　　D. 芳香族氨基酸

E. 酸性氨基酸

12. 一个谷氨酸溶液，用 5mL 1mol/L NaOH 来滴定，溶液的 pH 值从 1.0 上升到 7.0，下列数值中哪一个接近于该溶液中所含谷氨酸的物质的量（mmol）（$pK_{a1} = 2.19$，$pK_{a2} = 4.25$，$pK_{a3} = 9.67$）数?（　　　）

A. 1.5　　　　　　B. 3.0　　　　　　C. 6.0　　　　　　D. 12.0

三、判断题

1. 组成蛋白质的 20 种氨基酸都有一个不对称性的 α-碳原子，所以都有旋光性。（　　　）

2. 蛋白质分子中因为含有酪氨酸、色氨酸和苯丙氨酸，所以在 260nm 处有最大吸收峰。（　　　）

3. 亮氨酸的疏水性比丙氨酸强。（　　　）

4. 组成蛋白质的氨基酸均是 L-型氨基酸，除甘氨酸外都是左旋的。（　　　）

5. 只有在很高或很低 pH 值时，氨基酸才主要以非离子化形式存在。（　　　）

6. 溶液的 pH 可以影响氨基酸的等电点。（　　　）

四、名词解释

氨基酸　　　等电点　　　氨基酸态氮

五、简答题

1. 薄层色谱分离鉴别胱氨酸片的原理是什么？

2. 用酸度计法检测酱油中氨基酸态氮的原理是什么？

3. 用比色法检测酱油中氨基酸态氮的原理是什么？

项目二
蛋白质的检测

学习目标

知识目标：1. 了解蛋白质的结构、理化性质；
    2. 熟悉蛋白质定性、定量检测的工作原理；
    3. 掌握颜色反应鉴别蛋白质。

技能目标：1. 能利用双缩脲比色法测定乳与乳制品中蛋白质的含量；
    2. 能利用考马斯亮蓝法测定豆类食品中蛋白质的含量。

素质目标：1. 严格遵守标准曲线制作规范，培养定量检测的精准意识；
    2. 识别样品前处理干扰，体现严谨性职业态度。

>> 导学阅读 "奶制品污染"——三聚氰胺事件

  2008 年，三聚氰胺事件闹得沸沸扬扬。那一年，家长们只要听到"大头娃娃"这几个字，就会心惊胆战，生怕自己的孩子也被毒害。事故起因是很多食用三鹿集团生产的奶粉的婴儿被发现患有肾结石，随后发现其奶粉中含有化工原料三聚氰胺。根据当时媒体报道，三聚氰胺事件的受害者高达 30 万人！事件引起各国的高度关注和对乳制品安全的担忧。随后，国家质量监督检验检疫总局对包括伊利、蒙牛、光明、圣元及雅士利在内的多个厂家的婴幼儿奶粉进行检测，都检出了三聚氰胺。该事件使得中国乳制品遭到多个国家的禁止。时隔三年后，2011 年中央电视台《每周质量报告》调查发现，仍有七成国民表示不敢买国产奶。

  ★思考与讨论

① 三聚氰胺是一种什么物质？对人体有什么危害？

② 为什么在当时使用三聚氰胺可以躲避国家的检查？

③ 蛋白质有哪些性质？

**蛋白质的
分子组成**

  蛋白质广泛存在于各种生物组织细胞中，是生物细胞最重要的组成物质。蛋白质是生命的物质基础，没有蛋白质就没有生命。因此，它是与生命及各种形式的生命活动紧密联系在一起的物质。机体中的每一个细胞和所有重要组成部分都有蛋白质参与，即蛋白质参与了细胞生命活动的每一个进程。例如，参与机体防御功能的抗体，催化代谢反应的酶，调节物质代谢和生理活动的某些激素和神经递质，有的是蛋白质或多肽类物质，有的是氨基酸转变的产物。此外，肌肉收缩、血液凝固、物质的运输等生理功能也是由蛋白质来实现的。同时，蛋白质也是人们日常饮食中必需的营养物质，这是因为动物自身无法合成所有的必需氨基酸。通过消化所摄入的蛋白质食物（将蛋白质降解为氨基酸），人体就可以将吸收的氨基酸用于自身的蛋白质合成。

蛋白质是由 α-氨基酸按一定顺序结合形成一条多肽链，再由一条或一条以上的多肽链按照其特定方式结合而成的高分子化合物。通过肽键连接而成的链状结构称为多肽链（polypeptide chain），其骨架由—N—C_α—C—重复构成（图 2-1）。把含有 α-NH_2 的氨基酸残基写在多肽链的左边，称为 N 末端（氨基端），把含有 α-COOH 的氨基酸残基写在多肽链的右边，称为 C 末端（羧基端）；除肽键外，蛋白质中还含有其他类型的共价键。例如，蛋白质分子中的两个半胱氨酸可通过其巯基形成二硫键（—S—S—，又称二硫桥），这是蛋白质分子中一种常见的共价键，可存在于多肽链内部或两条肽链之间。

$$H_2N-\overset{R1}{\underset{H}{C}}\overset{H}{\underset{O}{C_\alpha}}-\overset{H}{N}-\overset{H}{\underset{R2}{C_\alpha}}\overset{O}{C}-\overset{R3}{\underset{H}{N}}-\overset{H}{\underset{H}{C_\alpha}}\overset{H}{C}-\overset{H}{N}-\overset{H}{\underset{R4}{C_\alpha}}-COOH$$

图 2-1　多肽链主链骨架

氨基酸是组成蛋白质的基本单位，氨基酸通过脱水缩合连成肽链。每一条多肽链有 20 至数百个氨基酸残基（—R），数量不等。各种氨基酸残基按一定的顺序排列。一条或多条多肽链组成蛋白质。

本项目以生物制品药物及食品中常用的蛋白质的定性、定量检测方法为主要内容，学习蛋白质的各种检测技术。

 知识储备

一、蛋白质的结构

蛋白质主要由碳、氢、氧、氮等化学元素组成，是一类重要的生物大分子，所有蛋白质都是由约 20 种不同氨基酸连接形成的多聚体，在形成蛋白质后，这些氨基酸又被称为残基。

蛋白质的结构

蛋白质分子是由氨基酸首尾相连缩合而成的共价多肽链，每一种天然蛋白质都有自己特有的空间结构或称三维结构，这种三维结构通常被称为蛋白质的构象，即蛋白质的结构。所以蛋白质结构是指蛋白质分子的空间结构。

蛋白质的分子结构可划分为四级，以描述其不同的方面。

（一）蛋白质的一级结构

蛋白质的一级结构（primary structure）：多肽链上各种氨基酸残基的排列顺序称为一级结构，其基本结构键是肽键。一级结构是蛋白质的结构基础，也是各种蛋白质的区别所在，不同蛋白质具有不同的一级结构。

（二）蛋白质的二级结构

蛋白质的二级结构（secondary structure）：多肽链主链骨架中局部的规则构象称为二级结构，是主链肽键形成氢键造成的，不包括 R 侧链的构象。包括 α-螺旋（α-helix）、β-折叠（β-sheet）、β-转角（β-turn）、无规则卷曲（random coil）等。对已知的 67 种蛋白质的结构分析表明：几种二级结构的比例为 α-螺旋 26%，β-折叠 19%，β-转角 15%。

1.α-螺旋

典型的 α-螺旋（图 2-2）具有下列特征：

① 多肽链主链骨架围绕同一中心轴呈螺旋式上升，形成棒状的螺旋结构。每圈包含 3.6 个氨基酸残基（1 个羧基、3 个 N—C_α-C 单位、1 个 N），螺距为 0.54nm，因此，每个氨基酸残基围绕螺旋中心轴旋转 100°，上升 0.15nm。

② 相邻的螺旋之间形成氢键，氢键的方向与 α-螺旋轴的方向几乎平行。α-螺旋中每个羧基氧原子（n）与朝向羧基 C 末端的第 4 个氨基酸残基的 α-氨基 N 原子（$n+4$）形成氢键。由氢键封闭的环共包含 13 个原子，故典型的 α-螺旋又称 3.6$_{13}$ 螺旋。每个肽键均参与氢键形成，因此，尽管氢键的键能不大，但大量氢键的累加效应使 α-螺旋成为最稳定的二级结构。

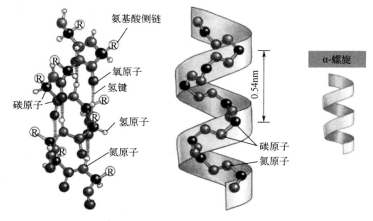

图 2-2   α-螺旋结构图

2.β-折叠

β-折叠是蛋白质中最常见的一种主链构象，是指蛋白质主链中伸展的、周期性折叠的构象，很像 α-螺旋适当伸展形成的锯齿状肽链结构（图 2-3）。

β-折叠分为两种形式：

（1）平行 β-折叠   两条 β-折叠股走向相同。

（2）反平行 β-折叠   两条 β-折叠股走向相反。

3.β-转角

在多肽链的主链骨架中，经常出现 180° 的转弯，此处结构主要是 β-转角。

结构特征：β-转角由 4 个氨基酸残基组成，第 1 个残基的羧基氧原子与第 4 个残基的酰胺基的氢原子形成氢键。

4. 无规则卷曲

球蛋白分子中除了上述有规则的二级结构外，主链上还常常存在大量没有规律的卷曲，

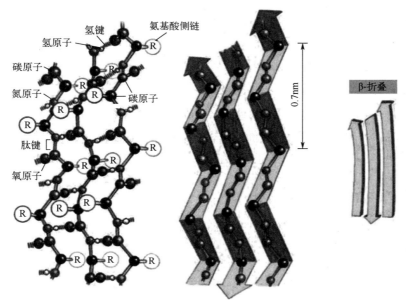

图 2-3　β-折叠结构图

其二面角（Φ、Ψ）都不规则，称无规则卷曲。

在蛋白质中经常存在由若干相邻的二级结构单元按一定规律组合在一起形成的有规则的二级结构集合体，称超二级结构（super secondary structure）。超二级结构又称基序（motif），可能有特殊的功能或仅充当更高层次结构的元件，常见的有 α-螺旋与 β-折叠的组合形式（图 2-4）。

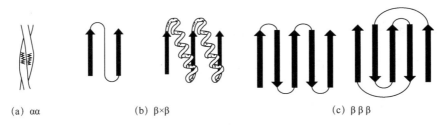

(a) αα　　　　　　(b) β×β　　　　　　　(c) βββ

图 2-4　部分超二级结构示意图

球蛋白分子的一条多肽链中常存在一些紧密的、相对独立的区域，称为结构域，是在超二级结构的基础上形成的具有一定功能的结构单位。

结构域被认为是蛋白质的折叠单位，在新生肽链折叠中发挥重要作用。较大的球蛋白分子包含 2 个或 2 个以上的结构域，例如免疫球蛋白（抗体）分子包含 12 个结构域；较小的球蛋白分子只包含一个结构域，如肌红蛋白分子。结构域的平均大小约为 100 个氨基酸残基。结构域之间的区域常形成裂缝，可作为与其他分子结合的位点。

（三）蛋白质的三级结构

蛋白质的三级结构（tertiary structure）：多肽链中所有原子和基团在三维空间中的排布，是有生物活性的构象，或称为天然构象。通过肽链折叠使一级结构相距很远的氨基酸残基彼此靠近，进而导致其侧链的相互作用。

三级结构是在二级结构的基础上，通过氨基酸残基 R 侧链间的非共价键作用形成的紧密球状构象，是多肽链折叠形成的，也是蛋白质发挥生物学功能所必需的。

（四）蛋白质的四级结构

较大的球蛋白分子往往由两条或多条肽链组成，这些多肽链本身都具有特定的三级结构，称为亚基（subunit）。亚基之间以非共价键相连。亚基的种类、数目、空间排布以及相互作用称为蛋白质的四级结构（图 2-5）。蛋白质的四级结构不涉及亚基本身的结构。

亚基一般只包含一条多肽链，亚基间的相互作用力与稳定的三级结构的化学键相比通常较弱，体外很容易将亚基分开，但亚基在体内紧密联系。由少数亚基聚合而成的蛋白质，称为寡聚蛋白（oligomeric protein）。寡聚蛋白中的不同亚基可以用 α、β、γ、δ、ε 命名区分，亚基数目通常为偶数，种类一般不多。维持四级结构的作用力主要是疏水作用力，另外还有离子键、氢键、范德华力等。

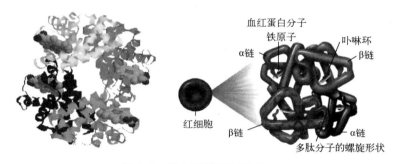

图 2-5　蛋白质的四级结构

二、蛋白质的两性电离

蛋白质的理化性质 1

蛋白质是两性电解质。蛋白质分子中可以解离的基团除 N 端 α-氨基与 C 端 α-羧基外，还有肽链上某些氨基酸残基的侧链基团，如酚基、巯基、胍基、咪唑基等基团，它们都能解离变为带电基团。因此，在蛋白质溶液中存在着下列平衡：

$$
\begin{array}{ccc}
\text{阳离子} & \text{两性离子} & \text{阴离子} \\
\text{pH}<\text{p}I & \text{pH}=\text{p}I & \text{pH}>\text{p}I \\
\text{电场中：移向阴极} & \text{不移动} & \text{移向阳极}
\end{array}
$$

调节溶液的 pH 使蛋白质分子的酸性解离与碱性解离相等，即所带正负电荷相等，净电荷为零，此时溶液的 pH 值称为蛋白质的等电点（pI）。在等电点时，蛋白质的溶解度最小，溶液的浑浊度最大，配制不同 pH 的缓冲液，观察蛋白质在这些缓冲液中的溶解情况即可确定蛋白质的等电点，不同的蛋白质等电点不同。表 2-1 展示了常见蛋白质的等电点。

表 2-1　常见蛋白质的等电点

蛋白质中文名称	蛋白质英文名称	等电点
溶菌酶	lysozyme	6.99
肌红蛋白	myoglobin	7.07
血红蛋白（人）	hemoglobin（human）	7.23
胎球蛋白	fetuin	5.5～5.8
血纤蛋白原	fibrinogen	4.8
铁传递蛋白	siderophilin	3.4～3.5
γ1-球蛋白（人）	γ1-globulin（human）	5.8，6.6，7.3，8.2
卵黄蛋白	livetin	4.9
β-乳球蛋白	β-lactoglobulin	5.2
肌浆蛋白	myogen	6.3
肌清蛋白	myoalbumin	3.5
血清白蛋白	serum albumin	4.7
伴清蛋白	conalbumin	6.9
卵白蛋白	ovalbumin	4.71
珠蛋白（人）	globin（human）	7.5
胸腺组蛋白	thymus histone	10.8
鲟精蛋白	sturine	11.71
鲱精蛋白	clupeine	12.1
鲑精蛋白	salmin	12.1
肌球蛋白 A	myosin A	5.1
原肌球蛋白	tropomyosin	5.9
γ2-球蛋白（人）	γ2-globulin（human）	5.2～5.5
α-眼晶体蛋白	α-crystallin	6.0
β-眼晶体蛋白	β-crystallin	5.1
花生球蛋白	arachin	3.9
伴花生球蛋白	conarachin	3.7～5.0
角蛋白类	keratins	4.6～4.7
还原角蛋白	keratein	6.5～6.8
胰岛素	insulin	1.0
胃蛋白酶	pepsin	8.1
糜蛋白酶	chymotrypsin	4.9
牛血清白蛋白	bovine serum albumin	7.8
胶原蛋白	collagen	4.8～5.2
α-酪蛋白	α-casein	4.5
β-酪蛋白	β-casein	5.8～6.0
γ-酪蛋白	γ-casein	3.83～4.41
α-卵类黏蛋白	α-ovomucoid	1.8～2.7
α1-黏蛋白	α1-mucoprotein	5.5
生长激素	somatotropin	5.73
催乳素	prolactin	5.35

蛋白质也会发生修饰，不同的修饰会导致等电点的变化。比如磷酸化，同一个蛋白质多一个或少一个磷酸基团其等电点会发生变化。

三、蛋白质的颜色反应

蛋白质的理化性质 2

（一）米伦氏反应（Millon reaction）

米伦试剂为硝酸、亚硝酸、硝酸汞和亚硝酸汞的混合物，能与苯酚、双酚及某些羟苯衍生物产生颜色反应。这些反应最初产生的有色物质可能为酚的亚硝基衍生物，经变位作用变成颜色更深的邻醌肟，最终形成红色稳定产物（图 2-6）。蛋白质溶液中加入米伦试剂后，即产生白色沉淀，加热后沉淀变为红色，这是因为组成蛋白质的氨基酸中的酪氨酸为羟苯衍生物。该反应溶液中不能含有大量的无机盐、双氧水、醇或碱，因为它们能使汞变成沉淀。此外，中和碱时不能用盐酸。

$$\text{HO}-\!\!\bigcirc\!\!- + \text{HO}-\text{N}^+\text{O} \longrightarrow \text{HO}-\!\!\bigcirc\!\!-\text{N}=\text{O} + \text{H}_2\text{O}$$

苯酚　　　　　　　　　　　　　　亚硝基衍生物

$$\text{HO}-\!\!\bigcirc\!\!-\text{N}=\text{O} \rightleftharpoons \text{O}=\!\!\bigcirc\!\!=\text{N}-\text{OH} \xrightarrow{\text{汞盐}} \text{红色}$$

亚硝基衍生物　　　　　　邻醌肟

图 2-6　米伦氏反应式

（二）蛋白质黄色反应（xanthoproteic reaction）

凡含有苯基的化合物均可与浓硝酸作用产生硝基苯衍生物（图 2-7）。该化合物在碱性溶液中进一步形成橙黄色的硝醌酸钠。蛋白质的黄色反应是含有芳香族氨基酸特别是含有酪氨酸和色氨酸的蛋白质所特有的颜色反应。蛋白质溶液遇硝酸后，先产生白色沉淀，加热后白色沉淀变成黄色，再加碱，颜色加深呈橙黄色，这是因为硝酸将蛋白质分子中的苯环硝化，产生了黄色硝基苯衍生物，生成的黄色物质冷却后，若再与碱或氨水接触，则颜色转变为橙黄色。绝大多数蛋白质都含有带苯环的氨基酸，因此均有黄色反应。例如皮肤、指甲和毛发等遇浓硝酸会变成黄色。反应式如下：

图 2-7　蛋白质黄色反应式

带有苯环的氨基酸包括酪氨酸、苯丙氨酸和色氨酸。它们之中，酪氨酸苯环上的羟基活化了苯环，使得蛋白质黄色反应较容易进行，而苯丙氨酸苯环的硝化却较难发生。

（三）乙醛酸反应（hopkins-cole reaction）

在蛋白质溶液中加入乙醛酸，然后沿试管壁慢慢注入浓硫酸，硫酸沉在底部，液体分为两层，在两层界面处出现紫色环。这是因为蛋白质在浓硫酸的存在下与乙醛酸反应生成紫色物质，反应机制尚不清楚。凡是含有吲哚基的化合物都有此反应，色氨酸含有吲哚环，所以色氨酸及含色氨酸的蛋白质都有此反应。硝酸根、亚硝酸根、氯酸根及过多的氯离子均能妨碍此反应，有微量硫酸铜或铁离子存在时可以加强该颜色反应。

（四）坂口反应（Sakaguchi reaction）

蛋白质在碱性溶液中与次氯酸盐（或次溴酸盐）和 α-萘酚作用产生红色的产物（图 2-8）。这是由于蛋白质分子中精氨酸胍基的特征反应。在 20 多种氨基酸中，唯有精氨酸含有胍基，所以此反应可用来鉴定含有精氨酸的蛋白质，也可以用来定量测定精氨酸的含量。许多胍的衍生物如胍乙酸、胍基丁胺等也发生此反应。

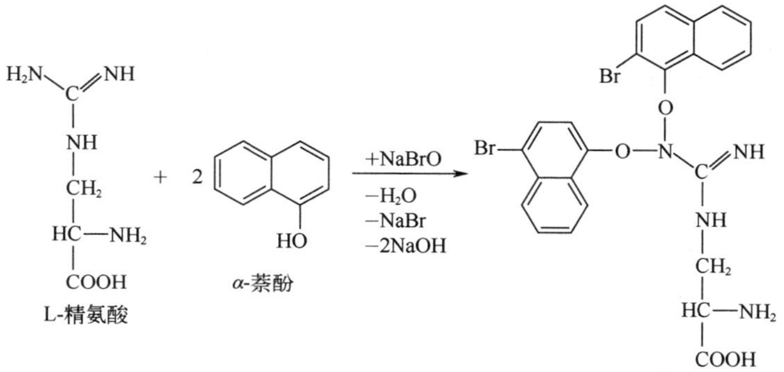

图 2-8 坂口反应式

生成的氨可被次溴酸钠或次氯酸钠氧化生成氮。在次溴酸钠或次氯酸钠的缓慢作用下，有色物质继续氧化，使产物破裂分解，导致颜色消失，因此过量的次溴酸钠或次氯酸钠对反应不利。但加入适量的尿素可破坏过量的次溴酸钠或次氯酸钠，能增加颜色的稳定性。

（五）茚三酮反应（ninhydrin reaction）

除脯氨酸、羟脯氨酸和茚三酮反应生成黄色物质，天冬酰胺、谷氨酰胺和茚三酮反应生成棕色物质外，大部分的 α-氨基酸及蛋白质都能和茚三酮反应生成蓝色或紫色物质（图 2-9）。该反应分两步进行，首先是氨基酸被氧化，产生二氧化碳、氨气和醛，而水合茚三酮被还原成还原型茚三酮；其次是生成的还原型茚三酮与另一个水合茚三酮分子和氨缩合生成有色物质。此反应的适宜 pH 值为 5～7，同一浓度的蛋白质或氨基酸在不同 pH 条件下的颜色深浅不同，酸度过大时甚至不显色。

该反应十分灵敏，被广泛应用于食品、药品、临床诊断等领域中氨基酸和蛋白质的定性或定量检测。需要注意的是，有些物质对茚三酮也呈类似的阳性反应，如 β-丙氨酸、氨和许多一级胺化合物等，所以定性或定量测定中，应严防干扰物存在。

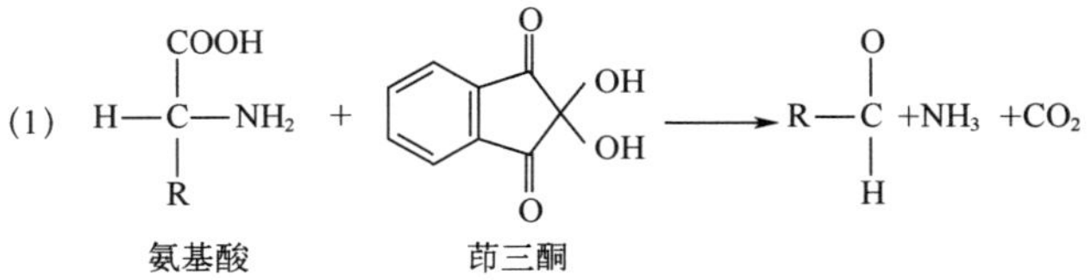

图 2-9

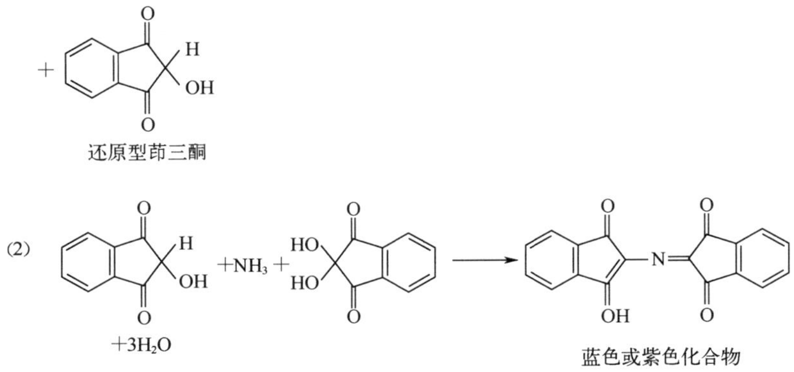

图 2-9　茚三酮反应式

四、蛋白质的变性与复性

（一）蛋白质的变性

1. 概念

天然蛋白质分子受到某些物理因素或化学因素的影响时，生物活性丧失，溶解度降低，不对称性增高以及其他物理化学常数发生改变，这个过程称为蛋白质变性（protein denaturation）。变性的蛋白质叫作变性蛋白质，变性蛋白质的分子量不变。

变性蛋白质通常都是固体状物质，不溶于水和其他溶剂，也不可能恢复原有蛋白质所具有的性质。所以蛋白质的变性通常都伴随着不可逆沉淀。

在蛋白质的变性中，蛋白质一级结构是保持完整的。变性因素只破坏了次级键即破坏了空间结构，其共价键比如二硫键和肽键是不受影响的。因此，蛋白质变性的本质是蛋白质分子中维持空间结构的次级键被破坏，天然构象解体。

2. 变性因素

引起变性的主要因素是热、紫外线、激烈的搅拌以及强酸和强碱等。

① 物理因素，如：加热、紫外线照射、X 射线照射、超声波、高压、剧烈摇荡、搅拌、表面起泡等。

② 化学因素，如：强酸、强碱、尿素、重金属盐、三氯醋酸、乙醇、胍、表面活性剂、生物碱试剂等。

3. 变性的原因

蛋白质变性的原因可概括如下：

① 蛋白质分子的副键被破坏，致使其空间结构发生变化。

② 蛋白质的结构发生扭转，使疏水基团暴露在分子表面。

③ 活泼基团，如羧基（—COOH）、羟基（—OH）、氨基（—NH$_2$）等与某些化学试剂发生反应。

4. 变性蛋白质的性质

变性蛋白质与天然蛋白质有明显的不同，主要表现在：

① 理化性质发生了变化。如旋光性改变，溶解度降低，黏度增加，光吸收性质增强，

结晶性破坏，渗透压降低，易发生凝集、沉淀。由于侧链基团外露，颜色反应增强。

②　生化性质发生了变化。变性蛋白质比天然蛋白质易被蛋白酶水解。因此，蛋白质煮熟食用比生吃好消化。

③　生物活性丧失。这是蛋白质变性最重要的明显标志之一。例如酶变性失去催化作用，血红蛋白失去运输氧的功能，胰岛素失去调节血糖的生理功能，抗原失去免疫功能等。

5. 变性的可逆性

蛋白质变性随其性质和程度的不同，有可逆的，有不可逆的，如胰蛋白酶加热和血红蛋白加酸等变性作用，在轻度时为可逆变性。

一般变性后的蛋白质即发生凝固而沉淀，在凝固之前，常呈絮状而悬浮，称为絮结作用。只絮结而未凝固的蛋白质一般都有可逆性，但已凝固的蛋白质，则不易恢复其原来的性质，即发生不可逆变性。

（二）蛋白质的复性

如果除去变性因素，在适当条件下，变性蛋白质可恢复其天然构象和生物活性，这种现象称为蛋白质的复性（renaturation）。例如胃蛋白酶加热至80～90℃时，失去溶解性，也无消化蛋白质的能力，如将温度再降低到37℃，则又可恢复溶解性和消化蛋白质的能力。变性失活蛋白重新恢复活性是一个复杂且耗时的过程。

五、蛋白质含量的测定方法

蛋白质的分类
与含量测定

蛋白质含量测定方法一般来说有五种：凯氏定氮法（Kjeldahl 法）、双缩脲法（Biuret 法）、Folin-酚试剂法（Lowry 法）、紫外吸收法和考马斯亮蓝法（Bradford 法）。表 2-2 比较了这五种蛋白质含量的测定方法，从表中可以看出，不同的方法有不同的特点和优势，如紫外吸收法测定时间快。但是综合来看，考马斯亮蓝法（Bradford 法）效率最高，无论是测定时间、灵敏度还是受干扰程度，都是比较占优势的。

表 2-2　五种蛋白质含量测定方法的比较

方法	灵敏度	测定时间	原理	干扰物质	说明
凯氏定氮法（Kjedahl 法）	灵敏度低，适用于 0.2～1.0mg 氮，误差为 ±2%	费时，8～10h	将蛋白氮转化为氨，用酸吸收后滴定	非蛋白氮（可用三氯乙酸沉淀蛋白质而分离）	用于标准蛋白质含量的准确测定；干扰少；费时太长
双缩脲法（Biuret 法）	灵敏度低，测定蛋白质浓度范围为 1～10mg/mL	中速，20～30min	多肽键+碱性 Cu^{2+} 紫色络合物	硫酸铵；Tris（三羟甲基氨基甲烷）缓冲液；某些氨基酸	用于快速测定，但不太灵敏；不同蛋白质显色相似
紫外吸收法	较为灵敏，测定蛋白质浓度范围为 0.1～1.0mg/mL	快速，5～10min	蛋白质中的酪氨酸和色氨酸残基在 280nm 处的光吸收	各种嘌呤和嘧啶；各种核苷酸	用于色谱分离柱流出液的检测；核酸的吸收可以校正

续表

方法	灵敏度	测定时间	原理	干扰物质	说明
Folin-酚试剂法（Lowry法）	灵敏度高，测定蛋白质浓度范围为0.05～0.5mg/mL	慢速，40～60min	双缩脲反应；磷钼酸-磷钨酸试剂被酪氨酸和苯丙氨酸还原	硫酸铵；Tris缓冲液；甘氨酸；各种硫醇	耗费时间长；操作要严格计时；颜色深浅随不同蛋白质变化
考马斯亮蓝法（Bradford法）	灵敏度最高，测定蛋白质浓度范围为0.1～1000μg/mL	快速，5～15min	考马斯亮蓝染料与蛋白质结合时，其最大吸收峰由465nm变为595nm	强碱性缓冲液；Triton X-100（曲拉通X-100）；SDS（十二烷基硫酸钠）	最好的方法；干扰物质少；颜色稳定；颜色深浅随不同蛋白质变化

（一）全自动凯氏定氮法

当前市场上有全自动凯氏定氮仪（图2-10），能够对整个操作过程进行自动化控制。全自动控制过程包括：样品蒸馏控制，加碱量控制，加硼酸量控制，蒸汽流量控制，蒸馏时间控制，残余物排出开关控制，自动报警控制，自动滴定开关控制。

图2-10　全自动凯氏定氮仪

（二）双缩脲法

双缩脲（$H_2NOC—NH—CONH_2$）是两分子脲经180℃左右加热，放出1分子氨后得到的产物。在强碱性溶液中，双缩脲与$CuSO_4$形成紫色络合物，称为双缩脲反应。凡具有两个酰胺基，或两个直接连接的肽键，或能够以1个中间碳原子相连的肽键的化合物，都有双缩脲反应。紫色络合物颜色的深浅与蛋白质浓度成正比，而与蛋白质分子量及氨基酸成分无关，故可用来测定蛋白质含量。

双缩脲法中样品的取用量对测定结果的准确性有显著影响，采用0.5g样品、40mL双缩脲试剂的比例具有较高的检测精度。双缩脲法对不同的蛋白质产生颜色的深浅相近，不受温度的影响，可快速测定蛋白质含量，试剂单一，方法简便。

该方法灵敏度差，测定蛋白质浓度范围通常为1～10mg/mL。适用于需要快速，但并不需要十分精确的蛋白质测定，常用于谷物蛋白质含量测定。

（三）紫外吸收法

蛋白质分子中，酪氨酸、苯丙氨酸和色氨酸残基的苯环含有共轭双键，使蛋白质具有吸收紫外线的性质，吸收峰在280nm处，其吸光度（即光密度值）与蛋白质含量成正比。此外，蛋白质溶液在 238nm 处的光吸收值与肽键含量成正比。利用一定波长下,蛋白质溶液的光吸收值与蛋白质浓度成正比的关系,可以进行蛋白质含量的测定。

最常用的紫外吸收法是 280nm 处的光吸收法,含有核酸的蛋白质溶液使用 280nm 和 260nm 的吸收差法较好,蛋白质的稀溶液采用 215nm 与 225nm 的吸收差法较好。紫外吸收法简便、灵敏、快速、不消耗样品且低浓度盐类不干扰测定,测定后仍能回收使用,特别适用于柱色谱分离洗脱液的快速连续检测。因为此时只需测定蛋白质浓度的变化,而不需要知道其绝对值。

该法测定蛋白质含量的准确度较差,干扰物质较多。在用标准曲线法测定蛋白质含量时,对那些与标准蛋白质中酪氨酸和色氨酸含量差异大的蛋白质有一定的误差,故该法适用于测定与标准蛋白质氨基酸组成相似的蛋白质。若样品中含有嘌呤、嘧啶及核苷酸等吸收紫外线的物质,会出现较大的干扰。核酸在紫外区也有强吸收,但通过校正可以消除。但是因为不同的蛋白质和核苷酸的紫外吸收是不相同的,尽管经过校正,测定的结果还是存在一定的误差。此外,利用紫外吸收法进行测定时,由于蛋白质吸收高峰常因 pH 的改变而发生变化,因此要注意溶液的 pH 值,测定样品时的 pH 要与测定标准曲线时的 pH 相一致。

(四)Folin-酚试剂法(Lowry 法)

此法的显色原理与双缩脲方法是相同的,只是加入了第二种试剂(即 Folin-酚试剂)以增加显色量,从而提高蛋白质检测的灵敏度。这两种显色反应产生深蓝色的原因是:在碱性条件下,蛋白质中的肽键与铜结合生成复合物。Folin-酚试剂中的磷钼酸盐-磷钨酸盐被蛋白质中的酪氨酸和苯丙氨酸残基还原,产生深蓝色(钼蓝和钨蓝的混合物)。在一定条件下,蓝色深度与蛋白质的量成正比。

这种蛋白质测定法是最灵敏的方法之一。过去此法是应用最广泛的一种方法,由于 Folin-酚试剂的配制较为困难(现在已可以订购),近年来已逐渐被考马斯亮蓝法所取代。Folin-酚试剂法最早由 Lowry 确定了蛋白质浓度测定的基本步骤,后来在生物化学领域得到广泛的应用。这个测定法的优点是灵敏度高,比双缩脲法灵敏度高很多。进行测定时,加入 Folin-酚试剂时要特别小心,因为该试剂仅在酸性 pH 条件下稳定,但上述还原反应只在 pH=10 的情况下发生,故当 Folin-酚试剂加到碱性的铜-蛋白质溶液中时,必须立即混匀,以便在磷钼酸-磷钨酸试剂被破坏之前,还原反应即能发生。此法也适用于酪氨酸和色氨酸的定量测定,可检测蛋白质的浓度范围通常为 0.05～0.5mg/mL。

该方法耗时较长,要精确控制操作时间,标准曲线也不是严格的直线,且专一性较差,干扰物质较多。对双缩脲反应发生干扰的离子,同样容易干扰 Lowry 反应,而且对后者的影响要大得多。此外,酚类、柠檬酸、硫酸铵、Tris 缓冲液、甘氨酸、糖类、甘油等物质均有干扰作用。浓度较低的尿素(0.5%)、硫酸钠(1%)、硝酸钠(1%)、三氯乙酸(0.5%)、乙醇(5%)、乙醚(5%)、丙酮(0.5%)等溶液对显色无影响,但这些物质浓度高时,必须作校正曲线。对于含硫酸铵的溶液,只需加浓碳酸钠-氢氧化钠溶液,即可显色测定。若样品酸度较高,显色后色浅,必须提高碳酸钠-氢氧化钠溶液的浓度 1～2 倍。

(五)考马斯亮蓝法(Brandford 法)

考马斯亮蓝 G-250(coomassie brilliant blue G-250)测定蛋白质含量属于染料结合法的一

种，考马斯亮蓝法又称 Bradford 法。考马斯亮蓝 G-250 染料能与蛋白质中的碱性氨基酸（如精氨酸）和芳香族氨基酸残基进行结合反应。在酸性环境中，考马斯亮蓝 G-250 染料在游离状态下呈现红棕色，并具有极强的疏水性。当其与蛋白质发生相互作用（这种相互作用基于疏水作用以及其它分子间相互作用力，如范德华力等）进行结合后，溶液的颜色从红棕色转变为蓝色，同时其最大光吸收波长从 465nm 转移到 595nm，从而导致溶液在 595nm 处的吸光度增加，且吸光度的增加与蛋白质浓度的增加呈线性关系。因此，可以通过测定溶液在 595nm 处的吸光度来推算出蛋白质的浓度。

该方法操作简便、反应迅速、灵敏度高、颜色稳定、抗干扰性强。但是由于不同蛋白质中的碱性氨基酸和芳香族氨基酸含量不同，因此当测定蛋白质与标准蛋白质氨基酸组成差异较大时，结果有较大偏差。

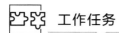 工作任务

任务一　鸡蛋卵清蛋白的沉淀分离

卵清蛋白是一种糖蛋白，含有微量的磷，是卵清中蛋白质的主要成分，约占 50%～65%。鸡的卵清蛋白分子量约 45000，在生物制品行业，通常被用来与小分子半抗原偶联，合成完全抗原，用于免疫动物或者包被酶标板。卵清蛋白溶解于水后形成胶体溶液。

蛋清中蛋白质的种类很多（表 2-3）。从卵清溶液中分离出卵清蛋白的方法很多，本任务用沉淀方法使卵清溶液中的卵清蛋白与杂质分开。胶体溶液中的卵清蛋白不能通过半透膜，因此可以应用透析法将非蛋白的小分子杂质除去，得到较纯的卵清蛋白。

表 2-3　蛋清中各种蛋白质及其理化性质

名称	比例	分子量	等电点
卵清蛋白	52%	45×10^3	4.5
伴清蛋白	13%	78×10^3	6.6
溶菌酶	11%	28×10^3	4.0～4.3
卵类黏蛋白	3.5%	14×10^3	10.7
卵黏蛋白	1.5%	$18 \times 10^3 (\alpha)$；$400 \times 10^3 (\beta)$	4.7
免疫球蛋白	<1.0%	不同	不同

一、检测方法

蛋白质的分子量很大，又由于其分子表面有许多极性基团，亲水性极强，易溶于水成为稳定的亲水胶体溶液，故它在水中能够形成胶体溶液。蛋白质溶液具有胶体溶液的典型性质，如丁达尔现象、布朗运动等。

蛋白质胶体溶液的稳定性与它的分子量大小、所带的电荷和水化作用有关。蛋白质的表面多亲水基团，如—NH₂、—COOH、—OH、—SH、—CONH₂ 等，具有强烈地吸引水分子的作用。水是一种极性分子，当水与蛋白质相遇时，就很容易被蛋白质吸住，使蛋白质分子表面常被多层水分子包围，称水化膜。蛋白质是两性离子，颗粒表面带有电荷，在酸性溶液中

带正电荷，在碱性溶液中带负电荷，同性电荷互相排斥。蛋白质由于形成水化层和双电层而成为稳定的胶体颗粒，所以蛋白质溶液和其他亲水胶体溶液相类似。但是，蛋白质胶体颗粒的稳定性是有条件的，是相对的。在一定的物理化学因素影响下，蛋白质颗粒失去电荷，脱水，甚至变性，使得蛋白质以固态形式从溶液中析出，这个过程称为蛋白质的沉淀反应。这种反应可分为以下两种类型。

（一）可逆沉淀反应

在发生沉淀反应时，蛋白质虽已沉淀析出，但它的分子内部结构并未发生显著变化，基本上保持原有的性质，沉淀因素除去后，能再溶于原来的溶剂中，这种作用称为可逆沉淀反应，又叫作不变性沉淀反应。属于这一类的反应包括：盐析作用，在低温下乙醇、丙酮对蛋白质的短时间作用以及利用等电点的沉淀等。

在蛋白质溶液中加入大量的中性盐以破坏蛋白质的胶体稳定性，使蛋白质从溶液中沉淀析出，这种方法称为盐析法。蛋白质是亲水胶体，在高浓度的中性盐影响下，蛋白质分子被盐脱去水化层，"失水"，同时蛋白质分子所带的电荷被中和，结果蛋白质的胶体稳定性遭受破坏而沉淀析出。析出的蛋白质仍保持其天然蛋白质的性质。降低盐的浓度时，析出的蛋白质还能再溶解。常用的中性盐有硫酸铵、硫酸钠、氯化钠等。盐析沉淀的蛋白质经透析除盐，仍能保证蛋白质的活性。各种蛋白质盐析时所需的盐浓度及 pH 不同，故可用于对混合蛋白质组分的分离。例如用半饱和的硫酸铵来沉淀出血清中的球蛋白，饱和硫酸铵可以使血清中的白蛋白、球蛋白都沉淀出来，调节蛋白质溶液的 pH 至等电点后，再用盐析法，则蛋白质沉淀的效果更好。分子量大的蛋白质（如球蛋白）比分子量小的（如白蛋白）易于析出。

（二）不可逆沉淀反应

在发生沉淀反应时，蛋白质分子内部结构、空间构象遭到破坏，失去原来的天然性质，这时蛋白质已发生变性。这种因变性导致蛋白质沉淀，使其不能再溶解于原来溶剂中的作用叫作不可逆沉淀反应。重金属盐、生物碱试剂、过酸、过碱、加热、震荡、超声波、有机溶剂等都能使蛋白质发生不可逆沉淀反应。

1. 重金属盐沉淀蛋白质

蛋白质可以与重金属离子如汞、铅、铜、银等结合成盐沉淀，沉淀的条件以 pH 稍大于等电点为宜，因为此时蛋白质分子中有较多的阴离子，易与重金属阳离子结合成盐。重金属沉淀的蛋白质常常是变性的，但若在低温条件下，并控制重金属阳离子浓度，也可用于分离制备不变性的蛋白质。

临床上利用蛋白质能与重金属盐结合的这种性质，抢救因误服重金属盐而中毒的病人，给病人口服大量蛋白质，然后用催吐剂将结合的重金属盐呕吐出来解毒。

2. 生物碱试剂以及某些酸类沉淀蛋白质

蛋白质又可与生物碱试剂（如苦味酸、钨酸、鞣酸）以及某些酸（如三氯乙酸、过氯酸、硝酸）结合成不溶性的盐沉淀，沉淀的条件应当是 pH 小于等电点，这样蛋白质带正电荷，易于与酸根阴离子结合成盐。

临床血液化学分析时常利用此原理除去血液中的蛋白质，此类沉淀反应也可用于检测尿中蛋白质。

3. 有机溶剂沉淀蛋白质

可与水混合的有机溶剂，如酒精、甲醇、丙酮等，对水的亲和力很大，能破坏蛋白质颗粒的水化膜，在等电点时使蛋白质沉淀。在常温下，有机溶剂沉淀蛋白质往往引起变性，例如酒精消毒灭菌就是如此，但若在低温条件下，则变性进行得较缓慢，可用于分离制备各种血浆蛋白质。

4. 加热凝固

将 pH 接近等电点的蛋白质溶液加热，可使蛋白质发生凝固（coagulation）而沉淀。首先是加热使蛋白质变性，使有规则的肽链结构被打开呈不规则松散状的结构，分子的不对称性增加，疏水基团暴露，进而凝聚成凝胶状的蛋白块。如煮熟的鸡蛋，蛋黄和蛋清都会凝固。

二、工作准备

1. 仪器设备和器皿

分析天平（感量±0.0001g），干燥试管及试管架，电炉，小玻璃漏斗，滤纸及玻璃纸，玻璃棒，容量瓶，烧杯，量筒，透析袋，纱布。

2. 试剂

除非另有规定，仅使用分析纯试剂和符合 GB/T 6682 的二级水。

（1）试剂准备　固体硫酸铵粉末，硝酸银，醋酸铅，三氯醋酸（三氯乙酸），浓盐酸，浓硫酸，浓硝酸，磺基水杨酸（sulfosalicyclic acid），醋酸（乙酸），氯化钠，氢氧化钠，乙二胺四乙酸，碳酸氢钠，氯化钡，蒸馏水，硫酸铜，乙醇。

（2）试剂配制

① 饱和硫酸铵溶液：称取 45g 固体硫酸铵粉末，加入 50mL 蒸馏水，用电磁炉加热至溶解，然后室温放置有结晶析出，上清液即为饱和硫酸铵溶液。

② 半饱和硫酸铵溶液：称取 15g 固体硫酸铵粉末，加入 50mL 蒸馏水，用电磁炉加热至溶解，然后室温放置冷却，即为半饱和硫酸铵溶液。

③ 1%硝酸银溶液：称取 0.5g 硝酸银，加适量蒸馏水溶解，最后定容至 50mL。

④ 3%硝酸银溶液：称取 1.5g 硝酸银，加适量蒸馏水溶解，最后定容至 50mL。

⑤ 0.5%醋酸铅溶液：称取 0.5g 醋酸铅，加适量蒸馏水溶解，最后定容至 100mL。

⑥ 10%三氯醋酸：称取 5g 三氯醋酸，加适量蒸馏水溶解，最后定容至 50mL。

⑦ 5%磺基水杨酸：称取 2.5g 磺基水杨酸，加适量蒸馏水溶解，最后定容至 50mL。

⑧ 0.1%硫酸铜溶液：称取 0.05g 硫酸铜，加适量蒸馏水溶解，最后定容至 50mL。

⑨ 饱和硫酸铜溶液：称取 12g 硫酸铜，加入 50mL 蒸馏水，用电磁炉加热至溶解，然后室温放置有结晶析出，上清液即为饱和硫酸铜溶液。

⑩ 0.1%醋酸：量取 0.1mL 醋酸，加适量蒸馏水混合，最后定容至 100mL。

⑪ 10%醋酸：量取 5mL 醋酸，加适量蒸馏水混合，最后定容至 50mL。

⑫ 饱和氯化钠溶液：称取 57g 氯化钠，加入 150mL 蒸馏水，用电磁炉加热至溶解，然后室温放置有结晶析出，上清液即为饱和氯化钠溶液。

⑬ 10%氢氧化钠溶液：称取 5g 氢氧化钠，加适量蒸馏水溶解，最后定容至 50mL。

⑭ 1mmol/L 乙二胺四乙酸：称取 0.146g 乙二胺四乙酸，加适量蒸馏水溶解，最后定容至 500mL。

⑮ 2%碳酸氢钠：称取 10g 碳酸氢钠，加适量蒸馏水溶解，最后定容至 500mL。

⑯ 1%氯化钡：称取 0.5g 氯化钡，加适量蒸馏水溶解，最后定容至 50mL。

⑰ 蛋白质氯化钠溶液：取 20mL 鸡蛋清，加蒸馏水 200mL 和饱和氯化钠溶液 100mL，充分搅匀后，用纱布滤去不溶物（加入氯化钠的目的是溶解球蛋白）。

⑱ 卵清蛋白液：将 5～25mL 鸡蛋清与 100mL 蒸馏水混合均匀后，用洁净的 4～8 层湿纱布垫在漏斗上过滤，滤液即是卵清蛋白液。注意：在新鲜鸡蛋的两端各钻一个小洞，然后把鸡蛋竖直，鸡蛋清就顺利从下端的小口流出，蛋黄仍留在蛋壳里。

三、工作过程

（一）盐析反应沉淀卵清蛋白

① 取 1 支试管加入 3mL 蛋白质溶液和 3mL 饱和硫酸铵溶液，混匀，静置约 10min，卵球蛋白则沉淀析出，用滤纸过滤，或者以 3000r/min 的转速离心 5min，将沉淀用 2mL 半饱和硫酸铵溶液洗涤一次，沉淀为卵球蛋白（分子量为 130000）。

② 过滤或离心后的滤液放入试管中，加入硫酸铵粉末，边加边用玻璃棒搅拌，直至粉末不再溶解，达到饱和。观察溶液中有无沉淀产生，若有沉淀，则过滤或以 3000r/min 的转速离心 5min，滤出或离心得到的沉淀为卵清蛋白（分子量为 45000）。

③ 取部分卵清蛋白沉淀，加水稀释，观察它是否溶解，记录观察结果，并留存部分供透析用。

④ 卵清蛋白的透析　现要得到较纯的卵清蛋白，本任务利用透析的方法除去蛋白质溶液中的小分子物质（无机盐、单糖等）。利用透析膜的半渗透作用，小分子物质可以自由通过透析膜与周围的缓冲溶液进行物质交换，大分子物质（蛋白质）保留在透析袋中而彼此分离。保留在透析袋内未透析出的样品溶液称为"保留液"，袋（膜）外的溶液称为"渗出液"或"透析液"。

a. 透析袋的准备：商品透析袋制成管状，其扁平宽度为 23～50mm 不等。为防止出现干裂，出厂时都用 10%的甘油处理过，并含有极微量的硫化物、重金属和一些具有紫外吸收的杂质。它们对蛋白质和其他生物活性物质有害，用前必须除去。使用前，先用 50%的乙醇煮沸 1h，再依次用 50%乙醇、0.01mol/L 碳酸氢钠和 1mmol/L 乙二胺四乙酸溶液洗涤，最后用蒸馏水冲洗即可使用。实验证明，50%乙醇处理对除去具有紫外吸收的杂质特别有效。使用后的透析袋洗净后可存于 4℃蒸馏水中，若长时间不用，可加少量叠氮化钠，以防长菌。洗净晾干的透析袋弯折时易裂口，用时必须仔细检查，不漏时方可重复使用。

使用时，一端用橡皮筋或线绳扎紧，也可使用特制的透析袋夹紧，由另一端灌水，用手指稍加压，检查透析袋不漏，方可装入待透析液。为了加快透析速度，除多次更换透析液外，还可使用磁子搅拌。透析的容器要大一些，可以使用大烧杯、大量筒和塑料桶。少量溶液的透析，可在袋内放一截两头烧圆的玻璃棒或两端封口的玻璃管，以使透析袋沉入液面以下。

本任务所使用的透析袋的使用前处理：

ⅰ. 把透析袋剪成适当长度（10～20cm）的小段。

ⅱ. 在大体积的 2%（质量/体积）碳酸氢钠和 1mmol/L 乙二胺四乙酸（pH 8.0）中将透析袋煮沸 10min。

ⅲ. 用蒸馏水彻底清洗透析袋。

ⅳ. 放在 1mmol/L 乙二胺四乙酸（pH 8.0）中，将之煮沸 10min。

ⅴ. 冷却后，存放于 4℃下，必须确保透析袋始终浸没在溶液内。取用透析袋时必须戴手套。

ⅵ. 使用前在透析袋内装满水然后排出，将之清洗干净，并检查透析袋是否有损坏。用线将透析袋靠近末端的地方绑紧。

b. 装样：取一段透析袋，将一端夹住，检查不漏，装入待透析的含有硫酸铵的卵清蛋白溶液，不可装太满，并适当排出空气，夹住袋口。通常要留 1/3～1/2 的空间，以防止透析过程中，透析的小分子量较多时，袋外的水和缓冲液过量进入袋内将袋涨破（含盐量很高的蛋白质溶液透析过夜时，体积增加 50%是正常的）。

c. 透析：取 10 倍以上蛋白质溶液体积的去离子水，将装好样品的透析袋悬于大烧杯中部。在烧杯底部放一个磁子，缓慢搅拌以促进溶液交换。更换洗脱溶液数次（约 30min 一次），直到达到透析平衡为止。

透析的动力是扩散压。扩散压是由横跨透析膜两边的浓度梯度形成的。透析的速度反比于膜的厚度，正比于欲透析的小分子溶质在膜内外两边的浓度梯度，还正比于膜的面积和温度，通常是 4℃透析，升高温度可加快透析速度。图 2-11 是透析装置示意图。

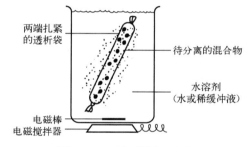

图 2-11　透析装置示意图

d. 检查透析效果：用 1%氯化钡检查硫酸铵，用 1%硝酸银检查氯化钠、氯化钾。

ⅰ. 氯离子的检查：取析出液约 2mL，加 10%硝酸溶液 1～2 滴至酸性，加 1%硝酸银溶液 2～3 滴，观察有无白色沉淀。

ⅱ. 硫酸根离子的检查：取析出液约 2mL，加 1%氯化钡溶液 2～3 滴，观察有无白色沉淀。

取出透析袋，透析袋内所得保留液即是卵清蛋白液。

（二）重金属沉淀分离卵清蛋白

取 3 支试管，各加入约 2mL 卵清蛋白液，再分别加入 3%硝酸银溶液 3 滴，0.5%醋酸铅溶液 3 滴和 0.1%硫酸铜溶液 3 滴，观察沉淀的生成。第二、三支试管再分别加入过量的醋酸铅和饱和硫酸铜溶液，观察沉淀是否再溶解。将结果填入表 2-4。

表 2-4　蛋白质沉淀反应记录表

鉴别反应名称	操作步骤	现象
重金属沉淀	① 卵清蛋白液 2mL+3%硝酸银溶液 3 滴，观察沉淀，再加水观察	

续表

鉴别反应名称	操作步骤	现象
重金属沉淀	② 卵清蛋白液 2mL+0.1%硫酸铜溶液 3 滴观察，再加过量饱和硫酸铜观察	
	③ 卵清蛋白液 2mL+0.5%醋酸铅溶液 3 滴观察，再加过量饱和醋酸铅观察	
有机酸沉淀	① 2mL 卵清蛋白+1mL10%三氯醋酸，观察沉淀，再加水观察	
	② 2mL 卵清蛋白液+1mL5%磺基水杨酸，观察沉淀，再加水观察	
无机酸沉淀	① 浓盐酸 15 滴+滴加 6 滴卵清蛋白液，静置观察，后振荡再次观察	
	② 浓硫酸 10 滴+滴加 6 滴卵清蛋白液，静置观察，后振荡再次观察	
	③ 浓硝酸 10 滴+滴加 6 滴卵清蛋白液，静置观察，后振荡再次观察	

重金属盐中的硝酸银、氯化汞、醋酸铅、三氯化铁均是蛋白质的沉淀剂，其沉淀作用的反应式如下：

$$R\begin{array}{l}COO^-\\NH_3^+\end{array}\xrightarrow[-H_2O]{OH^-}P\begin{array}{l}COO^-\\NH_2\end{array}\xrightarrow{Ag^+}R\begin{array}{l}COO^-+Ag\\NH_2\end{array}$$

金属-蛋白质复合物

医疗工作中常用汞试剂的稀水溶液消毒灭菌。服用大量富含蛋白质的牛乳或鸡蛋清可以解毒。

（三）有机酸沉淀卵清蛋白

取 2 支试管，各加入卵清蛋白液约 2mL，然后分别滴加入 1mL 10%三氯醋酸和 1mL 5%磺基水杨酸溶液，观察蛋白质的沉淀。将结果填入表 2-4。

有机酸能使蛋白质沉淀，其中三氯醋酸和磺基水杨酸最有效，能将血清等生物体液中的蛋白质完全除去，因此得到广泛使用。通常情况下，有机酸是跟蛋白质侧链上的氨基结合而沉淀蛋白。因为有机试剂跟氨基的亲和常数不高，一般加水使浓度稀释后会有解离现象，是可逆的。

有机溶剂沉淀蛋白质在生产实践和科学实验中应用很广，例如食品级的酶制剂的生产、中草药注射液和胰岛素的制备大都用有机溶剂分离沉淀蛋白质。

单宁酸、苦味酸、磷钨酸、磷钼酸、鞣酸等，亦是蛋白质的沉淀剂。这是因为这些酸带负电荷的基团与蛋白质带正电荷的基团结合而发生不可逆沉淀反应的缘故。

$$P\begin{array}{l}COO^-\\NH_3^+\end{array}\xrightarrow{H^+}P\begin{array}{l}COOH\\NH_3^+\end{array}\xrightarrow{Cl_3CCOO^-}P\begin{array}{l}COOH\\NH_3^+\cdot{}^-OOC-CCl_3\end{array}$$

蛋白质复合盐

（四）无机酸沉淀卵清蛋白

取 3 支试管，分别加入浓盐酸 15 滴，浓硫酸、浓硝酸 10 滴。小心地向 3 支试管中，沿管壁加入卵清蛋白液 6 滴，不要摇动，静置观察。然后，摇动每个试管，观察蛋白质沉淀的变化。将结果填入表 2-4。

浓无机酸（除磷酸外）都能使蛋白质发生不可逆的沉淀反应，这种沉淀作用可能是蛋白质颗粒脱水的结果。过量的无机酸（硝酸除外）可使沉淀出的蛋白质重新溶解。临床诊断上，常利用硝酸沉淀蛋白质的反应，检查尿中蛋白质的存在。

（五）加热沉淀卵清蛋白

取 5 支试管，编号，按表 2-5 加入有关试剂。

表 2-5　蛋白质加热变性反应试剂加入记录表　　　　　　　　　　　　　　　单位：滴

管号	卵清蛋白液	0.1%醋酸	10%醋酸	饱和氯化钠	10%氢氧化钠	蒸馏水
1	10	—	—	—	—	7
2	10	5	—	—	—	2
3	10	—	5	—	—	2
4	10	—	5	2	—	—
5	10	—	—	—	2	5

将各管混匀，观察记录各管现象后，放入沸水浴中加热 10min，注意观察比较各管的沉淀情况。然后将 3～5 号管分别用 10%氢氧化钠或 10%醋酸中和，观察并解释结果。

将 3～5 号管分别继续加入过量的酸或碱，观察它们发生的现象。然后用过量的酸或碱中和 3、5 号管，沸水浴加热 10min，观察沉淀变化，检查这种沉淀是否溶于过量的酸或碱中，并解释结果。

几乎所有的蛋白质都因加热变性而凝固，变成不可逆的不溶状态。盐类和氢离子浓度对蛋白质加热凝固有重要影响，少量盐类促进蛋白质的加热凝固。当蛋白质处于等电点时，加热凝固最完全、最迅速。

＊提示注意

① 做盐析实验时，饱和硫酸铵溶液不能加得太少。如果加入固体硫酸铵，效果会更加明显。在所有的盐中，硫酸铵具有特别强的盐析能力，不论在弱酸性溶液中还是在中性溶液中都能沉淀蛋白质。其他的盐（如钠与镁的氯化物或硫酸盐）要在溶液呈现酸性时才能盐析完全。因此，使用硫酸铵时，使溶液呈酸性反应，会更有利于盐析作用。

② 盐析时，沉淀不同的蛋白质所需中性盐的浓度不同，且因盐类不同也有差异。例如向含有白蛋白和球蛋白的鸡蛋清溶液中加硫酸镁或氯化钠至饱和，则球蛋白沉淀析出；加硫酸铵至饱和，则白蛋白沉淀析出。所以在不同条件下，用不同浓度的盐类可将各种蛋白质从混合溶液中分别沉淀析出，该法称为蛋白质的分级盐析。

③ 重金属盐易与蛋白质结合成稳定的沉淀而析出。蛋白质在水溶液中是酸碱两性电解质，在碱性溶液中（相对蛋白质的等电点而言），蛋白质分子带负电荷，能与带正电荷的金属离子结合成蛋白质盐。在有机体内，蛋白质常以可溶性的钠盐或钾盐的形式存在。当加入汞、

铅、铜、银等重金属盐时，蛋白质会形成不溶性的盐类而沉淀。经过这种处理后的蛋白质沉淀不再溶于水，说明它已发生了变性。重金属盐类沉淀蛋白质的反应通常很完全，特别是在碱金属盐类存在时。在生化分析中，常用重金属盐除去体液中的蛋白质。临床上用蛋白质解除重金属盐的食物性中毒。但应注意，使用醋酸铅或硫酸铜沉淀蛋白质时，试剂不可加过量，否则可使沉淀出的蛋白质重新溶解。

④ 有机溶剂沉淀蛋白质时，提取液和有机溶剂都需要事先冷却（低温操作）。向提取液中加入有机溶剂时，要边加边搅拌，防止局部过热，引起变性。

⑤ 有机溶剂与蛋白质接触时间不能过长。在沉淀完全的前提下，时间越短越好，要及时分离沉淀，除去有机溶剂。

⑥ 在酸性或碱性溶液中，蛋白质分子带有正电荷或负电荷，虽加热蛋白质也不会凝固，但若同时有足量的中性盐存在，则蛋白质可因加热而凝固。

★思考与讨论

① 盐析时球蛋白为什么比白蛋白先析出？

② 盐析析出的蛋白质都能重新溶解吗？

③ 透析膜的透析效果受哪些因素的影响？

④ 使用醋酸铅或硫酸铜沉淀蛋白质时，试剂为什么不可加过量？

⑤ 重金属盐析出的蛋白质都能重新溶解吗？

⑥ 为什么蛋清可用作铅中毒或汞中毒的解毒剂？

⑦ 蛋白质分子中的哪些基团可以与重金属离子作用而使蛋白质沉淀？

⑧ 经有机酸析出的蛋白质都能重新溶解吗？为什么？

⑨ 蛋白质分子中的哪些基团可以与有机酸作用而使蛋白质沉淀？

⑩ 为什么过量的无机酸（硝酸除外）可使沉淀出的蛋白质重新溶解？

⑪ 为什么过量的硝酸不能重新溶解蛋白质？

⑫ 蛋白质分子中的哪些基团可以与无机酸作用而使蛋白质沉淀？

⑬ 加热沉淀后的蛋白质均不可能重新溶解吗？为什么？

四、结果记录

记录检测结果，见表 1-4。

五、工作评价

根据表 1-5 对工作任务的学习情况进行整体评价。

任务二　牛乳中酪蛋白的提取与等电点测定

酪蛋白又称干酪素（casein），是哺乳动物包括母牛、羊和人奶中的主要蛋白质。其由 α-、β-、γ- 和 κ-酪蛋白组成，各种酪蛋白的氨基酸组成和电泳行为有所不同，分子量大约为 57000～375000。牛奶中的蛋白质以酪蛋白为主，其在牛奶中约含 3%，约占牛奶蛋白质的 80%。纯干酪素为白色、无味、无臭的粒状固体，相对密度约1.26，并且不溶于水和有机溶剂，营养价值较高，经酸化或凝乳酶处理后沉淀。

酪蛋白主要用作涂料的基料，木、纸和布的黏合剂以及食品用添加剂等。作为涂料的基料，其约占总消费的1/2，具有优良的耐水性，在颜料中能很好地分散，提高涂料的均匀性。此外，因其流动性好，易于涂装施工，粗制凝乳酶蛋白主要用于制造塑料纽扣。酪蛋白纽扣与其他树脂纽扣相比，染色性、加工性、色泽鲜艳性均好，质量在纽扣中居中上等。干酪素与消石灰、氟化钠、硫酸铜均匀混合，再加入煤油得到酪素胶，是航空工业和木材加工部门使用的一种胶合剂。干酪素也用于医药和生化试剂中。利用高新生物技术制成的纯天然牦牛乳酪蛋白，是一种高蛋白、多功能的食品添加剂，广泛应用于各类食品、保健食品及各类饮料中，还可应用于高档内衣、人造服饰、医用乳胶业、宠物饲料、高速商标胶等中。目前国内主要生产厂家在青藏高原，比如青海雪峰牦牛乳业有限责任公司等。

一、检测方法

牛乳中主要的蛋白质是酪蛋白，含量约为35g/L。本任务以市面上出售的纯牛奶为原料进行酪蛋白的提取。酪蛋白是一些含磷蛋白质的混合物，等电点（pI）为4.7。利用蛋白质在等电点时溶解度最低的原理，将牛乳的pH值调至4.7时，酪蛋白就会沉淀出来。用乙醇洗涤沉淀物，除去脂类杂质后，便可得到较纯的酪蛋白。利用显色反应对所提取的酪蛋白进行定性鉴定，它能与双缩脲反应生成紫红色化合物，与印三酮反应生成蓝紫色物质，与浓硝酸发生黄色反应，在碱性溶液中进一步形成橙黄色的硝醌酸钠。

通过酪蛋白等电点沉淀法可以快速鉴别奶粉和乳清粉。

二、工作准备

1.仪器设备和器皿

分析天平（感量±0.0001g），高速冷冻离心机，试管架及试管，刻度吸管，胶头吸管，抽滤装置（布氏漏斗），精密pH试纸，电炉，电子秤，滤纸，烧杯，容量瓶，钥匙，温度计。

2.试剂

除非另有规定，仅使用分析纯试剂和符合GB/T 6682的二级水。

（1）试剂准备　乙酸（99.5%），乙酸钠，氢氧化钠，浓盐酸（37.2%），溴甲酚绿，酪蛋白（干），95%乙醇，蒸馏水。

（2）试剂配制

① 1mol/L乙酸：吸取99.5%乙酸（相对密度1.05）2.875mL，加蒸馏水定容至50mL。

② 0.1mol/L乙酸：吸取1mol/L乙酸5mL，加蒸馏水定容至50mL。

③ 0.01mol/L乙酸：吸取0.1mol/L乙酸5mL，加蒸馏水定容至50mL。

④ 0.2mol/L氢氧化钠：称取2g氢氧化钠，加适量蒸馏水溶解，定容至50mL，配成1mol/L的氢氧化钠。然后量取1mol/L氢氧化钠10mL，加蒸馏水定容至50mL，配成0.2mol/L氢氧化钠。

⑤ 乙酸钠缓冲液（pH 4.7）：称取0.82g乙酸钠，倒入10mL 1mol/L的乙酸，加蒸馏水定容至100mL。

⑥ 0.01mol/L 氢氧化钠：吸取上述 1mol/L 氢氧化钠 1mL，加蒸馏水定容至 100mL。

⑦ 0.2mol/L 盐酸：吸取浓盐酸 4.17mL，加蒸馏水定容至 50mL，配成 1mol/L 盐酸。然后吸取 1mol/L 盐酸 10mL，加蒸馏水定容至 50mL，配成 0.2mol/L 盐酸。

⑧ 0.01%溴甲酚绿指示剂：称取 0.005g 溴甲酚绿，加入 0.29mL 1mol/L 的氢氧化钠，然后加蒸馏水定容至 50mL。

⑨ 纯牛奶（从超市购得）。

三、工作过程

1. 牛奶中酪蛋白的提取

取两个锥形瓶，分别放入 50mL 牛奶和 50mL 乙酸钠缓冲液（pH 4.7），在水浴锅中加热至 40℃，在搅拌下慢慢将两者混合。用精密 pH 试纸或酸度计调 pH 值至 4.7。将上述悬浮液冷却至室温。离心 15min（转速为 3000r/min），弃去上清液，得酪蛋白粗制品。

用蒸馏水洗涤沉淀 3 次，每次离心 10min（转速为 3000r/min），弃去上清液。在沉淀中加入 30mL 95%乙醇，搅拌片刻，将全部悬浊液转移至布氏漏斗中抽滤，抽干。将沉淀摊开在表面皿上，风干，得到酪蛋白纯品。准确称重，计算含量。

含量 = 酪蛋白质量/牛奶总体积

牛奶中酪蛋白的含量大于 80%属合格产品；若大于 90%，则属优质产品。

2. 酪蛋白溶液的配制

0.5%酪蛋白溶液：称取上述制备的酪蛋白（或者购买的酪蛋白）0.25g 放入 50mL 0.01mol/L 氢氧化钠溶液中（在高 pH 下，酪蛋白可能变性）。

3. 酪蛋白等电点的测定

① 取同样规格的试管 7 支，按表 2-6 准确地加入试剂。

表 2-6 酪蛋白等电点的测定

项目		管 号						
		1	2	3	4	5	6	7
试剂/mL	1.0mol/L 乙酸	1.6	0.8	0	0	0	0	0
	0.1mol/L 乙酸	0	0	4	1	0	0	0
	0.01mol/L 乙酸	0	0	0	0	2.5	1.25	0.62
	H$_2$O	2.4	3.2	0	3	1.5	2.75	3.38
溶液的 pH 值		3.5	3.8	4.1	4.7	5.3	5.6	5.9

② 充分摇匀，然后向以上各试管中依次加入 0.5%酪蛋白 1mL，边加边摇，摇匀后静置 5min，观察各管的浑浊度。

③ 用−、+、++、+++等符号表示各管的浑浊度。根据浑浊度判断酪蛋白的等电点。最浑浊的一管的 pH 值即为酪蛋白的等电点（注意：缓冲液的 pH 值必须准确）。

4. 酪蛋白的两性反应鉴别

① 取一支试管，加 0.5%酪蛋白 1mL，再加 0.01%溴甲酚绿指示剂 4 滴，摇匀。此时观察溶液现象。

② 用胶头滴管慢慢加入 0.2mol/L 盐酸，边加边摇直到有大量的沉淀生成。此时溶液的 pH 值接近酪蛋白的等电点，观察溶液颜色的变化。

③ 继续滴加 0.2mol/L 盐酸，沉淀会逐渐减少直至消失，观察此时溶液颜色的变化。

④ 滴加 0.2mol/L 氢氧化钠进行中和，沉淀又出现。继续滴加 0.2mol/L 氢氧化钠，沉淀又逐渐消失，观察溶液颜色的变化（注意：溴甲酚绿变色范围 pH 3.8～5.4 黄→蓝）。

※提示注意

① 本法是应用等电点沉淀法来制备蛋白质，故调节 pH 后一定要用酸度计或精密 pH 试纸进行测定。

② 离心机使用时一定要注意平衡，加热溶液时小心烫伤。

③ 蛋白质遇强酸、强碱易变性，所以在用强酸或强碱调节溶液 pH 时，请注意控制浓度与滴加速度。

★思考与讨论

① 实验中用盐酸代替乙酸能否测定酪蛋白等电点？为什么？

② 用蒸馏水、乙醇洗涤沉淀的目的是什么？

③ 蛋白质在等电点时为什么溶解度最小？

④ 酪蛋白沉淀为什么在滴加酸或碱后均会溶解？

四、结果记录

记录检测结果，见表 1-4。

五、工作评价

根据表 1-5 对工作任务的学习情况进行整体评价。

蛋白质含量测定
——双缩脲比色法

任务三　牛奶中蛋白质含量的测定（双缩脲比色法）

一、检测方法

蛋白质含有多个肽键（—CO—NH—），因此具有双缩脲结构（$H_2NOC-NH-CONH_2$）。该结构在碱性溶液中能与铜离子（Cu^{2+}）发生双缩脲反应，产生紫色络合物（图 2-12），其颜色的深浅与蛋白质含量成正比，而与蛋白质的分子量及氨基酸组成无关。该紫色络合物在 540nm 波长处有最大吸收峰，可用于蛋白质的快速定性或定量检测。该方法测定的蛋白质浓度范围一般为 1～10mg/mL。

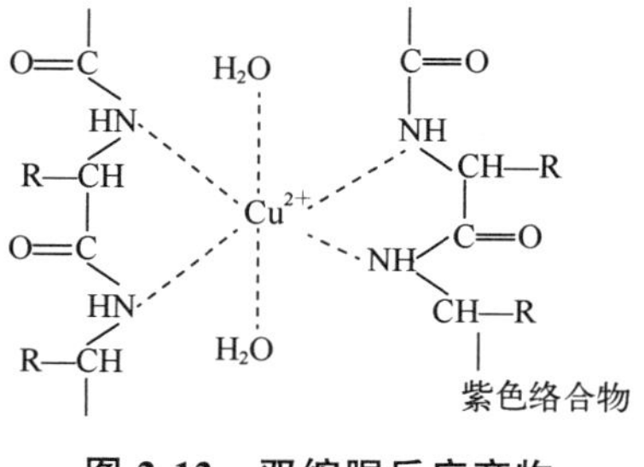

在实验过程中，利用三氯乙酸沉淀样品中的蛋白质，将沉淀物与双缩脲试剂进行显色，通过分光光度计测定显色液的吸光度值，根据标准蛋白质溶液的标准曲线计

图 2-12　双缩脲反应产物

算出样品中蛋白质的浓度。标准蛋白质溶液可以采用卵清蛋白、酪蛋白或结晶的牛（或人）血清蛋白进行配制。

需要注意的是，除了—CO—NH—有此反应外，—$CONH_2$、—CH_2—NH_2、—CS—NH_2 等基团亦有此反应。

二、工作准备

1. 仪器设备和器皿

分析天平（感量±0.0001g），高速冷冻离心机，分光光度计，超声波清洗器，移液枪及枪头，离心管（50mL）及离心管架。

2. 试剂

除非另有规定，仅使用分析纯试剂和符合 GB/T 6682 的二级水。

（1）试剂准备　酪蛋白标准品（纯度大于等于 99%），氢氧化钾，酒石酸钾钠，硫酸铜，三氯乙酸，95%乙醇，蒸馏水。

（2）试剂配制

① 10mol/L 氢氧化钾溶液：准确称取 56g 氢氧化钾，加水溶解并定容至 100mL。

② 250g/L 酒石酸钾钠溶液：准确称取 25g 酒石酸钾钠，加水溶解并定容至 100mL。

③ 40g/L 硫酸铜溶液：准确称取 4g 硫酸铜，加水溶解并定容至 100mL。

④ 150g/L 三氯乙酸溶液：准确称取 15g 三氯乙酸，加水溶解并定容至 100mL。

⑤ 双缩脲试剂：将 10mol/L 氢氧化钾溶液 5mL 和 250g/L 酒石酸钾钠溶液 10mL 加到约 400mL 蒸馏水中，充分搅拌，同时慢慢加入 40g/L 硫酸铜溶液 15mL，定容至 500mL。

三、工作过程

1. 标准曲线制作

取 6 支洁净的 50mL 离心管，按表 2-7 加入酪蛋白标准品和双缩脲试剂，充分地混匀，37℃水浴 20min 后进行测定。实验中以 0 管调零，用 1cm 光径的比色杯在 540nm 波长下测定各标准溶液的吸光度值，分别以吸光度值和蛋白质浓度作为纵坐标和横坐标，制作标准曲线。

表 2-7　制作标准曲线时试剂的加入量

项目	0	1	2	3	4	5
酪蛋白标准品/mg	0	20	40	60	80	100
双缩脲试剂/mL	20.0	20.0	20.0	20.0	20.0	20.0
蛋白质浓度/（mg/mL）	0	1.0	2.0	3.0	4.0	5.0

2. 测定样品中的蛋白质含量

（1）样品前处理

① 固体样品：称取 0.2g 样品，置于 50mL 离心管中，加入 5mL 水。

② 液体样品：称取 1.5g 样品，置于 50mL 离心管中。

（2）沉淀和过滤　样品处理完后，加入 150g/L 的三氯乙酸溶液 5mL，静置 10min 使蛋白质充分沉淀，在 10000r/min 下离心 10min，舍弃上清液。再用 10mL 质量分数为 95%的乙醇对沉淀进行洗涤，在 10000r/min 下离心 10min，保留沉淀。之后，向沉淀中加入 20mL 双缩脲试剂，置于超声波振荡仪中对液体进行振荡，使蛋白质溶解，静置显色 10min，在 10000r/min 下离心 20min，取上清液，37℃水浴 20min 后，用 1cm 光径的比色杯在 540nm 波长下测定其吸光度值。

（3）结果计算　根据待测样品测定的吸光度值，在标准曲线上查出相应的蛋白质质量浓度（c，mg/mL）。待测样品中液体的体积为 20mL，所以可得出待测样品中蛋白质的含量（mg）为：$20c$。

本次待测样品中蛋白质含量以质量分数 m 计，数值以 g/100g 表示，结果按式（2-1）计算。

$$m = \frac{20c}{m_0 \times 1000} = \frac{2c}{m_0\,100} = \frac{2c}{m_0} \qquad (2\text{-}1)$$

式中　m——100g 奶粉中蛋白质的含量，g/100g；

　　　m_0——取样量，g；

　　　c——样品中蛋白质质量浓度，mg/mL。

测定结果用平行测定的算术平均值表示，保留三位有效数字。

在重复性条件下获得的两次独立测定结果的绝对差值不得超过算术平均值的 10%。

※提示注意

① 配制双缩脲试剂的时候，需要先加入碱性溶液，再加入硫酸铜溶液，防止硫酸铜与碱性溶液发生复分解反应，生成蓝色沉淀，干扰实验结果。

② 实验中要注意防止铜离子被自动还原成氧化亚铜沉淀，可在双缩脲试剂中引入抗氧化剂，如碘化钾。

③ 双缩脲试剂要密封贮存，防止吸收空气中的二氧化碳。

④ 该方法测定蛋白质浓度的灵敏度较低，适用于精度要求不太高的蛋白质含量的测定。

★思考与讨论

① 对于能作为标准的蛋白质溶液应有何要求？

② 该方法的特点有哪些？

四、结果记录

记录检测结果，见表 1-4。

五、工作评价

根据表 1-5 对工作任务的学习情况进行整体评价。

任务四　豆芽中蛋白质含量的测定（考马斯亮蓝 G-250 法）

一、检测方法

考马斯亮蓝 G-250（Coomassie brilliant blue G-250）测定蛋白质含量属于染料结合法的一种，又称 Bradford 法。考马斯亮蓝 G-250 在游离状态下呈红色，最大光吸收波长在 465nm 左右；它在稀酸溶液中与蛋白质结合后变为蓝色，此时蛋白质-色素结合物在 595nm 波长下有最大光吸收。在一定蛋白质浓度范围内，其光吸收值与蛋白质含量成正比，因此可用于蛋白质的定量测定。

蛋白质含量测定
——考马斯亮蓝
G-250 法

蛋白质与考马斯亮蓝 G-250 结合后，在 5min 左右的时间内即可达到平衡，反应十分迅速。其结合物在室温下 1h 内保持稳定，且在 5～20min 之间，颜色的稳定性最好。该方法试剂配制简单，操作简便快捷，反应非常灵敏，可测定微克级蛋白质含量。

此方法的优点是简便，易于操作，所用试剂较少，显色剂易于配制，干扰物质少，如糖、缓冲液、还原剂和络合剂等均不影响显色。此方法的缺点是由于各种蛋白质中的精氨酸和芳香族氨基酸的含量不同，因此 Bradford 法用于不同蛋白质测定时有较大的偏差，在制作标准曲线时通常选用 γ-球蛋白为标准蛋白质，以减少这方面的偏差。此外，标准曲线也有轻微的非线性，因而不能用 Beer（比尔）定律进行计算，而只能用标准曲线来测定未知蛋白质的浓度。该方法可满足高灵敏度、快速定量微量蛋白质的测定要求。

二、工作准备

1. 仪器设备和器皿

紫外-可见分光光度计，超声波清洗器，分析天平（感量±0.0001g），移液枪及枪头，离心机，离心管及离心管架，研钵。

2. 试剂

除非另有规定，仅使用分析纯试剂和符合 GB/T 6682 的二级水。

（1）试剂准备　新鲜绿豆芽，95%乙醇，考马斯亮蓝 G-250，牛血清白蛋白（BSA，纯度大于等于 99.0%），蒸馏水。

（2）试剂配制

① 85%的磷酸：称取 85g 磷酸，加蒸馏水定容至 100mL。

② 考马斯亮蓝 G-250 溶液：称取 10mg 考马斯亮蓝 G-250，溶于 5mL 95%的乙醇后，再加入 10mL 85%的磷酸，用蒸馏水定容至 100mL，滤纸过滤（可选）。此溶液在常温下可放置一个月。

③ 牛血清白蛋白（BSA）标准溶液的配制：称取牛血清白蛋白 10mg，加蒸馏水溶解并定容至 100mL，配制成 100μg/mL 的蛋白质标准溶液。

三、工作过程

1. 标准曲线制作

蛋白质浓度为 0～50μg/mL 标准曲线的制作：取 6 个干净的 50mL 离心管，按表 2-8 取样。盖紧盖子后，将各试管中溶液纵向倒转混合，室温放置 5min 后用 1cm 光径的比色杯在 595nm 波长下比色，记录各管测定的光密度 OD_{595}，并作标准曲线。

表 2-8   制作低浓度蛋白标准曲线时加液情况

项目	1	2	3	4	5	6
牛血清白蛋白标准溶液/（100μg/mL）	0	0.1	0.2	0.3	0.4	0.5
蒸馏水/mL	1.5	1.4	1.3	1.2	1.1	1.0
考马斯亮蓝 G-250 溶液/mL	5	5	5	5	5	5
蛋白质含量/μg	0	10	20	30	40	50

蛋白质浓度为 0～150μg/mL 标准曲线的制作：另外取 6 个干净的 50mL 离心管，按表 2-9 取样。盖紧盖子后，将各试管中溶液纵向倒转混合，室温放置 5min 后用 1cm 光径的比色杯在 595nm 波长下比色，记录各管测定的光密度 OD_{595}，并作标准曲线。

表 2-9   制作高浓度蛋白标准曲线时加液情况

项目	1	2	3	4	5	6
牛血清白蛋白标准溶液/（100μg/mL）	0	0.3	0.6	0.9	1.2	1.5
蒸馏水/mL	1.5	1.2	0.9	0.6	0.3	0.0
考马斯亮蓝 G-250 溶液/mL	5	5	5	5	5	5
蛋白质含量/μg	0	30	60	90	120	150

2. 样品提取液中蛋白质浓度的测定

待测样品制备：称取新鲜绿豆芽下胚轴 2g 放入研钵中，加入 2mL 蒸馏水研磨成匀浆，转移到离心管中，再用 6mL 蒸馏水分次洗涤研钵，洗涤液收集于同一离心管中，放置 0.5～1h 以充分提取，然后在 4000r/min 下离心 20min，弃去沉淀，上清液转入 10mL 容量瓶中，并用蒸馏水定容至刻度，即得待测样品提取液。

提示：不同时期的绿豆芽蛋白质含量会有变化。

测定：另取 2 个干净的 50mL 离心管，按表 2-10 取样。吸取待测样品提取液 0.5mL（做一重复），放入 50mL 离心管中，加入 5mL 考马斯亮蓝 G-250 溶液，充分混合，室温放置 5min 后用 1cm 光径比色杯在 595nm 下比色，记录光密度 OD_{595}，并通过标准曲线查得待测样品提取液中蛋白质的含量 X（μg）。以标准曲线 1 号试管做空白。

表 2-10 测定待测样品提取液中蛋白质浓度时加液情况

项目	1	2
待测样品提取液/mL	0.5	0.5
蒸馏水/mL	1.0	1.0
考马斯亮蓝 G-250 溶液/mL	5	5
蛋白质含量/μg		

3. 结果计算

本次待测样品中蛋白质含量以 m 计，数值以 μg/g 鲜重表示，结果按式（2-2）计算。

$$m = X \frac{V_1}{V_2 m_0} \tag{2-2}$$

式中　X ——在标准曲线上查得的蛋白质含量，μg；

　　　V_1 ——待测提取液总体积，mL；

　　　V_2 ——测定时取样体积，mL；

　　　m_0 ——样品鲜重，g。

计算结果保留到小数点后两位。

※提示注意

① Bradford 法由于染色方法简单迅速，干扰物质少，灵敏度高，现已广泛应用于蛋白质含量的测定。

② 有些阳离子如 K^+、Na^+、Mg^{2+} 和 $(NH_4)_2SO_4$、乙醇等物质不干扰测定，但大量的去污剂如 TritonX-100、SDS 等严重干扰测定。

③ 蛋白质与考马斯亮蓝 G-250 结合的反应十分迅速，在 5min 左右反应达到平衡。其结合物在室温下 60min 内保持稳定。因此，应在出现蓝色 5～60min 内完成吸光度的测定，不可放置太长时间，否则将使测定结果偏低。

★思考与讨论

制作标准曲线以及测定样品时，将各试管中溶液纵向倒转混合的目的是使反应充分，并且使整个反应液均一，否则在比色测定时，结果会有较大偏差，使标准曲线的制作不标准，后续的测定结果就不可靠。这种说法对吗？请解释。

四、结果记录

记录检测结果，见表 1-4。

五、工作评价

根据表 1-5 对工作任务的学习情况进行整体评价。

 能力拓展

拓展任务 干黄豆的蛋白质含量测定（凯氏定氮法）

黄豆有"豆中之王"之称，被人们叫作"植物肉""绿色的乳牛"，营养价值极其丰富。干黄豆中含高品质的蛋白质约 40%。现代营养学研究表明，一斤（500g）黄豆的蛋白质含量相当于二斤多瘦猪肉，或三斤鸡蛋，或十二斤牛奶。测定蛋白质含量的方法很多，本任务采用凯氏定氮法测定干黄豆中蛋白质含量。

一、检测方法

凯氏定氮法是测定化合物或混合物中总氮量的一种方法。即在有催化剂的条件下，用浓硫酸消化样品，将有机氮都转变成无机铵盐，然后在碱性条件下将铵盐转化为氨，随水蒸气馏出并为过量的酸液吸收，再以标准碱滴定，就可计算出样品中的含氮量。蛋白质是含氮的化合物，而且蛋白质含氮量比较恒定。根据公式"含氮量×6.25=蛋白质含量"，可由含氮量计算蛋白质含量，故此法是经典的蛋白质定量方法。因为食品中除蛋白质外，还有其他含氮物质，所以此方法测定的蛋白质称为粗蛋白。

凯氏定氮法是目前分析有机化合物含氮量常用的方法，是测定试样中总有机氮最准确和最简单的方法之一，被国际、国内作为法定的标准检验方法。凯氏定氮法适用范围广泛，测定结果准确，重现性好，但操作复杂费时，试剂消耗量大。若采用模块式消化炉代替传统的消化装置，可同时测定几份样品，节省时间，提高工作效率，适用于批量蛋白质的测定，具有准确、快速、简便、低耗、稳定的优点。

二、工作准备

1. 仪器设备和器皿

① 微量凯氏定氮装置，如图 2-13 所示。

② 分析天平（感量±0.0001g）。

2. 试剂

除非另有规定，仅使用分析纯试剂和符合 GB/T 6682 的二级水。

（1）试剂准备 硫酸铜（$CuSO_4 \cdot 5H_2O$），硫酸钾，浓盐酸（1.19g/L），浓硫酸（密度为 1.84g/L），硼酸，氢氧化钠，甲基红，溴甲酚绿，无水乙醇，蒸馏水。

（2）试剂配制

① 硼酸溶液（20g/L）：称取 1g 硼酸，加蒸馏水定容至 50mL。

② 氢氧化钠溶液（400g/L）：称取 20g 氢氧

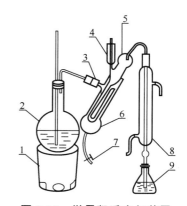

图 2-13 微量凯氏定氮装置
1—电炉；2—水蒸气发生器（2L 烧瓶）；
3—螺旋夹 a；4—小玻杯及棒状玻塞（样品入口处）；
5—反应室；6—反应室外层；7—橡皮管及螺旋夹 b；
8—冷凝管；9—蒸馏液接收瓶

化钠，加蒸馏水定容至 50mL。

③ 0.01mol/L 盐酸标准滴定溶液：根据标准盐酸溶液的配制和标定方法进行配制。

④ 0.1%甲基红乙醇溶液：称取 0.01g 甲基红，用 10mL 无水乙醇溶解。

⑤ 0.1%溴甲酚绿乙醇溶液：称取 0.05g 溴甲酚绿，用 50mL 无水乙醇溶解。

⑥ 混合指示试剂（可购买）：0.1%甲基红乙醇溶液 1 份与 0.1%溴甲酚绿乙醇溶液 5 份临用时混合。

三、工作过程

1. 样品消化

称取黄豆粉约 0.3g（±0.001g），移入干燥的 100mL 凯氏烧瓶中，加入 0.2g 硫酸铜和 6g 硫酸钾，稍摇匀后瓶口放一小漏斗，加入 20mL 浓硫酸，将瓶以 45° 斜支于有小孔的石棉网上，使用万用电炉，在通风橱中加热消化。加热时，先使用低温加热，待内容物全部炭化，泡沫停止后，再升高温度保持微沸，消化至液体呈透明的蓝绿色后，继续加热 0.5h，取下放冷。放冷后，无损地转移到 100mL 容量瓶中，加水定容至刻度，混匀备用，即为消化液。

试剂空白实验：取与样品消化相同的硫酸铜、硫酸钾、浓硫酸，按上述同样方法进行消化，冷却，加水定容至 100mL，得试剂空白消化液。

2. 定氮装置的检查与洗涤

检查微量定氮装置是否装好。在蒸气发生瓶内装水约 2/3，加甲基红指示剂数滴及数毫升硫酸，以保持水呈酸性，加入数粒玻璃珠（或沸石）以防止暴沸。

测定前定氮装置按如下方法洗涤 2～3 次：从样品入口处加水适量（约占反应管 1/3 体积）通入蒸汽煮沸，产生的蒸汽冲洗冷凝管，数分钟后关闭夹子 a，使反应管中的废液倒吸流到反应室外层，打开夹子 b 由橡皮管排出，如此数次，即可使用。

3. 碱化蒸馏

量取硼酸试剂 20mL 于锥形瓶中，加入混合指示剂 2～3 滴，并使冷凝管的下端插入硼酸液面下，在螺旋夹 a 关闭、螺旋夹 b 开启的状态下，准确吸取 10mL 样品消化液，由小漏斗流入反应室，并以 10mL 蒸馏水洗涤进样口流入反应室，用棒状玻塞塞紧。使 10mL 氢氧化钠溶液倒入小玻杯，提起玻塞使其缓缓流入反应室，用少量水冲洗后立即将玻塞盖紧，并加水于小玻杯中以防漏气，开启螺旋夹 a，关闭螺旋夹 b，开始蒸馏。通入蒸汽蒸腾 10min 后，移动接收瓶，液面离开冷凝管下端，再蒸馏 2min。然后用少量水冲洗冷凝管下端外部，取下锥形瓶，准备滴定。

同时吸取 10mL 试剂空白消化液按上述方法同步进行蒸馏操作。

4. 样品滴定

以 0.01mol/L 盐酸标准溶液滴定至灰色为终点。

【知识链接】

微量定氮反应式

① 有机物中的胺根在强热和 $CuSO_4$、浓 H_2SO_4 作用下，硝化生成$(NH_4)_2SO_4$。

反应式为：$2NH_2^- + H_2SO_4 + 2H^+ =\!=\!= (NH_4)_2SO_4$（其中 $CuSO_4$ 作催化剂）

② 在凯氏定氮器中与碱作用，通过蒸馏释放出 NH_3，收集于 H_3BO_3 溶液中。

反应式为：　　　$(NH_4)_2SO_4 + 2NaOH \Longrightarrow 2NH_3 + 2H_2O + Na_2SO_4$

$2NH_3 + 4H_3BO_3 \Longrightarrow (NH_4)_2B_4O_7 + 5H_2O$

③ 用已知浓度的 H_2SO_4（或 HCl）标准溶液滴定，根据 HCl 消耗的量计算出氮的含量，然后乘以相应的换算因子，即得蛋白质的含量。

反应式为：　　　$(NH_4)_2B_4O_7 + H_2SO_4 + 5H_2O \Longrightarrow (NH_4)_2SO_4 + 4H_3BO_3$

或者　　　　　$(NH_4)_2B_4O_7 + 2HCl + 5H_2O \Longrightarrow 2NH_4Cl + 4H_3BO_3$

5. 数据记录

按照表 2-11 记录实验结果。

表 2-11　凯氏定氮记录表

项目	第一次	第二次	第三次
样品消化液/mL			
滴定消耗盐酸标准溶液/mL			
消耗盐酸标准溶液平均值/mL			

6. 结果计算

$$X = \frac{(V_1 - V_2)c \times 0.0140}{\dfrac{m}{100} \times 10} \times F \times 100$$

式中　X ——样品中蛋白质含量，g/100g；

V_1——样品滴定消耗盐酸标准溶液体积，mL；

V_2——空白滴定消耗盐酸标准溶液体积，mL；

c ——盐酸标准滴定溶液浓度，mol/L；

0.0140 ——与 1mL 盐酸[$c(HCl)$=1mol/L]标准滴定溶液相对的氮的质量，g；

m ——样品的质量，g；

F ——氮换算为蛋白质的系数，一般食物为 6.25，乳制品为 6.38，面粉为 5.70，高粱为 6.24，花生为 5.46，米为 5.95，大豆及其制品为 5.71，肉与肉制品为 6.25，大麦、小米、燕麦、裸麦为 5.83，芝麻、向日葵为 5.30。

计算结果保留三位有效数字。

※提示注意

① 本法也适用于半固体试样以及液体样品检测。半固体试样的一般取样范围为 2～5g；液体样品的取样范围为 10～25mL（约含氮 30～40mg）。若检测液体样品，结果以 g/100mL 表示。

② 消化时，若样品含糖高或含脂肪较多时，注意控制加热的温度，以免大量泡沫喷出凯氏烧瓶，造成样品损失。为此，可加入少量辛醇或液体石蜡或硅消泡剂减少泡沫产生。

③ 消化时应注意旋转凯氏烧瓶，将附在瓶壁上的炭粒冲下，对样品彻底消化。若样品不易消化至澄清透明，可将凯氏烧瓶中溶液冷却，加入数滴过氧化氢后，再继续加热至消化完全。

④ 硼酸吸收液的温度不应超过 40℃，否则氨吸收减弱，造成检测结果偏低。可把接收瓶置于冷水浴中。

⑤ 在重复性条件下获得两次独立测定结果的绝对差值不得超过算术平均值的 10%。

★思考与讨论

① 在操作过程中，影响测定准确性的因素有哪些？

② 蒸馏时为什么要加入氢氧化钠溶液？加入量对测定结果有何影响？

③ 在蒸汽发生瓶水中加甲基红指示剂数滴及数毫升硫酸的作用是什么？若在蒸馏过程中才发现蒸汽发生瓶中的水变为黄色，马上补加硫酸行吗？

四、结果记录

记录检测结果，见表 1-4。

五、工作评价

根据表 1-5 对工作任务的学习情况进行整体评价。

 项目学习思维导图

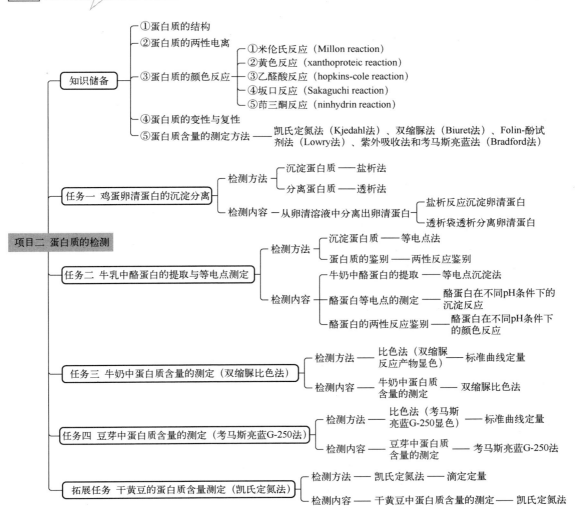

? 项目学习检测

一、填空题

1. 在生理条件（pH 7.0 左右）下，蛋白质分子中的_____侧链和_____侧链几乎完全带正电荷，但是_____侧链则带部分正电荷。

2. 一般来说，球状蛋白质的_____性氨基酸侧链位于分子内部，_____性氨基酸侧链位于分子表面。

二、选择题

1. 下列有关 α-螺旋的叙述哪个是错误的?（   ）

A. 分子内的氢键使 α-螺旋稳定

B. 减弱 R 基团间不利的相互作用使 α-螺旋稳定

C. 疏水作用使 α-螺旋稳定

D. 在某些蛋白质中，α-螺旋是二级结构中的一种类型

E. 脯氨酸和甘氨酸残基使 α-螺旋中断

2. 人工合成肽时，采用下列哪种方法可以活化氨基？（   ）

A. 加入三乙胺　　　B. 甲酰化　　　　C. 乙酰化　　　　D. 烷基化　　　　E. 酸化

3. 下列关于蛋白质中 L-氨基酸之间形成的肽键的叙述，哪些是正确的?（   ）

①具有部分双键的性质　②比通常的 C—N 单键短　③通常有一个反式构型　④能自由旋转

A.①②③　　　　B.①③　　　　C.②④　　　　D.④　　　　E.①②③④

4. 下列关于蛋白质结构的叙述哪些是正确的?（   ）

① 二硫键对稳定蛋白质的构象起重要作用

② 当蛋白质放入水中时，带电荷的氨基酸侧链趋向于排列在分子的外面

③ 蛋白质的一级结构决定高级结构

④ 氨基酸的疏水侧链很少埋在蛋白质分子的内部

A.①②③　　　　B.①③　　　　C.②④　　　　D.④　　　　E.①②③④

三、判断题

1. 在水溶液中，蛋白质溶解度最小时的 pH 值通常就是它的等电点。（   ）

2. 自然界的蛋白质和多肽类物质均由 L-型氨基酸组成。（   ）

3. 双缩脲反应是肽和蛋白质特有的反应，所以二肽也有双缩脲反应。（   ）

4. 蛋白质的氨基酸顺序（一级结构）在很大程度上决定了它的构象（三维结构）。（   ）

5. 变性蛋白质溶解度降低是因为蛋白质分子的电荷被中和以及除去了蛋白质外面的水化层。（   ）

四、简答题

请扼要解释为什么大多数球状蛋白质在溶液中具有下列性质。

① 在低 pH 时沉淀。

② 当离子强度从零逐渐增加时，其溶解度开始增加，然后下降，最后出现沉淀。

③ 在一定的离子强度下，达到等电点 pH 值时，表现出最小的溶解度。

④ 加热时沉淀。

⑤ 加入一种可和水混溶的非极性溶剂减小其介质的介电常数，从而导致溶解度减小。

⑥ 如果加入一种非极性强的溶剂，使介电常数大大地下降会导致变性。

项目三
酶的检测

 学习目标

知识目标：1. 了解酶的结构及影响因素；
　　　　　2. 熟悉酶的分类、特点；
　　　　　3. 熟悉酶活力单位、比活力的含义及计算。
技能目标：1. 能根据酶的特征性反应检测超氧化物歧化酶的活力；
　　　　　2. 能根据酶的特征性反应检测淀粉酶的活力。
素质目标：1. 主动验证酶活性检测的重复性与稳定性，形成质量控制思维；
　　　　　2. 针对异常结果（如酶失活），学会独立查阅标准文件排查问题。

≫导学阅读　"加酶洗衣粉"洗涤原理

在某品牌洗衣粉的包装袋背面有这样一段材料：

适用范围：适用于洗涤棉麻、化纤及混纺织物（不能用于毛织物、丝绸等），手洗、机洗皆宜。

洗衣妙招：①洗前浸泡30min，效果更佳；②用温水浸泡效果更好，但水温不要超过60℃；③浸泡时的水量浸没衣服即可；④若衣服太脏，可适当增加洗衣粉用量或延长浸泡时间。

★思考与讨论

① 说出加酶洗衣粉的洗涤原理。

② 为什么温度会影响洗涤效果？

③ 加酶洗衣粉对不同污染物的洗涤效果一样吗？为什么？

酶的应用

酶（enzyme）是生物体产生的有催化能力的蛋白质。细胞内90%的蛋白质都具有催化活性。酶是一种生物催化剂，与一般催化剂一样，只改变反应速度，不改变化学平衡，并在反应前后本身不变。在生物体内的酶是具有生物活性的蛋白质，存在于生物体内的细胞和组织中，作为生物体内化学反应的催化剂，不断地进行自我更新，使生物体内极其复杂的代谢活动有条不紊地进行。

哺乳动物的细胞内就含有几千种酶。它们或是溶解于细胞质中，或是与各种膜结构结合在一起，或是位于细胞内其他结构的特定位置上（是细胞的一种产物），这些酶统称为胞内酶；

另外，还有一些在细胞内合成后再分泌至细胞外的酶，称为胞外酶。没有酶的参与，新陈代谢只能以极其缓慢的速度进行，生命活动根本无法维持，例如食物必须在酶的作用下降解成小分子，才能透过肠壁，被组织吸收和利用。在胃里有胃蛋白酶，在肠里有胰脏分泌的胰蛋白酶、胰凝乳蛋白酶、脂肪酶和淀粉酶等。又如食物的氧化是动物能量的来源，其氧化过程也是在一系列酶的催化下完成的。

人体内也存在大量酶，结构复杂，种类繁多，目前已发现 3000 种以上。例如米饭在口腔内被咀嚼时，咀嚼时间越长，甜味越明显，是由于米饭中的淀粉在口腔分泌出的唾液淀粉酶的作用下水解成葡萄糖的缘故。因此，吃饭时多咀嚼可以让食物与唾液充分混合，有利于消化。此外，人体内还有胃蛋白酶、胰蛋白酶等多种水解酶。人体从食物中摄取的蛋白质，必须在胃蛋白酶等作用下，水解成氨基酸，然后再在其他酶的作用下，选择人体所需的 20 多种氨基酸，按照一定的顺序重新结合成人体所需的各种蛋白质，这其中发生了许多复杂的化学反应。可以这样说，没有酶就没有生物的新陈代谢，也就没有形形色色、丰富多彩的生物界。

酶的活力是指酶催化一定化学反应的能力。酶活力测定的主要方法有：化学滴定法、分光光度法、量气法（气体测压法）、pH 测定法、氧和过氧化氢的极谱测定法、旋光法、色谱法、荧光法等。

知识储备

一、酶的命名、分类及编号

（一）酶的命名

酶的命名法有两种：习惯命名法与系统命名法。习惯命名法是以酶的底物和反应类型命名，有时还加上酶的来源。习惯命名法简单、常用，但缺乏系统性，不准确。1961 年国际酶学会议提出了酶的系统命名法。系统命名法规定应标明酶的底物及反应类型，两个底物间用冒号隔开，水可省略。如乙醇脱氢酶的系统命名是："醇：NAD^+氧化还原酶"。

酶的概述

（二）酶的分类

酶是由生物细胞产生的，然后按照需要分布在细胞内和细胞外。根据酶的活动部位，一般把酶分成：由细胞产生并在细胞内部起作用的胞内酶，如氧化还原酶等；由细胞产生后分泌到细胞外起作用的胞外酶，如水解酶类。

按照催化反应的类型，国际酶学专门委员会将酶分为六大类。在这六大类里，又各自分为若干亚类，亚类下又分小组。亚类的划分标准：氧化还原酶是电子供体类型，移换酶是被转移基团的形状，水解酶是被水解的键的类型，裂合酶是被裂解的键的类型，异构酶是异构作用的类型，合成酶是生成的键的类型。

1. 氧化还原酶类

氧化还原酶，催化氧化还原反应，如葡萄糖氧化酶、各种脱氢酶等。它是已发现的量最大的一类酶，具有氧化、产能、解毒功能，在生产中的应用仅次于水解酶。氧化还原酶需要辅因子，可根据反应时辅因子的光电性质变化来测定。

氧化还原酶类按系统命名可分为 19 亚类，习惯上可分为 4 个亚类：

① 脱氢酶：受体为 NAD（烟酰胺腺嘌呤二核苷酸）或 NADP（烟酰胺腺嘌呤二核苷酸磷酸），不需氧。

② 氧化酶：以分子氧为受体，产物可为水或双氧水，常需黄素辅基。

③ 过氧物酶：以双氧水为受体，常以黄素、血红素为辅基。

④ 氧合酶（加氧酶）：催化氧原子掺入有机分子，又称羟化酶。按掺入氧原子个数可分为单加氧酶和双加氧酶。

2. 移换酶类

移换酶类催化功能基团的转移反应，如各种转氨酶和激酶分别催化转移氨基和磷酸基的反应。移换酶也叫转移酶，多需要辅酶，但反应不易测定。按转移基团性质，可分为 8 个亚类，较重要的有：

① 一碳基转移酶：转移一碳单位，与核酸、蛋白质甲基化有关。

② 磷酸基转移酶：常称为激酶，多以 ATP（三磷酸腺苷）为供体。少数蛋白酶也称为激酶（如肠激酶）。

③ 糖苷转移酶：与多糖代谢密切相关，如糖原磷酸化酶。

3. 水解酶类

水解酶类催化底物的水解反应，如蛋白酶、脂肪酶等。起降解作用，多位于胞外或溶酶体中。有些蛋白酶也称为激酶。根据酶分解的键，可分为水解酯键（如限制性内切酶）、糖苷键（如果胶酶、溶菌酶等）、肽键、碳氮键等 11 个亚类。

4. 裂合酶类

裂合酶类催化从底物上移去一个小分子而留下双键的反应或其逆反应，包括醛缩酶、水化酶、脱羧酶等，共 7 个亚类。

5. 异构酶类

异构酶类催化同分异构体之间的相互转化，包括消旋酶、异构酶、变位酶等，共 6 个亚类。

6. 合成酶类

合成酶类催化由两种物质合成一种物质的反应，必须与 ATP 分解相偶联。也叫连接酶，如 DNA 连接酶，共 5 个亚类。

（三）酶的编号

国际酶学专门委员会根据酶的类别，给每种酶规定了统一的编号。酶的编号由 EC 和 4 个用圆点隔开的数字组成。EC 表示酶学专门委员会，第一个数字表示酶的类别，第二个数字表示酶的亚类，第三个数字表示酶的小组，第四个数字表示酶在小组中的序列号。如 EC1.1.1.1 表示这个酶是氧化还原酶，电子供体是醇，电子受体是 NAD^+，序列号是 1，即乙醇脱氢酶。胰蛋白酶的编号是 EC3.4.4.4，其中，4 个数字分别表示它的类型是水解酶；水解的键是肽键；是内切酶而不是外切酶；序列号是 4。多功能酶可以有多个编号。

二、酶分子的化学组成

绝大多数酶的本质是蛋白质。酶与其他蛋白质一样，由氨基酸构成，具有一～四级结构。

酶也会受到某些物理、化学因素作用而发生变性，失去活力。酶的分子量很大，具有胶体性质，不能透析。酶也能被蛋白酶水解。

（一）辅因子

有些酶完全由蛋白质构成，属于简单蛋白，如脲酶、蛋白酶等；有些酶除蛋白质外，还含有非蛋白成分，属于结合蛋白。其中的非蛋白成分称为辅因子（cofactor），蛋白部分称为酶蛋白，复合物叫全酶。辅因子一般起携带及转移电子或功能基团的作用，其中与酶蛋白以共价键紧密结合的称为辅基，以非共价键松散结合的称为辅酶。

在催化过程中，辅基不与酶蛋白分离，只作为酶内载体起作用，如黄素蛋白类酶分子中的 FAD（黄素腺嘌呤二核苷酸）、FMN（黄素单核苷酸）辅基携带氢，羧化酶的生物素辅基携带羧基等。辅酶则常作为酶间载体，将两个酶促反应连接起来，如 NAD^+ 在一个反应中被还原成 NADH（还原型烟酰胺腺嘌呤二核苷酸），在另一个反应中又被氧化回 NAD^+。它在反应中像底物一样，有时也称为辅底物。

有 30%以上的酶需要金属元素作为辅因子。有些酶的金属离子与酶蛋白结合紧密，不易分离，称为金属酶。有些酶的金属离子结合松散，称为金属活化酶。金属酶的辅因子一般是过渡金属，如铁、锌、铜、锰等。金属活化酶的辅因子一般是碱金属或碱土金属，如钾、钙、镁等。

（二）单体酶、寡聚酶和多酶体系

由一条肽链构成的酶称为单体酶。由多条肽链以非共价键结合而成的酶称为寡聚酶，属于寡聚蛋白。有时在生物体内一些功能相关的酶被组织起来，构成多酶体系，依次催化有关的反应。构成多酶体系是代谢的需要，可以降低底物和产物的扩散限制，提高总反应的速度和效率。

有时一条肽链有多种酶活性，称为多酶融合体。如糖原分解中的脱支酶在一条肽链上有淀粉-1,6-葡萄糖苷酶和 4-α-D-葡聚糖转移酶活性。来自樟树种子的克木毒蛋白（camphorin）由一条肽链组成，有三种活性：①RNA N-糖苷酶活性能够催化 RNA 分子中的 N-糖苷键断裂，从而影响 RNA 的稳定性和功能。②依赖于超螺旋构型的核酸内切酶活性，能在特定 DNA 序列处切割磷酸二酯键，影响 DNA 的复制和转录过程。③超氧化物歧化酶活性，能清除体内超氧阴离子自由基，保护细胞免受氧化应激的损伤。

三、酶的活性中心

（一）定义

酶分子中能够直接与底物分子结合，并催化底物化学反应的部位，就称为酶的活性中心。酶是大分子，其分子量一般在一万以上，由数百个氨基酸组成，而酶的底物一般很小，所以，直接与底物接触并起催化作用的只是酶分子中的一小部分。有些酶的底物虽然较大，但与酶接触的也只是一个很小的区域。因此，人们认为，酶分子中有一个活性中心，它是酶分子的一小部分，是酶分子中与底物结合并催化反应的场所。活性中心是由酶分子中少数几个氨基酸残基构成的，它们在一级结构上可能相距很远，甚至位于不同的肽链上，由于肽链的盘曲折叠而互相接近，构成一个特定的活性结构。因此活性中心不是一个点或面，而是一个小的空间区域。

（二）分类

活性中心的氨基酸按功能可分为底物结合部位和催化部位。底物结合部位负责识别特定的底物并与之结合，它们决定了酶的底物专一性。催化部位是起催化作用的，底物的敏感键在此被切断或形成新键，并生成产物。二者的区别并不是绝对的，有些基团既有底物结合功能又有催化功能。

Koshland 将酶分子中的残基分为四类：接触亚基负责底物的结合与催化；辅助亚基起协助作用；结构亚基维持酶的构象；非贡献亚基的替换对活性无影响，但对酶的免疫、运输、调控与寿命等有影响。前二者构成活性中心，前三者称为酶的必需基团。

活性中心以外的部分并不是无用的，它们能够维持酶的空间结构，使酶的活性中心保持完整。在酶与底物结合后，整个酶分子的构象发生变化，这种扭动的张力使底物化学键容易断裂，这种变化也要依靠非活性中心的协同作用。

一般单体酶只有一个活性中心，但有些具有多种功能的多功能酶具有多个活性中心。如大肠杆菌 DNA 聚合酶Ⅰ是一条 109000 的肽链，既有聚合酶活性，又有外切酶活性。

（三）形成过程

有些酶在细胞内刚刚合成或分泌时，尚不具有催化活性，这些无活性的酶的前体称为酶原。酶原通过激活才能转化为有活性的酶。酶原的激活是通过改变酶分子的共价结构来控制酶活性的一种机制，通过肽链的剪切，改变蛋白的构象，从而形成或暴露酶的活性中心，使酶原在必要时被活化成有活性的酶，发挥其功能。

同工酶是同一生物催化同一反应的不同的酶分子。同工酶的催化作用相同，但其功能意义有所不同。不同种生物有相同功能的酶不是同工酶。同工酶具有相同或相似的活性中心，但其理化性质和免疫学性质不同。同工酶的细胞定位、专一性、活性及其调节可有所不同。每种同工酶都有其独特的功能意义。如乳酸脱氢酶（LDH）是由 4 个亚基组成的四聚体，其亚基有 A（M）和 B（H）两种类型，有 5 种同工酶：LDH_1（H_4）、LDH_2（MH_3）、LDH_3（M_2H_2）、LDH_4（M_3H）、LDH_5（M_4）。M、H 两个亚基由不同基因编码，在不同细胞中合成速度不同，所以在不同的组织器官中，5 种同工酶的比例不同，经电泳分离后会得到不同的同工酶谱。人体心肌中 LDH_1 和 LDH_2 较多，而骨骼肌中 LDH_5 较多。M 亚基对丙酮酸的 K_m（米氏常数）较高，且不受底物抑制，因而肌肉可生成大量乳酸。H 亚基的 K_m 小，并受底物抑制，随底物增加很快饱和，所以心脏生成的乳酸很少。乳酸脱氢酶主要用于乳酸的氧化。临床上通过分析病人血清中的 LDH 同工酶谱，有助于诊断病变发生的部位。如心肌损害时血清中 LDH_1 升高，肺损害时 LDH_3 升高。

四、酶的活力计算

（一）酶活力定义

酶活力也称酶活性，是指酶催化一定化学反应的能力。酶活力的大小可以用在一定条件下，它所催化的某一化学反应的速率来表示，即酶催化的反应速率越快，酶的活力就越高。

反之，速率越慢，酶的活力就越低。所以，测定酶的活力就是测定酶促反应速率。酶促反应速率可以用单位时间内单位体积中底物的减少量或产物的增加量来表示。

酶活力既可以通过定量测定酶反应的产物或底物数量随反应时间的变化来测定，也可以通过定量测定酶反应底物中某一性质的变化，如黏度变化来测定。通常是在酶的最适 pH 值和离子强度以及指定的温度下测定酶活力。

（二）酶活力单位

酶活力单位是用来表示酶活力大小的单位，通常用酶量来表示。

1961 年国际酶学会议定义酶活力国际单位，将其规定为：在特定条件下，1min 内转化 $1\mu mol$ 底物，或者底物中 $1\mu mol$ 有关基团所需的酶量，称为一个酶活力国际单位（IU）。

1972 年国际酶学会议又规定的一个酶活力单位是 Kat（katal），将其规定为：在最适条件下，1s 内能使 1mol 底物转化的酶量。Kat 和 IU 的换算关系：$1\ Kat = 60 \times 10^6\ IU$，$1\ IU \approx 16.67 nKat$。

1976 年对酶活力单位的定义为：在特定条件下，1min 内能转化 $1\mu mol$ 底物的酶量，即 $1\ IU = 1\mu mol/min$。目前国内外大多数临床实验室常省略国际二字，即将 IU 简写为 U。

1979 年国际生物化学协会为了使酶活力单位与国际单位制（SI）的反应速率相一致，推荐用 katal 单位（也称催量，Kat）。即在规定条件下，每秒钟催化转化 1mol 底物的酶量，即 $1katal = 1mol/s$。

我国法定计量单位制中，酶催化活力单位为 katal。因表示血浆中酶量时过大，故常用 mkatal 或 nkatal 表示。

IU 和 katal 间关系如下：$1katal = 60 \times 10^6 IU$，$1IU = 16.67nmol/s = 16.67nkatal$

（三）酶的比活力

比活力是指单位质量样品中的酶活力，即 1mg 蛋白质中所含的 U 数或 1kg 蛋白质中含的 Kat 数，是用来度量酶纯度的指标，是生产和酶学研究中经常使用的基本数据。

比活力越高则酶越纯。纯化倍数是指在酶的分离纯化步骤中，某步中的酶比活力与第一步的酶比活力之比。酶活力的测定一般采用测定酶促反应初速度的方法，因为此时干扰因素较少，速度保持恒定。反应速度的单位是浓度/单位时间，可用底物减少或产物增加的量来表示。因为产物的浓度是从无到有，变化较大，而底物往往过量，其变化不易测准，所以多用产物来测定。

（四）淀粉酶活力及比活力的计算

例 1：淀粉酶活力单位定义为在最适条件下每小时分解 1g 淀粉的酶量为一个活力单位。现有 1g 淀粉酶，用水溶解成 1000mL 后取 1mL 测定淀粉酶活力，测得每 10min 分解 0.5g 淀粉，求总活力。

解：1h 1mL 酶液分解淀粉的量：$0.5 \times 60 \div 10 = 3$（g）

1mL 酶液的活力单位数：$3 \div 1 = 3$（U）

1g 酶的总活力 $= 3 \times 1000 = 3000$（U/g）

例 2：例 1 题中测得淀粉酶制剂的蛋白质含量为 0.5mg/mg，求该酶的比活力。

解：1g 淀粉酶的总活力为 3000 U

1g 淀粉酶的总蛋白质量为：0.5×1000 =500（mg）

比活力 = 3000÷500 = 6（U/mg 酶蛋白）

例 3：1μg 纯酶，在最适条件下催化速度为 0.5mmol/min，求总活力及比活力。

解：总活力 = $0.5×10^3U/1μg$ =500U/1μg

比活力 = 500÷0.001 = $5×10^5U/mg$

酶作为生物催
化剂的特点

五、酶的特点

酶作为生物催化剂，与一般的无机催化剂相比有以下特点。

（一）催化效率高

酶的催化效率比无机催化剂高 10^6～10^{13} 倍。这就是生物体内许多化学反应很容易进行的原因之一。举例来说，1mol 马肝过氧化氢酶在一定条件下可催化 $5×10^6$mol 过氧化氢分解，而在同样条件下 1mol 铁只能催化 $6×10^{-4}$mol 过氧化氢分解。因此，这个酶的催化效率是铁的 10^{10} 倍。也就是说，用过氧化氢酶在 1s 内催化的反应，同样数量的铁需要 300 年才能反应完。

（二）专一性强

一般催化剂对底物没有严格的要求，能催化多种反应，而酶只催化某一类物质的一种反应，生成特定的产物。因此，酶的种类也是多种多样的。酶催化的反应称为酶促反应，酶促反应的反应物称为底物。酶只能催化某一类底物发生特定的反应，产生一定的产物，这种特性称为酶的专一性。

各种酶的专一性不同，包括结构专一性和立体专一性两大类。结构专一性又有绝对专一性和相对专一性之分。绝对专一性是指酶只催化一种底物，生成确定的产物，如 tRNA 连接酶，只催化一种氨基酸与其受体 tRNA 的连接反应。相对专一性是指酶催化一类底物或化学键的反应，如醇脱氢酶可催化许多醇类的氧化反应。还有许多酶具有立体专一性，对底物的构型有严格的要求，如乳酸脱氢酶只能催化 L-乳酸的反应，不能催化 D-乳酸的反应。

（三）反应条件温和

酶促反应不需要高温、高压及强酸、强碱等剧烈条件，在常温、常压下即可完成。

（四）酶的活性受多种因素调节

无机催化剂的催化能力一般是不变的，而酶的活性则受到很多因素的影响，如底物和产物的浓度、pH 值以及各种激素的浓度都对酶的活性有影响。酶的活性变化使酶能适应生物体内复杂多变的环境条件和多种多样的生理需要。生物通过变构、酶原活化、可逆磷酸化等方式对机体的代谢进行调节。

（五）稳定性差

酶是蛋白质，只能在常温、常压、近中性的条件下发挥作用。高温、高压、强酸、强碱、有机溶剂、重金属盐、超声波、剧烈搅拌甚至泡沫的表面张力等都有可能使酶变性失活。不过自然界中的酶是多种多样的，有些酶可以在极端条件下起作用，如嗜极菌的胞内酶较为正常，但胞外酶却可以耐受极端条件的作用[超嗜热菌可以生活在 90℃以上环境中，高限为 110℃；嗜冷菌生活的最适温度为−2℃，高于 10℃不能生长；嗜酸菌生活在 pH 1 以下，嗜碱菌的最适 pH 值大于 11；嗜压菌最高可耐受 1035atm（1atm=101325Pa）]。有些酶在有机溶剂中可以催化在水相中无法完成的反应。

六、影响酶促反应速率的因素

影响酶促反应
速率的因素

（一）底物浓度的影响

在酶浓度、pH、温度等条件不变的情况下，当底物浓度较低时，酶促反应速率与底物浓度成正比关系。随着底物浓度的继续增加，酶促反应速率仍然增大，但反应速率趋缓，最终反应速率几乎不再受底物浓度的影响，趋于恒定。

1913 年 Michaelis 和 Menten 推导出了一个表示底物浓度[S]与酶促反应速率 v 之间定量关系的数学方程式，即米氏方程。

典型的单底物的酶促反应如下式：

$$E+S \underset{k_2}{\overset{k_1}{\rightleftharpoons}} ES \overset{k_3}{\longrightarrow} E+P$$

在上式中，k_1、k_2、k_3 分别代表相关反应的速率常数。酶促反应分两步进行，首先酶与底物结合形成酶-底物复合物 ES，然后 ES 复合物分解形成产物，同时释放出游离的酶。这两步反应都是可逆反应，由于酶促反应的速率取的都是初速率。反应之初，产物浓度很低，第二步反应的逆反应速率极小，可以忽略不计，故可以认为第二步反应是单向的。

酶促反应的速率和酶-底物复合物的形成与分解速率直接相关。所以必须考虑 ES 的形成速率和分解速率。

ES 形成速率：$\qquad v_1 = k_1 [S]（[E_0] - [ES]）$

式中，$[E_0]$表示酶的初始浓度，即体系中酶的总浓度；$[E_0] - [ES]$表示未与底物结合的游离状态的酶浓度。

ES 分解为底物的速率：$\qquad v_2 = k_2 [ES]$

ES 分解为产物的速率：$\qquad v_3 = k_3 [ES]$

当反应达到平衡时，ES 的形成速率和分解速率相等，即 $v_1 = v_2 + v_3$

故 $\qquad k_1 [S]（[E_0] - [ES]） = k_2 [ES] + k_3 [ES]$

整理得：$\qquad k_1[S]（[E_0] - [ES]） = （k_2 + k_3） [ES]$

移项：$\qquad \dfrac{[S]（[E_0]-[ES]）}{[ES]} = \dfrac{k_2 + k_3}{k_1}$

用 K_m 表示 k_1、k_2、k_3 三个常数的关系，$K_m = \dfrac{k_2 + k_3}{k_1}$

则 $\qquad K_m = \dfrac{[S]（[E_0]-[ES]）}{[ES]}$

所以当反应达到平衡时，$[ES] = \dfrac{[E_0][S]}{K_m + [S]}$

生成产物的反应速率（v_3）实际上代表了总的反应速率 v，所以：

$$v = v_3 = k_3[ES] = k_3\frac{[E_0][S]}{K_m + [S]}$$

反应系统中底物浓度[S]远大于酶的浓度，当酶全部都与底物结合形成 ES 时，即[E_0] = [ES]，酶促反应达到最大反应速率 V_n（v_{max}），则 $v_{max} = k_3[ES] = k_3[E_0]$，将其代入上述公式得：

$$v = \frac{v_{max}[S]}{K_m + [S]}$$

上述就是著名的米氏方程，它表明了酶反应速率与底物浓度之间的定量关系，如果以[S]为横坐标、v 为纵坐标作图，可得到一条曲线（图 3-1）。

K_m 为米氏常数，是由一些速率常数组成的一个复合常数，是酶的特征性常数。通过米氏方程可以说明以下关系。

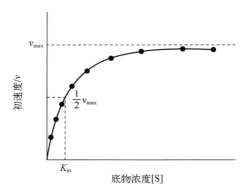

图 3-1　米氏方程曲线

① 当底物浓度很低时，即[S]远远小于 K_m 时，则 $K_m + [S] \approx K_m$，代入米氏方程后得 $v = \frac{v_{max}[S]}{K_m}$，由于 v_{max} 和 K_m 为常数，故 v 与[S] 成正比。

② 底物浓度足够大时，即[S]远远大于 K_m 时，则 $K_m + [S] \approx [S]$，代入米氏方程后得 $v = \frac{v_{max}[S]}{[S]} = v_{max}$，此时再增加底物浓度，反应速率不再增加。

③ 当[S] = K_m 时，代入米氏方程式得 $v = \frac{v_{max}[S]}{[S]+[S]} = \frac{v_{max}}{2}$，也就是说，当底物浓度等于 K_m 时，反应速率为最大反应速率的 1/2。

（二）pH 的影响

大部分酶的活力受 pH 的影响，在一定的 pH 时活力最高，该 pH 称最适 pH。一般酶的最适 pH 在 6～8，少数酶需要偏酸或偏碱性条件。如胃蛋白酶最适 pH 在 1.5，而肝精氨酸酶在 9.7。pH 影响酶的构象，也影响与催化有关基团的解离状况及底物分子的解离状态。最适 pH 有时因底物种类、浓度及缓冲溶液成分不同而变化，不是完全不变的。大部分酶的 pH-酶活曲线是钟形曲线，但也有少数酶只有钟形的 1/2，甚至是直线，如木瓜蛋白酶底物的电荷变化对催化没有影响，在 pH 4～10 之间是一条直线。

（三）温度的影响

酶的活力随温度变化的曲线是钟形曲线，有一个最高点，即最适温度。温血动物的酶最适温度是 35～40℃，植物酶在 40～50℃。这是温度升高时化学反应加速（每升温 10℃ 反应速度加快 1～2 倍）与酶失活综合平衡的结果。一般酶在 60℃ 以上变性，少数酶可耐高温，如牛胰核糖核酸酶加热到 100℃ 仍不失活。干燥的酶一般耐受高温，而液态酶失活更快。酶的最适温度也不是固定值，它会受反应时间影响。酶可在短时间内耐受较高温度，反应时间延长则最适温度降低。热失活的活化能一般为 50～100kcal/mol（1cal=4.1868J），比一般反应的活化能高 10 倍，在 30℃ 以下是稳定的。

（四）激活剂的影响

凡是能提高酶活性的物质都称为激活剂。大部分激活剂是离子或简单有机化合物。按照分子大小，可分为以下三类。

（1）无机离子　可分为金属离子、氢离子和阴离子三种。起激活剂作用的金属离子有钾、钠、钙、镁、锌、铁等，原子序数在 11～55 之间。其中镁是多种激酶及合成酶的激活剂。阴离子的激活作用一般不明显，较突出的是动物唾液中的 α-淀粉酶受氯离子激活，溴离子的激活作用稍弱。

激活剂的作用有选择性，对另一种酶可能起抑制作用。有些离子还有拮抗作用，如钠离子抑制钾离子的激活作用，钙离子抑制镁离子的激活作用。有些金属离子可互相替代，如激酶的镁离子可用锰离子取代。激活剂的浓度也有影响，浓度过高可能起抑制作用，如对于 $NADP^+$ 合成酶，镁离子浓度在 $5×10^{-3}～10×10^{-3}mol/L$ 时起激活作用，在 $30×10^{-3}mol/L$ 时酶活力下降。

（2）中等大小有机分子　某些还原剂如半胱氨酸、还原型谷胱甘肽、氰化物等，能激活某些酶，打开分子中的二硫键，提高酶活，如木瓜蛋白酶、D-甘油醛-3-磷酸脱氢酶等。另一种是乙二胺四乙酸（EDTA），可螯合金属，解除重金属对酶的抑制作用。

（3）蛋白质类　指可对某些无活性的酶原起作用的酶。

（五）抑制剂的影响

使酶活力下降，但不引起酶蛋白变性的作用称为抑制作用。能引起抑制作用的物质叫作酶的抑制剂。抑制剂与酶分子上的某些必需基团反应，导致酶活力下降，甚至丧失，但并不会使酶变性。研究抑制作用有助于对酶的作用机制、生物代谢途径、药物作用机制的了解。抑制作用根据可逆性可分为两类：可逆抑制与不可逆抑制。

1. 不可逆抑制（irreversible inhibition）

不可逆抑制剂通常以共价键与酶结合，不能用透析、超滤等方法除去。按抑制剂的选择性，又可分为专一性与非专一性不可逆抑制剂。前者只能与活性部位的基团反应，后者可与多种基团反应。如对活性部位基团的亲和力比对其他基团大三个数量级，即为专一性抑制剂。有时因作用对象及条件不同，某些非专一性抑制剂会转化产生专一性抑制作用。

常见的不可逆抑制剂有以下几种。

（1）有机磷化合物　其可与酶活性直接相关的丝氨酸上的羟基牢固结合，从而抑制某些蛋白酶及酯酶，是专一性抑制剂。此类化合物强烈抑制胆碱酯酶，使乙酰胆碱堆积，引起一系列神经中毒症状，又称为神经毒剂。第二次世界大战中使用过的二异丙基氟磷酸（DFP）及有机磷杀虫剂都属于此类。当有大量底物存在时，底物先与酶的活性部位结合，抑制作用就会减弱，称为底物保护作用。有机磷与酶结合后虽不解离，但有时可用肟化物（含 —CH＝NOH 基）或羟肟酸把酶上的磷酸根除去，使酶恢复活性。临床上用的解磷定（PAM）就是此类化合物。

（2）有机砷、汞化合物　与巯基作用，抑制含巯基的酶。如对氯汞苯甲酸，可用过量巯基化合物如半胱氨酸或还原型谷胱甘肽解除。砷化物可破坏硫辛酸辅酶，从而抑制丙酮酸氧化酶系统。路易斯毒气（$ClCH＝CHAsCl_2$）能抑制几乎所有的巯基酶。砷化物的毒性不能用单巯基化合物解除，可用过量双巯基化合物解除，如二巯基丙醇等。它是临床上重要的砷化物及重金属中毒的解毒剂。

（3）氰化物   与含铁卟啉的酶（如细胞色素氧化酶）中的 Fe^{2+} 结合，使酶失活从而抑制细胞呼吸。

（4）重金属   银、铜、铅、汞等盐类能使大多数酶失活，可用螯合剂如 EDTA 解除。可能是重金属与酶分子中的巯基发生反应，或重金属能够置换酶中的一些金属离子。

（5）烷化剂   主要是含卤素的化合物，如碘乙酸、碘乙酰胺、卤乙酰苯等，是一种非专一性抑制剂，可以烷化巯基，使酶失活。烷化剂常用于鉴定酶中巯基。

（6）自杀底物   以潜伏状态存在，与某些酶的活性中心结合后被激活，产生抑制作用。此类抑制剂有高度专一性，只有遇到靶子酶时才转变，也称为 Kcat 型专一性不可逆抑制剂。另一类专一性不可逆抑制剂称为 Ks 型，是底物类似物，如甲苯磺酰基-L-氨基联苯氯甲基酮（TPCK）等。

2. 可逆抑制（reversible inhibition）

可逆抑制剂与酶的结合是可逆的，可用透析法除去抑制剂，恢复酶活。根据抑制剂与底物的关系，可逆抑制可分为以下三种：

（1）竞争性抑制   抑制剂结构与底物类似，与酶形成可逆的 EI 复合物但不能分解成产物 P。抑制剂与底物竞争活性中心，从而阻止底物与酶的结合。可通过提高底物浓度减弱这种抑制。

竞争性抑制最常见，磺胺类药物就是竞争性抑制剂。如对氨基苯磺胺，它与对氨基苯甲酸相似，可抑制细菌二氢叶酸合成酶，从而抑制细菌生长繁殖。人体可利用食物中的叶酸，而细菌不能利用外源的叶酸，所以对此类药物敏感。抗菌增效剂甲氧苄啶（TMP）可增强磺胺的药效，因为其结构与二氢叶酸类似，可抑制细菌二氢叶酸还原酶，但很少抑制人体二氢叶酸还原酶。它与磺胺配合使用，可使细菌的四氢叶酸合成受到双重阻碍，严重影响细菌的核酸及蛋白质合成。

植物中的某些生物碱，如毒扁豆碱是胆碱酯酶的竞争性抑制剂，含季铵基团，与乙酰胆碱类似，能抑制胆碱酯酶活力。

（2）非竞争性抑制   酶可以同时与底物和抑制剂结合，两者没有竞争。但形成的中间物 ESI 不能分解成产物，从而使酶活降低。非竞争性抑制剂与酶活性中心以外的基团结合，大部分与巯基结合，破坏酶的构象，如一些含金属离子（铜、汞、银等）的化合物。亮氨酸是精氨酸酶的非竞争性抑制剂。EDTA 络合金属引起的抑制也是非竞争抑制，如对需要镁离子的己糖激酶的抑制。非竞争性抑制使 K_m 不变，V_m 变小。

（3）反竞争性抑制（anti-competitive inhibition）   酶与底物结合后才能与抑制剂结合，复合物不能生成产物。反竞争性抑制剂使 K_m 和 V_m 都变小。

七、酶的调节

生物体通过调节酶的功能来控制代谢速度。酶的调节机制共有两类：一类是对酶含量的调节，另一类是对酶活性的调节。前者通过控制酶的合成与降解速度来控制酶量，作用缓慢而持久，称为粗调；后者改变酶的活性，效

酶活性的调节

果快速而短暂，称为细调。

（一）对酶活性的调节

1. 变构调节

有些酶在专一性的变构效应物的诱导下，结构发生变化，使催化活性改变，称为变构酶或别构酶（allosteric enzyme）。使酶活增加的效应物称为正调节物，反之称为负调节物。变构酶是寡聚酶，分子中除活性中心外还有别构中心（调节中心）。两个中心可在同一亚基，也可在不同亚基。有活性中心的亚基称为催化亚基，有别构中心的亚基称为调节亚基。别构效应也可扩展到非酶蛋白，如血红蛋白与氧结合的过程中也有别构效应。

2. 共价调节

这种调节是通过酶促共价修饰使酶在活性形式与非活性形式之间转变。最典型的例子是动物组织的糖原磷酸化酶，它催化糖原分解产生葡萄糖-1-磷酸。这个酶有两种形式：高活性的磷酸化酶 a 和低活性的磷酸化酶 b。前者是四个亚基的寡聚酶，每个亚基含有一个磷酸化的丝氨酸残基。这些磷酸基是活性必需的，在磷酸化酶磷酸酶的作用下可水解除去，变成两个低活性的半分子：磷酸化酶 b。磷酸化酶 b 在磷酸化酶激酶的催化下又可以接受 ATP 的磷酸基变成磷酸化酶 a。

共价调节酶可以将化学信号放大。一分子磷酸化酶激酶可以在短时间内催化数千个磷酸化酶 b，每个产生的磷酸化酶 a 又可催化产生数千个葡萄糖-1-磷酸，这样就构成了两步的级联放大。实际上这是肾上腺素使糖原急剧分解的更长的级联放大的一部分。

另一类共价调节酶是大肠杆菌谷氨酰胺合成酶等，它们接受 ATP 转来的腺苷酰基的共价修饰，或酶促脱去腺苷酰基而调节活性。此外，酶原的激活也是一种共价调节。

3. 酶原

消化道分泌的蛋白酶往往以无活性的酶原形式分泌，到达目的地时才被激活。这样可以避免对消化腺的水解。

胰凝乳蛋白酶原先被胰蛋白酶切割，产生 π-胰凝乳蛋白酶。π-胰凝乳蛋白酶活性高，但不稳定，自相切割产生活性较低但稳定的 α-胰凝乳蛋白酶。酶原激活后构象发生变化，形成疏水口袋，即有活性的酶。

胃蛋白酶原中已形成完整的活性中心，但酶原中有一段碱性序列与活性中心形成盐桥，将活性中心堵塞。在 pH 5 以下时，该酶原可自动激活，并失去一个包含 44 个氨基酸残基的前体片段。激活的酶还可再激活其他酶原。

胰蛋白酶原可被肠激酶激活，然后激活胰凝乳蛋白酶原、胰蛋白酶原、弹性蛋白酶原及羧肽酶原。所以胰蛋白酶是胰脏蛋白酶原的共同激活剂。

酶原激活有时会切掉很多残基，如牛羧肽酶 B 激活时要从 505 个残基中切掉约 200 个残基。

4. 激促蛋白和抑制蛋白

激促蛋白是一类能够结合并激活酶的蛋白质。它们通过专一性的与酶结合，改变酶的构象或提供必要的辅因子，从而增强酶的催化活性。例如，钙调蛋白是一种典型的激促蛋白。它可以感受细胞外钙离子浓度的变化，当钙离子浓度升高时，钙离子与钙调蛋白结合，形成带有结合态钙离子的钙调蛋白。这种带有结合态钙离子的钙调蛋白能够结合并激活多种酶，从而调节细胞内的各种代谢过程。

抑制蛋白是一类能够结合并抑制酶活性的蛋白质。它们通过与酶的活性位点或调节位点结合，阻碍酶与底物的相互作用，从而降低或完全抑制酶的催化活性。例如，某些抑制蛋白可以特异性地结合并抑制丝氨酸蛋白酶的活性，从而调节细胞内的蛋白质降解过程。

（二）对酶含量的调节

1. 合成速度的调节

有一类酶称为诱导酶，是细胞经特定诱导物诱导后产生的。它的含量在诱导物存在下显著增高。诱导物一般是其底物或类似物。其他含量基本不变的酶称为结构酶。诱导酶在微生物中较多见，如大肠杆菌的半乳糖苷酶，在培养基中加入乳糖，则可诱导产生，使细菌能利用乳糖。

结构酶和诱导酶的区分是相对的，只是数量的区别，不是本质的区别。酶的合成受基因和代谢物的双重控制。基因是形成酶的内因，但酶的形成还受代谢物的调控，诱导物可增加酶量，酶的产物也能产生阻遏作用，使酶的生成量大大减少。也就是说，代谢物可以控制酶的生成速度和数量。

2. 降解的控制

酶量还可通过加快或减慢酶分子的降解来调节。如在饥饿时，肝脏中的精氨酸酶降解速度减慢，酶量增多；乙酰辅酶 A 羧化酶降解加快，酶量减少。

工作任务

任务一　大蒜中超氧化物歧化酶（SOD）的分离与活力测定

超氧化物歧化酶（superoxide dismutase，SOD）是广泛存在于好氧微生物和动植物中含铜、锰、铁等的一种金属酶，是生物体内重要的自由基清除剂，可催化超氧阴离子自由基（O_2^-）发生歧化反应：$2O_2^- + 2H^+ \longrightarrow H_2O_2 + O_2$。SOD 在维持生物体内超氧阴离子自由基产生与消除的动态平衡中起重要作用，具有抗衰老、免疫调节、抑制肿瘤、调节血脂、抗辐射、消炎和美容等功效。根据 SOD 所含金属离子的不同，可将其分为 3 种：铜锌超氧化物歧化酶（Cu·Zn-SOD）、锰超氧化物歧化酶（Mn-SOD）和铁超氧化物歧化酶（Fe-SOD）。当前，SOD作为一种药用酶，在医药界、生物界和食品界具有广阔的应用前景。

在大蒜蒜瓣和悬浮培养的大蒜细胞中含有较丰富的 SOD，SOD 极性较大，通过组织或细胞破碎后，可用 pH 8.0 的磷酸盐缓冲液提取，提取液用低浓度的氯仿-乙醇处理，离心后去除杂蛋白沉淀，得 SOD 粗酶液，由于 SOD 不溶于丙酮，可用丙酮将其沉淀析出。需注意的是，极性有机溶剂能导致蛋白质脱去水化层，并降低介电常数而增加带电质点间的相互作用，致使蛋白质颗粒凝集而沉淀。采用这种方法沉淀蛋白质时，要求在低温下操作，并且需尽量缩短处理时间，避免蛋白质变性。

SOD 的酶活力测定方法有很多，常见的有化学法、免疫法和等电点聚焦法。其中化学法应用最普遍，包括黄嘌呤氧化酶法、邻苯三酚法、化学发光法、NBT-还原法等。

一、检测方法

本实验采用邻苯三酚自氧化法来测定 SOD 的酶活力。

邻苯三酚自氧化的机制极为复杂，其在酸性环境中稳定，但在碱性条件下能迅速发生自氧化反应，释放出 O_2^-，生成有色的中间产物。反应开始后，反应液先变成黄棕色，几分钟后转绿，几小时后又转变成黄色，这是因为生成的中间产物不断氧化。这里测定的是邻苯三酚自氧化过程中的初始阶段。中间产物的积累在滞留 30~45s 后，与时间成线性关系，一般线性时间维持在 4min 的范围内。中间产物在 320nm 波长处有强烈光吸收，当 SOD 存在时，由于它能催化 O_2^- 与 H^+ 结合生成 O_2 和 H_2O_2，从而阻止了中间产物的积累。因此，通过计算就可求出 SOD 的酶活力。

邻苯三酚自氧化速率受 pH、浓度和温度的影响，其中 pH 影响较大。因此，测定时要求对溶液的 pH 严格控制。

二、工作准备

1. 仪器设备和器皿

高速冷冻离心机，紫外分光光度计，离心管，恒温水浴锅，移液枪及枪头，吸管，量筒，烧杯，容量瓶，研钵，分析天平（感量±0.0001g）。

2. 试剂

除非另有规定，仅使用分析纯试剂和符合 GB/T 6682 的二级水。

（1）试剂准备

新鲜蒜瓣，磷酸氢二钠，磷酸二氢钠，氯仿，无水乙醇，丙酮，浓盐酸，邻苯三酚，碎冰，蒸馏水。

（2）试剂配制

① 磷酸盐缓冲液（0.05mol/L，pH 8.0）：称取 0.67g 磷酸氢二钠、0.04g 磷酸二氢钠，加蒸馏水定容至 100mL。

② 氯仿-乙醇混合液：氯仿与无水乙醇的体积比为 3：5。

③ 丙酮：用前预冷至 4~10℃。

④ 盐酸（10mmol/L）：吸取 100μL 浓盐酸，加入 119.9mL 蒸馏水，混匀。

⑤ 邻苯三酚溶液（50mmol/L）：称取 0.32g 邻苯三酚，用 10mmol/L 的盐酸定容至 50mL。

三、工作过程

1. 样品处理

称取 5g 左右的大蒜蒜瓣，置于研钵中研磨，使组织或细胞破碎。

2. SOD 的提取

组织或细胞破碎后，往含有破碎的组织或细胞的研钵中加入 2~3 倍体积（约 10mL）的磷酸盐缓冲液（0.05mol/L，pH 8.0），研磨搅拌 20min，使 SOD 充分溶解在缓冲液中，然后在 4℃、8000r/min 下离心 15min，丢弃沉淀，获得粗提取液。准确量取提取液体积，并留样0.5mL 于 3 号试管中。

3. 去除杂蛋白

留样后，在剩余的粗提取液中加入 0.25 倍体积的氯仿-乙醇混合液，搅拌 15min，然后在 8000r/min 下离心 15min，去除杂蛋白沉淀，获得粗酶提取液。准确量取提取液体积，并留样 0.5mL 于 4 号试管中。

4. SOD 的沉淀分离

留样后，在剩余的粗酶提取液中加入等体积的冷丙酮，混匀后置于冰浴中放置 15min，在 8000r/min 下离心 15min，弃上清液，得 SOD 沉淀。

将 SOD 沉淀溶解于 1mL 的磷酸盐缓冲液（0.05mol/L，pH 8.0）中，于 55～60℃下热处理 15min 后除去不耐热的杂蛋白，在 8000r/min 下离心 15min，丢弃沉淀，取上清液得到 SOD 酶液。准确量取 SOD 酶液体积，并留样 0.5mL 于 5 号试管中。

5. SOD 活力测定

（1）邻苯三酚自氧化速率的测定　在 1、2 号试管中按表 3-1 加入磷酸盐缓冲液，25℃下孵育 20min，然后加入 25℃预热过的邻苯三酚（1 号空白管用 10mmol/L 的盐酸代替邻苯三酚）迅速摇匀，立即倾入比色杯中，以 1 号空白管调零，在 320nm 波长处测定 2 号对照管的光密度 OD（A）值。每隔 1min 读一次数，共计时 4min，要求自氧化速率控制在 0.07OD/min（可通过增减邻苯三酚的加入量调节）。

表 3-1　邻苯三酚自氧化速率测定时的加液情况

试剂/mL	1（空白）	2（对照）	最终浓度/（mmol/L）
磷酸盐缓冲液（0.05mol/L，pH 8.0）	4.5	4.5	50
盐酸（10mmol/L）	0.01	0	—
邻苯三酚溶液（50mmol/L）	0	0.01	0.1

（2）SOD 酶活力测定　接着，按表 3-2 加样（邻苯三酚溶液先不加），操作与（1）中测定邻苯三酚自氧化速率相同，也可以 1 号空白管调零，在加入 25℃预热过的邻苯三酚后，迅速摇匀，立即测定。根据酶活力大小适当增减酶样品的加入量。

表 3-2　SOD 酶活力测定时的加液情况

试剂/mL	3	4	5	最终浓度/（mmol/L）
磷酸盐缓冲液（0.05mol/L，pH 8.0）	4.4	4.4	4.4	50
粗提取液	0.1	0	0	—
粗酶提取液	0	0.1	0	—
SOD 酶液	0	0	0.1	—
邻苯三酚溶液（50mmol/L）	0.01	0.01	0.01	0.1

酶活力单位的定义：在 1mL 反应液中，每分钟抑制邻苯三酚自氧化速率达 50% 时的酶量定义为一个酶活力单位，即在 320nm 波长处测定时，0.035OD/min 为一个酶活力单位。若每分钟抑制邻苯三酚自氧化速率在 35%～65%，通常可按比例计算；若数值不在此范围时，应增加酶样品加入量。

6. 结果计算

酶活力的计算公式：

$$单位体积酶活力（U/mL）= \frac{\frac{A-B}{A}\times100}{50}\times反应液总体积\times\frac{样品液稀释倍数}{样品液体积}$$

式中 A——邻苯三酚自氧化管（即对照管）的自氧化速率，OD/min；

B——样品管的自氧化速率，OD/min。

※提示注意

① 丙酮要预冷，并尽量在较低温度下（常于冰浴中）充分混匀后沉淀，并于 4℃低温下离心，以防止蛋白质变性。

② 在分离提取 SOD 时，分别得到粗提取液、粗酶提取液和 SOD 酶液的每一步要留样测定酶活，以便测定每步的酶活力以计算回收率。

③ 邻苯三酚自氧化过程一般在 4min 的范围内颜色加深与时间成线性关系。因此邻苯三酚加入后要迅速测定光密度值，否则会影响实验结果。

★思考与讨论

① 在操作过程中，哪些因素会影响 SOD 酶活力的测定？

② 除了大蒜，还有哪些植物中的 SOD 含量较高？

③ 比较其他几种 SOD 酶活力检测方法，并分析它们的优缺点。

四、结果记录

记录检测结果，见表 1-4。

五、工作评价

根据表 1-5 对工作任务的学习情况进行整体评价。

任务二 α-淀粉酶的活力测定

淀粉酶（amylase）一般指作用于可溶性淀粉、直链淀粉、糖原等 α-1,4-葡聚糖，水解 α-1,4-糖苷键的酶。根据作用的方式可分为 α-淀粉酶（EC3.2.1.1.）与 β-淀粉酶（EC3.2.1.2.）。

几乎所有植物中都存在淀粉酶，尤其是在萌发后的禾谷类种子籽粒中淀粉酶活力更强。主要是 α-淀粉酶和 β-淀粉酶。

α-淀粉酶广泛分布于动物（唾液、胰脏等）、植物（麦芽、山药菜）及微生物中。微生物中的酶几乎都是分泌性的。此酶以 Ca^{2+} 为必需因子并作为稳定因子，既作用于直链淀粉，亦作用于支链淀粉，无差别地切断 α-1,4-糖苷键链。α-淀粉酶作为淀粉分解的起始酶而起主要作用，其水解产物为麦芽糖、麦芽三糖、糊精等还原糖。因此，其反应特征是引起底物溶液黏度的急剧下降和碘反应的消失，最终产物在分解直链淀粉时以麦芽糖为主，此外，还有麦芽三糖及少量葡萄糖。另外在分解支链淀粉时，除麦芽糖、葡萄糖外，还生成分支部分具有

α-1,6-糖苷键的 α-极限糊精。一般分解限度以葡萄糖为准是 $35\% \sim 50\%$，但在细菌中的淀粉酶，亦有呈现高达 70% 的分解限度（最终游离出葡萄糖）。

α-淀粉酶又称淀粉液化酶，在淀粉被水解成短链糊精这一重要的生物工艺过程中主要起到快速液化淀粉的作用。

α-淀粉酶因其生产所用的菌种不同而异，有霉菌生产的低温 α-淀粉酶、枯草杆菌生产的中温 α-淀粉酶和地衣芽孢杆菌生产的耐高温 α-淀粉酶。其中耐高温 α-淀粉酶是目前国内外使用最多的一种酶，它是由地衣芽孢杆菌（Bacillus licheniformis）分泌的一种淀粉水解酶类。由于其具有较高的耐热性，而且可以快速把淀粉的 α-1,4-葡萄糖苷键任意切割成短链糊精，因而在许多食品加工领域诸如双酶法制糖工业、味精工业、酿酒工业、调味品工业等得到了非常广泛的应用。耐高温 α-淀粉酶是我国 20 世纪 90 年代中期引进国外技术生产的一种新型酶制剂。

β-淀粉酶与 α-淀粉酶的不同点在于其从非还原性末端的第二个 α-1,4-糖苷键逐次以麦芽糖为单位切断 α-1,4-葡聚糖链，水解产物为麦芽糖，而且能使一部分糊精糖化。该酶主要见于高等植物（如大麦、小麦、甘薯、大豆等）中，但也有报告其在细菌、牛乳、霉菌中也有存在。以直链淀粉为底物时，其能被完全分解得到麦芽糖和少量的葡萄糖。而以支链淀粉或葡聚糖为底物时，切断至 α-1,6-键的前面反应就停止了，因此生成分子量比较大的极限糊精。根据上述的 α-淀粉酶和 β-淀粉酶的作用方式，它们又可以被分别称为 α-1,4-葡聚糖-4-葡萄糖水解酶（α-1,4-glucan-4-glucanohydrolase）和 α-1,4-葡聚糖-麦芽糖水解酶（α-1,4-glucan-maltohydrolase）。

一、检测方法

α-淀粉酶能水解淀粉生成麦芽糖：$2(C_6H_{10}O_5)_n + nH_2O \longrightarrow nC_{12}H_{22}O_{11}$。淀粉在水解过程中可生成各种糊精和麦芽糖等一系列中间产物，最终产物是 D-葡萄糖。淀粉和糊精与碘溶液作用时产生不同的颜色，最终使淀粉对碘呈蓝紫色的特性反应逐渐消失，呈现棕红色，其颜色变化的速度与酶活性有关，从而可以通过测定吸光度计算酶的活力。

$$(C_6H_{10}O_5)_n \longrightarrow (C_6H_{10}O_5)_n - x \longrightarrow C_{12}H_{22}O_{11} \longrightarrow C_6H_{12}O_6$$

淀粉 $\longrightarrow$ 紫糊精 $\longrightarrow$ 红糊精 $\longrightarrow$ 无色糊精 $\longrightarrow$ 麦芽糖 $\longrightarrow$ 葡萄糖

（蓝色）　（紫色）　（红色）　（无色）　（棕红色）　（棕红色）

酶活力（enzyme activity）也称为酶活性，是指酶催化一定化学反应的能力。酶活力的大小可由在一定的条件下酶催化某一化学反应的速度来表示。酶催化反应速度愈快，酶活力愈高，反之活力愈低。测定酶活力实际就是测定酶促反应的速度。酶促反应速度可用单位时间内、单位体积中底物的减少量或产物的增加量来表示。在一般的酶促反应体系中，底物往往是过量的。测定初速度时，底物减少量占总量的极少部分，不易准确检测，而产物则是从无到有，只要测定方法灵敏，就可准确测定。因此一般以测定产物的增量来表示酶促反应速度较为合适。

二、工作准备

1. 仪器和设备

分析天平（感量±0.0001g），恒温水浴锅，烧杯，试管及试管架，移液枪及枪头，容量瓶，锥形瓶漏斗，吸管，pH 计或 pH 试纸，分光光度计，移液管，计时器。

2. 试剂

除非另有规定，仅使用分析纯试剂和符合 GB/T 6682 的二级水。

（1）试剂准备　碘，碘化钾，可溶性淀粉，α-淀粉酶粉或 α-淀粉酶液，磷酸氢二钠（$Na_2HPO_4 \cdot 12H_2O$），柠檬酸（$C_6H_8O_7 \cdot H_2O$），浓盐酸，蒸馏水。

（2）试剂配制

① 原碘液：称取 5.5g 碘、11.0g 碘化钾，先加少量蒸馏水完全溶解后，再定容至 250mL，贮存于棕色瓶中。

② 稀碘液：吸取 1.0mL 原碘液，加 10.0g 碘化钾，用蒸馏水溶解后，定容至 250mL，贮存于棕色瓶中。

③ 可溶性淀粉溶液（20g/L）：称取 2g（精确至 0.001g）绝干可溶性淀粉于烧杯中，先用少量的蒸馏水混匀调成浆状物，边搅拌边缓慢倒入装有 70mL 沸水的烧杯中，再用少量蒸馏水分次冲洗装淀粉的烧杯，洗液倒入装有沸水的烧杯中，搅拌煮沸至完全透明，冷却后用蒸馏水定容至 100mL（此溶液现配现用）。

④ 磷酸氢二钠-柠檬酸缓冲液（0.02mol/L、pH 6.0）：称取 22.615g 的 $Na_2HPO_4 \cdot 12H_2O$ 和 4.035g 的 $C_6H_8O_7 \cdot H_2O$，用蒸馏水溶解并定容至 500mL，用酸度计或精密试纸校正 pH 值为 6.0。

⑤ 盐酸溶液（0.1mol/L）：量取 0.83mL 的浓盐酸，加蒸馏水定容至 100mL。

三、工作过程

1. 待测酶液的制备

称取待测 α-淀粉酶粉 2g（精确至 0.001g）或准确吸取 α-淀粉酶液 1.00mL，放入小烧杯中，先用少量的磷酸氢二钠-柠檬酸缓冲液（0.02mol/L、pH 6.0，下指磷酸缓冲液）充分溶解，将上清液小心倾入容量瓶中，若有剩余残渣，再加入少量磷酸缓冲液充分研磨，最终将样品全部移入容量瓶中，再用磷酸缓冲液定容至刻度，摇匀。然后通过 4 层纱布过滤，滤液即为待测酶液。

需要注意的是，对于中温 α-淀粉酶酶液，酶活力浓度控制在 3.4～4.5U/mL 范围内；对于耐高温 α-淀粉酶酶液，酶活力浓度控制在 60～65U/mL 范围内。

2. 酶活性测定

中温 α-淀粉酶活力的定义：1g 固体酶粉（或 1mL 液体酶），于 60℃，pH 值 6.0 条件下，1h 液化 1g 可溶性淀粉，即为 1 个酶活力单位，以"U/g（U/mL）"表示。

耐高温 α-淀粉酶活力的定义：1g 固体酶粉（或 1mL 液体酶），于 70℃，pH 值 6.0 条件下，1min 液化 1mg 可溶性淀粉，即为 1 个酶活力单位，以"U/g（U/mL）"表示。

具体测定步骤如下：

① 吸取 20.0mL 可溶性淀粉溶液（20g/L）于试管中，加入磷酸缓冲液 5.00mL，摇匀后，

置于 60℃±0.2℃（耐高温 α-淀粉酶制剂置于 70℃±0.2℃）恒温水浴锅中预热 8min。

② 加入 1.00mL 稀释好的待测酶液，立即计时，摇匀，准确反应 5min。

③ 立即用移液枪吸取 1.00mL 反应液，加到预先盛有 0.5mL 盐酸溶液（0.1mol/L）和 5.00mL 稀碘液的试管中，摇匀，并以盛有 0.5mL 盐酸溶液（0.1mol/L）和 5.00mL 稀碘液为空白，于 660nm 波长下，用 10mm 比色皿迅速测定其吸光度（A）。根据吸光度与 α-淀粉酶浓度对照表（见附录），得出酶液的浓度，进而算出酶活力。

中温 α-淀粉酶制剂的酶活力按下列方程式计算：

$$X = c \times n$$

式中　X——样品的酶活力，U/mL（或 U/g）；

　　　c——测试酶样的浓度，U/mL（或 U/g）；

　　　n——样品的稀释倍数。

所得结果表示至整数。

耐高温 α-淀粉酶制剂的酶活力按下列方程式计算：

$$X = c \times n \times 16.67$$

式中　X——样品的酶活力，U/mL（或 U/g）；

　　　c——测试酶样的浓度，U/mL（或 U/g）；

　　　n——样品的稀释倍数；

16.67——根据酶活力定义计算的换算系数。

所得结果表示至整数。

※提示注意

① 实验前应将所有试管、烧杯、吸管、容量瓶等玻璃器皿冲洗干净，移液管分别使用，以避免酶的活性受到杂质的影响。

② 酶反应时间应控制在 2~2.5min，否则应改变稀释倍数重新测定。

③ 吸取 2% 可溶性淀粉及酶液时要定量准确，否则会导致误差较大。

★思考与讨论

① 哪些因素会影响酶的活力检测？

② 为什么啤酒发酵以小麦为主要原料？（提示：麦芽中有淀粉酶、蛋白酶、葡聚糖酶，能将酿酒原料淀粉和蛋白质降解成能被酵母利用的单糖、氨基酸和肽，从而提高乙醇的产量）

③ α-淀粉酶应如何保存？（提示：酶的化学本质一般为蛋白质，所以一切引起蛋白质变性的因素皆应避开）

四、结果记录

记录检测结果，见表 1-4。

五、工作评价

根据表 1-5 对工作任务的学习情况进行整体评价。

选做：中温 α-淀粉酶的活力测定（目视比色法）

一、工作准备

1. 仪器和设备

分析天平（感量±0.0001g），恒温水浴锅，多孔白瓷板，烧杯，试管及试管架，移液枪及枪头，容量瓶，锥形瓶漏斗，吸管，pH 计或 pH 试纸，计时器。

2. 试剂

除非另有规定，仅使用分析纯试剂和符合 GB/T 6682 的二级水。

（1）试剂准备　碘，碘化钾，可溶性淀粉，α-淀粉酶粉或 α-淀粉酶液，磷酸氢二钠（$Na_2HPO_4 \cdot 12H_2O$），柠檬酸（$C_6H_8O_7 \cdot H_2O$），蒸馏水。

（2）试剂配制

① 原碘液：称取 5.5g 碘、11.0g 碘化钾，先加少量蒸馏水完全溶解后，再定容至 250mL，贮存于棕色瓶中。

② 稀碘液：吸取 1.0mL 原碘液，加 10.0g 碘化钾，用蒸馏水溶解后，定容至 250mL，贮存于棕色瓶中。

③ 可溶性淀粉溶液（20g/L）：称取 2.000g（精确至 0.001g）绝干可溶性淀粉于烧杯中，先用少量的蒸馏水混匀调成浆状物，边搅拌边缓慢倒入装有 70mL 沸水的烧杯中，用少量蒸馏水分次冲洗装淀粉的烧杯，洗液倒入装有沸水的烧杯中，搅拌煮沸至完全透明，冷却后用蒸馏水定容至 100mL（此溶液现配现用）。

④ 磷酸氢二钠-柠檬酸缓冲液（0.02mol/L，pH 6.0）：称取 22.615g 的 $Na_2HPO_4 \cdot 12H_2O$ 和 4.035g 的 $C_6H_8O_7 \cdot H_2O$，用蒸馏水溶解并定容至 500mL，用酸度计或精密试纸校正 pH 值为 6.0。

二、工作过程

1. 待测酶液的制备

称取待测 α-淀粉酶粉 2g（精确至 0.001g）或准确吸取 α-淀粉酶液 1.00mL，放入小烧杯中，先用少量的磷酸氢二钠-柠檬酸缓冲液（0.02mol/L，pH 6.0，下指磷酸缓冲液）充分溶解，将上清液小心倾入容量瓶中，若有剩余残渣，再加入少量磷酸缓冲液充分研磨，最终将样品全部移入容量瓶中，再用磷酸缓冲液定容至刻度，摇匀。然后通过 4 层纱布过滤，滤液即为待测酶液。

需要注意的是，对于中温 α-淀粉酶酶液，酶活力浓度控制在 3.4～4.5U/mL 范围内。

2. 酶活性测定

在多孔白瓷板空穴内滴入 1.5mL 稀碘液，取 2%可溶性淀粉 20mL 和磷酸缓冲液 5mL 于试管中，置于 60℃恒温水浴锅中预热 4～5min。随后加入预先稀释好的酶液 0.5mL，立即计时，充分摇匀，定时用吸管取出反应液 0.5mL，滴于预先滴有稀碘液的瓷板穴内，当穴内颜色由紫色逐渐变为棕红色，与标准色（稀碘液颜色）相同时，即为反应终点，记录时间。

需要注意的是，酶反应全部时间控制在 2～2.5min 内。在测定时，照明采用日光灯。

酶活力的计算：

$$X = \frac{\dfrac{60}{T} \times 20 \times 2\% \times N}{0.5}$$

式中 X——酶活力单位；

60——酶活定义中反应时间为 60min；

T——测定时间，min；

20——可溶性淀粉的体积，mL；

2%——可溶性淀粉溶液浓度；

N——酶液稀释倍数；

0.5——测定时所用稀酶液吸取量，mL。

结果保留至整数位。

 能力拓展

拓展任务　酶活力影响因素探究

研究酶活力影响因素时，通常是测定酶所作用的底物在酶作用前后产生的变化。

一、检测方法

本实验以 α-淀粉酶作用于底物淀粉为例，通过测定不同环境条件（包括温度、pH、激活剂和抑制剂等）下，α-淀粉酶分解淀粉生成各种糊精和麦芽糖等水解产物的变化，来判断其活性。

二、工作准备

1.仪器设备和器皿

多孔白瓷板，恒温水浴锅，烧杯，试管及试管架，移液枪及枪头，容量瓶，锥形瓶漏斗，吸管。

2.试剂

除非另有规定，仅使用分析纯试剂和符合 GB/T 6682 的二级水。

（1）试剂准备　可溶性淀粉，碘化钾，碘，磷酸氢二钠，柠檬酸，氯化钠，硫酸铜，蒸馏水。

（2）试剂配制

① 0.5%的可溶性淀粉：称取绝干可溶性淀粉 0.5g，先以少量蒸馏水混匀，然后倒入 80mL沸水中，煮沸至透明，冷却后用蒸馏水定容至 100mL（此溶液需要新鲜配制）。

② 碘溶液：取碘化钾 2g 及碘 1.27g，加少量蒸馏水完全溶解后，再定容至 250mL，储存于棕色瓶中，使用前用蒸馏水稀释 5 倍。

③ 0.5%氯化钠溶液：取 0.5g 氯化钠，加少量蒸馏水完全溶解后，定容至 100mL。

④ 1%硫酸铜溶液：取 1g 硫酸铜，加少量蒸馏水完全溶解后，定容至 100mL。

⑤ 磷酸氢二钠-柠檬酸缓冲液：按表 3-3 分别配制 20mL pH 5.0、pH 6.8、pH 8.0 的磷酸氢二钠-柠檬酸缓冲液。

A 液（0.2mol/L 磷酸氢二钠）：称取 2.84g 磷酸氢二钠，加蒸馏水定容至 100mL。

B 液（0.1mol/L 柠檬酸溶液）：称取 1.92g 柠檬酸，加蒸馏水定容至 100mL。

表 3-3　不同 pH 的磷酸氢二钠-柠檬酸缓冲液配制

pH 值	A 液/mL	B 液/mL
5.0	10.30	9.70
6.8	15.45	4.55
8.0	19.45	0.55

三、工作过程

1.α-淀粉酶液的制备

称取 α-淀粉酶粉 2g，放入小烧杯中，先用少量的 40℃左右的磷酸氢二钠-柠檬酸缓冲液（0.02mol/L、pH 6.0，下称缓冲液）溶解，并用玻璃棒捣研，将上清液小心倾入 25mL 容量瓶中，再用缓冲液定容至刻度，摇匀。通过 4 层纱布过滤，滤液供测定用。

若待测 α-淀粉酶为液体样品，可直接过滤，取一定量滤液倾入 25mL 容量瓶中，加缓冲液定容至刻度，摇匀，即为待测酶液。

2. 温度对酶活力的影响

① 取试管 3 支，编号后按表 3-4 操作。

表 3-4　探究不同温度对 α-淀粉酶活力的影响时的加液情况

项目	1	2	3
0.5%淀粉溶液/mL	3.0	3.0	3.0
α-淀粉酶液/mL	1.0	1.0	1.0
温度	0℃水浴	60℃水浴	沸水浴

② 以上各管摇匀后，放入各自的水浴中，在多孔白瓷板上各个孔滴加碘液 2 滴。实验中每间隔 1min，从 3 支管中取反应液 1 滴与碘液混合，观察并记录颜色随时间的变化，说明温度对酶活力的影响。

3.pH 对酶活力的影响

① 取试管 3 支，编号后按表 3-5 操作。

表 3-5　探究不同 pH 对 α-淀粉酶活力的影响时的加液情况

试剂	1	2	3
0.5%淀粉溶液/mL	3.0	3.0	3.0
pH 5.0 缓冲液/mL	1.0	—	—
pH 6.8 缓冲液/mL	—	1.0	—
pH 8.0 缓冲液/mL	—	—	1.0
α-淀粉酶液/mL	1.0	1.0	1.0

② 以上各管摇匀后，放入 60℃ 水浴中保温，在多孔白瓷板上各个孔滴加碘液 2 滴。实验中每间隔 1min，从 3 支管中取反应液 1 滴与碘液混合，观察并记录颜色随时间的变化，说明 pH 对酶活力的影响。

4. 激活剂和抑制剂对酶活力的影响

① 取试管 3 支，编号后按表 3-6 操作。

表 3-6　探究激活剂和抑制剂对 α-淀粉酶活力的影响时的加液情况

试剂	1	2	3
0.5%淀粉溶液/mL	2.0	2.0	2.0
pH 6.6 缓冲液/mL	1.0	1.0	1.0
蒸馏水/mL	1.0	—	—
0.5%氯化钠溶液/mL	—	1.0	—
0.1%硫酸铜溶液/mL	—	—	1.0
α-淀粉酶液/mL	1.0	1.0	1.0

② 以上各管摇匀后，放入 60℃ 水浴中保温，在多孔白瓷板上各个孔滴加碘液 2 滴。实验中每间隔 1min，从 3 支管中取反应液 1 滴与碘液混合，观察并记录颜色随时间的变化，解释结果。

※提示注意

① 实验前应将所有试管、烧杯、吸管、容量瓶等玻璃器皿冲洗干净，移液管分别使用，以避免酶的活性受到杂质的影响。

② 实验过程中，要确保实验变量唯一。

③ 吸取 0.5%可溶性淀粉溶液及酶液时要定量准确，否则会导致误差较大。

★思考与讨论

① 酶的最适温度有何应用意义？

② 酶反应的 pH 对酶活性有什么影响？

③ 酶的激活剂和抑制剂的作用原理有什么异同点？

四、结果记录

记录检测结果，见表 1-4。

五、工作评价

根据表 1-5 对工作任务的学习情况进行整体评价。

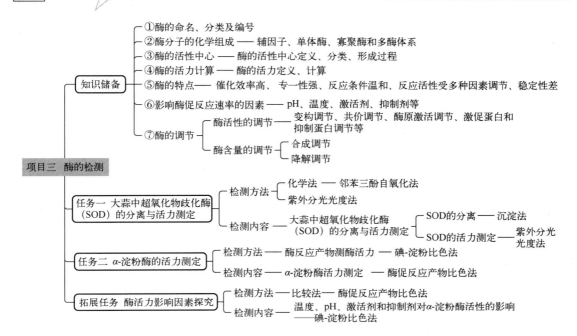

项目学习思维导图

项目三　酶的检测

知识储备
- ①酶的命名、分类及编号
- ②酶分子的化学组成 —— 辅因子、单体酶、寡聚酶和多酶体系
- ③酶的活性中心 —— 酶的活性中心定义、分类、形成过程
- ④酶的活力计算 —— 酶的活力定义、计算
- ⑤酶的特点 —— 催化效率高、专一性强、反应条件温和、反应活性受多种因素调节、稳定性差
- ⑥影响酶促反应速率的因素 —— pH、温度、激活剂、抑制剂等
- ⑦酶的调节
  - 酶活性的调节 —— 变构调节、共价调节、酶原激活调节、激促蛋白和抑制蛋白调节等
  - 酶含量的调节
    - 合成调节
    - 降解调节

任务一　大蒜中超氧化物歧化酶（SOD）的分离与活力测定
- 检测方法
  - 化学法 —— 邻苯三酚自氧化法
  - 紫外分光光度法
- 检测内容 —— 大蒜中超氧化物歧化酶（SOD）的分离与活力测定
  - SOD的分离 —— 沉淀法
  - SOD的活力测定 —— 紫外分光光度法

任务二　α-淀粉酶的活力测定
- 检测方法 —— 酶反应产物测酶活力 —— 碘-淀粉比色法
- 检测内容 —— α-淀粉酶活力测定 —— 酶促反应产物比色法

拓展任务　酶活力影响因素探究
- 检测方法 —— 比较法 —— 酶促反应产物比色法
- 检测内容 —— 温度、pH、激活剂和抑制剂对α-淀粉酶活性的影响 —— 碘-淀粉比色法

项目学习检测

一、单选题

1. 关于酶的叙述哪项是正确的？（　　　）

A. 所有的酶都含有辅基或辅酶　　　　B. 只能在体内起催化作用

C. 大多数酶的化学本质是蛋白质　　　D. 能改变化学反应的平衡点，加速反应的进行

E. 都具有立体异构专一性（特异性）

2. 酶原之所以没有活性是因为：（　　　）。

A. 酶蛋白肽链合成不完全　　　　　　B. 活性中心未形成或未暴露

C. 酶原是普通的蛋白质　　　　　　　D. 缺乏辅酶或辅基

E. 是已经变性的蛋白质

3. 酶分子作为催化剂，其作用是（　　　）。

A. 增高反应活化能　　　　　　　　　B. 增高产物能量水平

C. 降低反应活化能　　　　　　　　　D. 降低产物能量水平

E. 增加产物生成量

4. 关于酶活性中心的叙述，哪项不正确？（　　　）

A. 酶与底物接触只限于酶分子上与酶活性密切相关的较小区域

B. 必需基团可位于活性中心之内，也可位于活性中心之外

C. 一般来说，总是多肽链的一级结构上相邻的几个氨基酸的残基相对集中，形成酶的活

性中心

D. 酶原激活实际上就是完整的活性中心形成的过程

E. 当底物分子与酶分子相接触时，可引起酶活性中心的构象改变

5. 酶原激活的生理意义是（　　）。

A. 保护酶的活性　B. 恢复酶的活性　C. 避免自身损伤　D. 促进组织生长

E. 加速组织代谢

6. 下列关于酶蛋白和辅助因子的叙述，哪一点不正确？（　　）

A. 酶蛋白或辅助因子单独存在时均无催化作用

B. 一种酶蛋白只与一种辅助因子结合成一种全酶

C. 一种辅助因子只能与一种酶蛋白结合成一种全酶

D. 酶蛋白决定结合酶蛋白反应的专一性

E. 辅助因子直接参加反应

7. 下列有关酶的论述正确的是（　　）。

A. 体内所有具有催化活性的物质都是酶

B. 酶能改变反应的平衡点

C. 所有的酶都含有两条以上的多肽链

D. 酶的活性中心都含有结合基团和催化基团

8. 下列有关辅酶与辅基的描述，错误的是（　　）。

A. 辅酶与辅基都是酶的辅助因子

B. 辅酶以非共价键与酶蛋白疏松结合

C. 辅基常以共价键与酶蛋白牢固结合

D. 不论是辅酶还是辅基都可以用渗析或超滤的方法除去

E. 辅酶和辅基的差别在于它们与酶蛋白结合的紧密程度

9. 关于 pH 对酶活性的影响，以下哪项不对？（　　）

A. 影响必需基团解离状态

B. 能影响底物的解离状态

C. 酶在一定的 pH 范围内发挥最高活性

D. 破坏酶蛋白的一级结构

E. pH 改变能影响酶的 K_m 值

10. 酶的特异性是指（　　）。

A. 酶与辅酶特异性的结合　　　　　B. 酶对其所催化的底物有特异的选择性

C. 酶在细胞中的定位是特异的　　　D. 酶催化反应的机制各不相同

11. 有关酶的活性中心的论述，正确的是（　　）。

A. 酶的活性中心专指能与底物特异性结合的必需基团

B. 酶的活性中心由一级结构上相互邻近的基团组成

C. 所有的必需基团均存在于酶的活性中心内

D. 没有或不能形成活性中心的蛋白质不是酶

二、多选题

1. 酶与一般催化剂的不同点，在于酶具有：（ ）。

A. 酶可改变反应平衡常数　　　　　B. 极高催化效率

C. 对反应环境的高度不稳定　　　　D. 高度专一性

2. 常见的酶活性中心的必需基团有：（ ）。

A. 半胱氨酸和胱氨酸的巯基　　　　B. 组氨酸的咪唑基

C. 谷氨酸和天冬氨酸的侧链羧基　　D. 丝氨酸的羟基

3. 酶的专一性可分为：（ ）。

A. 作用物基团专一性　　　　　　　B. 相对专一性

C. 立体异构专一性　　　　　　　　D. 绝对专一性

4. 磺胺类药物能抗菌抑菌是因为：（ ）。

A. 抑制了细菌的二氢叶酸合成酶　　B. "竞争对象"是谷氨酸

C. 属于非竞争性抑制作用　　　　　D. 属于竞争性抑制作用

5. 影响酶促反应速率的因素有：（ ）。

A. 温度，pH 值　　B. 作用物浓度　　C. 激动剂　　　　D. 酶本身的浓度

6. 酶的活性中心是指：（ ）。

A. 是由必需基团组成的具有一定空间构象的区域

B. 是指结合底物，并将其转变成产物的区域

C. 是变构剂直接作用的区域

D. 是重金属盐沉淀酶的结合区域

三、填空题

1. 结合蛋白酶类必须由_____和_____相结合后才具有活性，前者的作用是_____，后者的作用是_____。

2. 当底物浓度很低时，反应速度随底物浓度的增加而急剧_____，两者成_____关系。随着底物浓度继续增高，反应速度与底物浓度不再成_____关系，反应速度的增加逐渐_____。

3. 唾液淀粉酶的激活剂是_____，而抑制剂是_____。

4. 酶促反应的特点是_____、_____、_____、_____。

5. L-精氨酸酶只能催化 L-精氨酸的水解反应，对 D-精氨酸则无作用，这是因为该酶具有_____专一性。

6. 酶所催化的反应称_____，酶所具有的催化能力称_____。

四、名词解释

酶的活性中心　　　酶原的激活　　　酶的竞争性抑制作用

五、简答题

在底物浓度一定的情况下，酶促反应速率的主要影响因素有哪些？这些因素是如何影响反应速率的？

项目四
糖的检测

  学习目标

知识目标：1. 掌握糖的概念、结构特点、物理化学性质；
　　　　　2. 了解糖的分类及功能。
技能目标：1. 能利用糖的化学性质对运动饮料中的糖进行鉴别并能对实验现象进行解释；
　　　　　2. 能利用滴定分析法测定婴幼儿食品和乳品中乳糖含量；
　　　　　3. 能利用高效液相色谱法测定冰激凌中果糖、葡萄糖、蔗糖、麦芽糖、乳糖含量。
素质目标：1. 严格遵循国家标准、行业规范中的检测方法操作；
　　　　　2. 持续学习新型检测技术，对比不同检测方法，理解方法适用性选择原则。

≫导学阅读　甜蜜的往事：糖的起源和制糖历史

　　在中国，糖的历史可以追溯到几千年前。据考古学家的研究，中国在新石器时代就已经开始种植甘蔗，并将其用于制作糖类食品。《诗经》中关于糖有这样的记载——"周原膴膴，堇荼如饴"，其意大约是周的土地十分肥美，连堇菜和苦荼也像饴糖一样甜，这从侧面反映出在西周就已经有饴糖，饴糖俗称麦芽糖，被公认为世界上最早制造出来的糖。北魏贾思勰所著的《齐民要术》记述最为详尽，书中对饴糖制作的方法、步骤、要点等都作了比较详细的叙述。饴糖一直在人们的生活中扮演着重要的角色，生活中我们也经常能够看到饴糖的身影，比如说吹糖人所用的糖就是麦芽糖。随着时间的推移，糖的生产和消费逐渐增加，成为中国人日常生活中不可或缺的一部分。

　　★思考与讨论
　　① 在生活中大家见到的哪些食品里面含有糖？
　　② 糖在食品加工过程中有什么作用？
　　③ 不同类型的糖对人体健康有何影响？

  知识储备

　　糖类是多羟基醛或酮类化合物及其缩合物和衍生物的总称，由碳、氢、氧三种元素组成，其分子式通常以 $C_n(H_2O)_n$ 表示。由于一些糖分子中氢和氧原子数之比往往是 2∶1，与水相同，过去误认为此类物质是碳与水的化合物，所以称其为"碳水化合物"（carbohydrate）。实际上这一名称并不确切，如脱氧核糖、鼠李糖等糖类不符合通式，而甲醛、乙酸等虽符合这个通式但并不是糖。

　　糖类是食品的三大营养成分（蛋白质、糖类和脂肪）之一，广泛存在于动植物体内，是食品的主要成分，人体所需要的能量主要来自食物中的糖类，它是具有重要生理功能的物质，有些食品工业也是以它为基础的，所以鉴别和测定食品中的糖类对于食品的营养价值和食品工艺方面有重要的意义。

　　糖在生物界中分布很广，几乎所有的动植物、微生物体内都含有糖。糖占植物干重的80%，占微生物干重的10%～30%，占动物干重的2%。糖在植物体内起着重要的结构作用，而动物体内的糖与蛋白质和脂类结合，如糖蛋白，糖脂。

一、糖类的概念

　　糖类物质是多羟基的醛类或酮类化合物，以及它们的衍生物或聚合物，可分为醛糖和酮糖，还可根据碳原子数不同分为丙糖、丁糖、戊糖、己糖等。最简单的糖类就是丙糖（甘油醛和二羟丙酮），虽然绝大多数的糖类化合物都可以用通式 $C_n(H_2O)_n$ 表示，但是否符合通式 $C_n(H_2O)_n$ 不可作为判定糖类的依据。

二、糖的种类

糖的概述和分类

　　糖根据其化学结构和聚合度可分为以下几种：
　　（1）单糖　单糖是指不能再被简单水解成更小的糖类的分子，是组成其他糖类成分及糖类衍生物的基本单位。
　　（2）寡糖　寡糖又称低聚糖，是由2～10个相同或不同的单糖单位通过糖苷键连接起来而形成的直链或含分支链的糖类化合物。
　　（3）多糖　多糖由多个单糖分子缩合而成，其中由相同的单糖分子组成的多糖称为同多糖（淀粉、纤维素和糖原），含有不同种单糖单位的多糖称为杂多糖（阿拉伯胶）。
　　（4）结合糖　结合糖也称糖复合物或复合糖，是指糖和蛋白质、脂质等非糖物质结合的复合分子，如糖脂、糖蛋白等。
　　（5）糖的衍生物　糖分子经过化学修饰后形成的化合物，如糖醇、糖酸、糖胺、糖苷。

三、糖类的生物学功能

　　糖类在生物体内起着重要作用，它们为维持生命活动提供能量，构建细胞结构，并参与生物代谢过程。
　　① 提供能量。植物的淀粉和动物的糖原都是能量的储存形式。
　　② 物质代谢的碳骨架。糖类为蛋白质、核酸、脂类的合成提供碳骨架。
　　③ 细胞的骨架。纤维素、半纤维素、木质素是植物细胞壁的主要成分，肽聚糖是细菌细胞壁的主要成分。
　　④ 细胞间识别和生物分子间的识别。细胞膜表面糖蛋白的寡糖链参与细胞间的识别。

一些细胞的细胞膜表面含有糖分子或寡糖链，构成细胞的天线，参与细胞通信。

四、单糖

（一）单糖的结构

1. 变旋现象

单糖的理化性质

人们在实践中发现，在不同条件下可以得到两种 D-葡萄糖结晶，从乙醇水溶液中结晶出的 D-葡萄糖称为 α-D-(+)葡萄糖（$[\alpha]_D^{20}$=+113°），从吡啶溶液中结晶出的 D-葡萄糖称为 β-D-(+)葡萄糖（$[\alpha]_D^{20}$=+18.7°）。将 α-D-(+)葡萄糖与 β-D-(+)葡萄糖分别溶于水中，放置一段时间后，其旋光率都逐渐转变为+52.7°，原因就是葡萄糖的不同结构形式相互转变，最后，各种结构形式达到一定的平衡，其中 α 型占 36%，β 型占 63%，链式占 1%。这种比旋光度自行改变的现象称为变旋现象。

2. 单糖的环状结构

醛和醇可以形成半缩醛。葡萄糖的开链结构式中既含有醛基又含有羟基，因此分子内也可以发生类似醛和醇的加成反应，形成环状半缩醛结构。

葡萄糖分子中有五个羟基，到底哪一个羟基与醛基发生了加成呢?实验证明，一般是葡萄糖分子内 C5 上的羟基与醛基形成环状的半缩醛，葡萄糖从开链式结构变成环状半缩醛结构时，羟基可以从醛基所在平面的两侧向醛基进攻，因此，C1 就成为一个具有两种构型的新手性碳原子，于是得到两个新的旋光异构体：一个称为 α-D-(+)-葡萄糖，另一个称为 β-D-(+)-葡萄糖。这两种环形异构体通过开链结构相互转变建立动态平衡（图 4-1）。

图 4-1   D 构型葡萄糖

3. Fisher 投影式

费歇尔投影式（Fischer 投影式）由赫尔曼·埃米尔·费歇尔于 1891 年提出，是表示单糖链形结构、氨基酸等有机化合物结构的一种常用方法，费歇尔投影规则：

① 将碳链放在垂直线上或竖起来，把氧化态较高的碳原子或命名时编号最小（主链中第一号）的碳原子 C1 放在最上端。

② 投影时假定手性碳原子放在纸平面上，与垂直线相连的原子或基团表示伸向纸面后方，即远离读者；与水平线相连的原子或基团表示伸向纸面前方，即伸向读者。"横前竖后"规则是费歇尔式最基本的硬性规定。

③ 手性碳位于横线与竖线交叉处，用一个"+"号的交点代表手性碳原子。四端与四个不同的原子或基团相连，一般总是把含碳原子的基团放在竖线相连的位置上。

在书写糖类时，羰基写在链的上端，羟甲基写在下端，氢原子和羟基位于链的两侧。对于含两个相邻手性碳的费歇尔式，主键为两手性碳之间的键，共平面为费歇尔式的竖线。即主键和共平面都在同一竖线上并垂直于纸面，而两个碳原子分别在两个平行的纸面上（图4-2）。

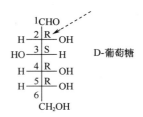

图 4-2　D-葡萄糖 Fisher 投影式

4. D 型或 L 型

单糖的构型仍沿用 D、L 表示构型的方法，这种表示方法只考虑与羰基相距最远的一个手性碳原子的构型。即根据与羰基相距最远的那个手性碳原子上的羟基在右边的为 D-型，羟基在左边的为 L-型，自然界存在的单糖都属于 D-型（图4-3）。

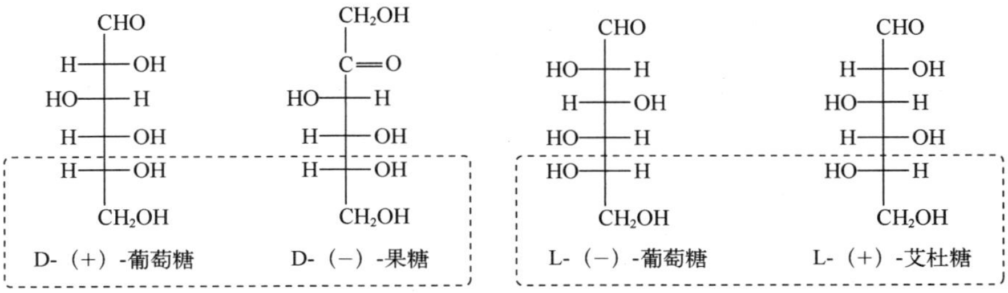

图 4-3　D 型或 L 型单糖

D-（+）-葡萄糖　　D-（−）-果糖　　L-（−）-葡萄糖　　L-（+）-艾杜糖

5. Havorth 透视式

为了更接近真实性并形象地表达糖的环氧结构，哈武斯提出把直立的结构式改写成平面的环状来表示，俗称台面式，现以 D-(+)-葡萄糖为例，将它的 Fisher 投影式改写成 Havorth 透视式的过程表示为：先将碳链放成水平位置，如图 4-4（a），则氢原子、羟基分别在碳链的上面或下面。然后将碳链在水平位置向后弯成六边形，如图 4-4（b）。将 C5 按箭头所指，绕 C4—C5 键轴旋转 120°，使 C5 上的羟基靠近 C1 上的羰基，如图 4-4（c），它们之间便可发生分子内的羟醛缩合反应，形成环状的半缩醛结构的透视式。由于连接方向不同，则 C1 上的新形成的羟基（半缩醛羟基）在环平面的下面或上面，便形成了 α 和 β 两个异构体，如图 4-4（d）和（e）。

6. 构型与构象

（1）构型　分子中由于各原子或基团间特有的固定的空间排列方式不同所以使它呈现出不同的特定的立体结构，一般情况下，构型都比较稳定，一种构型转变为另一种构型则要求共价键的断裂、原子或基团间的重排和新共价键的重新形成。如 D-葡萄糖和 L-葡萄糖(D-甘油醛与 L-甘油醛)是链状葡萄糖的两种构型，α-D-葡萄糖和 β-D-葡萄糖是环状葡萄糖的两种构型。

（2）构象　在有机化合物分子中，碳-碳单键的自由旋转，引起结合在碳原子上的原子或基团的相对位置发生改变，产生若干种不同的空间排布方式，称为该分子的构象。一种构象改变为另一种构象时，不要求共价键的断裂和重新形成。不同的构象之间可以相互转变，在各种构象形式中，势能最低、最稳定的构象是优势构象。

7. 构型与旋光性

旋光性是分子中具有不对称结构的物质的一种物理性质。显然，构型不同旋光性就不同。

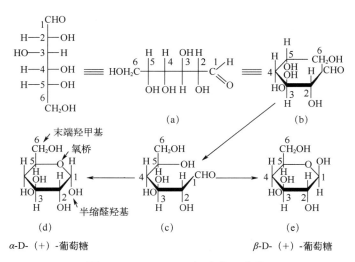

图 4-4　Havorth 透视式书写步骤

但构型是人为规定的，旋光性是通过实验测出的。因此，构型与旋光性之间没有必然的对应规律，每一种物质的旋光性只能通过实验来确定。

（二）单糖的物理化学性质

1. 物理性质

（1）旋光性　是鉴定糖的一个重要指标。

（2）甜度　也称为比甜度，是一个相对值，通常以蔗糖作为基准物。其他糖的甜度与蔗糖比较得出其甜度。

（3）溶解性　易溶于水而难溶于乙醚、丙酮等有机溶剂。

2. 化学性质

（1）变旋现象　在溶液中，糖的链状结构和环状结构（α、β）之间可以相互转变，最后达到一个动态平衡，这种现象称为变旋现象。三者间的比例因糖种类而异（链状结构、α 环状结构、β 环状结构）。

只有链状结构才具有下述的氧化还原反应。

（2）糖醛反应（与酸的反应）

① Molisch 反应　Molisch（莫利希）反应是指糖在浓硫酸或浓盐酸的作用下脱水形成糠醛及其衍生物，与 α-萘酚作用形成紫红色复合物的反应，由于此反应会在糖溶液和浓硫酸的液面间形成紫环，因此又称紫环反应。Molish 反应可以鉴定单糖的存在。

② Seliwanoff 反应　Seliwanoff（谢里瓦诺夫）反应（间苯二酚反应）是在酸作用下，己酮糖脱水生成羟甲基糠醛。后者与间苯二酚结合生成鲜红色的化合物，反应迅速，仅需 20~30s。该反应是鉴定酮糖的特殊反应。

（3）氧化反应　氧化只发生在开链形式上。

在氧化剂、金属离子如 Cu^{2+}、酶的作用下，单糖可以发生几种类型的氧化：醛基氧化，伯醇基氧化，醛基、伯醇基同时氧化。

单糖被弱氧化剂氧化。单糖能将托伦（又叫 Tollens 试剂、银氨溶液、银镜试剂）试剂还原生成银镜，能与斐林试剂（Fehling 试剂）及本尼迪特试剂作用生成氧化亚铜砖红色沉淀，糖分子本身被氧化成糖酸。凡是能被上述弱氧化剂氧化的糖，都称为还原糖。利用糖的还原性可做糖的定量测定，例如在临床上可采用本尼迪特试剂检验尿液中是否含有葡萄糖，并根据产生 Cu_2O 沉淀的颜色来判断葡萄糖的含量，以诊断糖尿病。所有的单糖都是还原性糖。

（4）还原反应　单糖可以被还原成相应的糖醇。单糖分子中的羰基和醛、酮分子中的酮基一样，可被许多还原剂还原生成相应的糖醇（多元醇）。在生物体内，这一还原反应是在酶的作用下完成的。D-葡萄糖还原生成山梨醇，D-甘露糖还原生成甘露醇，D-果糖还原生成甘露醇和山梨醇的混合物。山梨醇和甘露醇广泛存在于植物体内。药用甘露醇能降低颅内压和眼内压，能减轻脑水肿，防治肾功能衰竭等。

糖醇主要用于食品加工业和医药业。山梨醇添加到糖果中能延长糖果的货架期，因为它能防止糖果失水。人体食用后，山梨醇在肝中又会转化为果糖。

（5）异构化　在弱碱性溶液中，D-葡萄糖、D-甘露糖和 D-果糖可以通过烯醇式相互转化（图 4-5），D-葡萄糖异构化为 D-甘露糖后，由于其中的一个手性碳原子的构型发生变化，又称差向异构化。

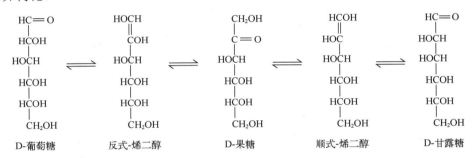

图 4-5　烯醇式相互转化

（6）酯化　单糖分子中都含有羟基，这些羟基可以与酸作用生成酯，与磷酸作用则生成磷酸酯。在生物体内常见的糖的磷酸酯有 1-磷酸葡萄糖、6-磷酸葡萄糖、6-磷酸果糖和 1,6-二磷酸果糖。生物体中最常见也是最重要的糖酯是磷酸糖酯和硫酸糖酯。磷酸糖酯及其衍生物是糖的代谢活性形式（糖代谢的中间产物）。硫酸糖酯主要发现于结缔组织的蛋白聚糖中，由于硫酸糖酯带电荷，因此它能结合大量的水和阳离子。

（7）糖苷化　单糖环状结构上的半缩醛羟基与其他含羟基的化合物如醇、酚等形成的缩醛（或缩酮）叫作糖苷。糖苷中糖的部分称为糖基，非糖部分称为配基（配糖物），连接糖基和配基的键叫苷键。糖的苷羟基与醇羟基缩合后所生成的化学键称为糖苷键，α-糖形成的苷键叫 α-苷键，β-糖形成的苷键叫 β-苷键。

糖苷的性质：糖苷具有一系列典型的缩醛性质，包括不易被氧化，不易被还原（不与斐林试剂或托伦试剂作用），不与苯肼作用（无羰基），对稀酸不稳定，但对碱稳定；糖苷具有缩醛结构，相对比较稳定。

（8）糖脎反应　常温下，糖与苯肼缩合成糖的苯腙；在过量的苯肼试剂中加热反应，糖与二分子苯肼缩合生成糖脎。糖脎反应发生在醛糖和酮糖的链状结构上。糖脎易结晶，可以根据结晶的形状，判断单糖的种类（图 4-6）。

脎是不溶于水的亮黄色晶体，有一定的熔点。不同的糖脎，其晶形、熔点也不相同。一般不同的糖形成的糖脎亦不同，可通过显微镜观察脎的晶形来鉴别糖。

图 4-6　糖脎反应

（三）重要的单糖

1. 三碳糖（如甘油醛、二羟丙酮）

甘油醛，是一种有机化合物，分子式为 $C_3H_6O_3$，是最简单的醛糖，它是有甜味的白色结晶，为糖类代谢的中间产物。

2. 四碳糖（如鼠李糖、赤藓糖、苏力糖）

重要的单糖

鼠李糖又称 6-脱氧-L-甘露糖，分子式为 $C_6H_{12}O_5$，是一种广泛存在于植物中的多糖，其甜度为蔗糖的 33%，可用来测定肠道的渗透性，也可用作甜味剂。

3. 五碳糖（如阿拉伯糖、脱氧核糖、木糖、来苏糖等）

脱氧核糖是一种有机物，化学式为 $C_4H_9O_3CHO$（$C_5H_{10}O_4$）。其是一种存在于一切细胞内的戊糖衍生物，是分子中氢原子数与氧原子数不符合 2∶1 的糖类。天然存在的是 D-2-脱氧核糖，是细胞中脱氧核糖核酸 DNA 的重要组成成分。

4. 六碳糖（如葡萄糖、甘露糖、果糖、半乳糖）

（1）葡萄糖　商品葡萄糖是白色结晶粉末，易溶于水，熔点 146℃，是自然界分布最广的己醛糖，是构成食物中各种糖类的基本单位，是一类具有右旋性和还原性的醛糖，商品中常以"右旋糖（dextrose）"代表葡萄糖。

（2）果糖　商品果糖是白色的晶体，熔点 103～105℃，分子量 180。果糖是最甜的天然糖，天然果糖是左旋的，故也称"左旋糖（levulose）"。果糖属于六碳酮糖，主要存在于水果及蜂蜜中。玉米糖浆中含果糖 40%～90%，是饮料、冷冻食品、糖果蜜饯生产的重要原料。果糖被吸收后经肝脏转变成葡萄糖被人体利用，部分可转变为糖原、脂肪或乳酸。其代谢途径与胰岛素无关，可供糖尿病人食用。纯净的果糖呈五色针状或三棱形结晶，故称结晶果糖。果糖不是口腔微生物的合适底物，不易造成龋齿。

（四）重要的单糖衍生物

1. 糖醇

糖醇是单糖经催化氢化及硼氢化钠还原形成的相应的多元醇。糖醇虽然不是糖，但具有某些糖的属性。目前开发的有山梨糖醇、甘露糖醇、赤藓糖醇、麦芽糖醇、乳糖醇、木糖醇等，这些糖醇对酸、热有较高的稳定性，不容易发生美拉德反应，已成为低热值食品甜味剂，广泛应用于低热值食品配方。图 4-7 为部分糖醇的结构。

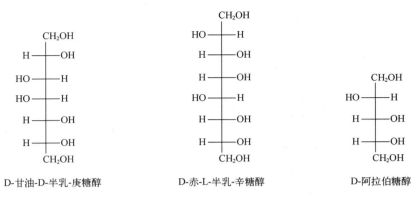

图 4-7　部分糖醇的结构

2.糖醛酸

糖醛酸是指糖中的伯羟基被氧化成羧基后形成的化合物及其衍生物，此类化合物易形成内酯。糖醛酸通常以吡喃糖和呋喃糖形式与它们相应的内酯处于平衡状态。

天然存在的糖醛酸有 D-葡萄糖醛酸、D-半乳糖醛酸、D-甘露糖醛酸等，以与糖苷配基结合的糖醛酸苷形式或聚糖醛酸的形式，成为树胶质、果胶、半纤维素、藻酸、细菌多糖等细胞壁或黏液物质的主要成分。葡萄糖醛酸是肝脏内的一种解毒剂，它与类固醇、一些药物、胆红素（血红蛋白的降解物）结合增强其水溶性，使之更易排出体外。

3.氨基糖（糖胺）

单糖的一个羟基（通常是 C2 位）被氨基取代后即成为氨基酸。常见的氨基糖有 D-葡萄糖胺和 D-半乳糖胺。氨基糖的氨基还经常被乙酰化形成 *N*-乙酰糖胺。

4.糖苷

糖苷可分为：*O*-糖苷、*N*-糖苷、*S*-糖苷。

糖苷物质与糖类的区别：糖是半缩醛，不稳定，有变旋；苷是缩醛，较稳定，无变旋。糖苷大多数有毒，其中不少有药理作用。糖苷类物质广泛存在于自然界，尤其植物中更多。例如，杨树皮中的水杨苷，是由 *β*-D-葡萄糖和水杨醇形成的苷。自然界中的糖苷多是 *β*-型。

五、寡糖

寡糖是指含有 2～10 个单糖单元的糖类。其中双糖在自然界中存富，它是人类饮食中主要的热源之一。在小肠中，双糖必须在酶的作用下水解成单糖才能被人体吸收。如果这些水解酶有缺陷，人体摄入双糖后不能消化它就会出现消化病。未消化的双糖进入大肠，在渗透压的作用下从周围组织夺取水分，结肠中的细菌消化双糖（发酵）产生气体（出现气胀和绞痛或痉挛）。

（一）麦芽糖

麦芽糖是由两个葡萄糖单位经 *α*-1,4-糖苷键连接而成的二糖，又称为麦芽二糖。因 C1 羟基位置不同，有 *α*-麦芽糖和 *β*-麦芽糖两种异构体。

麦芽糖是直链淀粉的水解中间物（*α*-麦芽糖），在自然界中似乎并不存在天然的麦芽糖。

α-麦芽糖（葡萄糖-α,α(1-4)-葡萄糖苷）的结构式见图 4-8（a）；β-麦芽糖（葡萄糖-α，β(1-4)-葡萄糖苷）的结构式见图 4-8（b）。

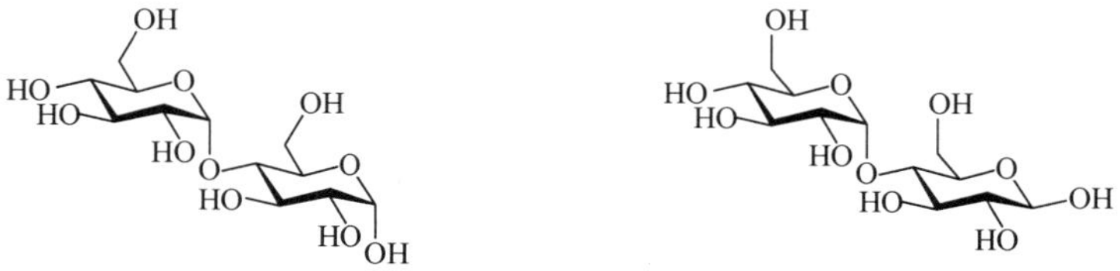

(a) α-麦芽糖　　　　　　　　　(b) β-麦芽糖

图 4-8　麦芽糖结构式

性质：①变旋现象，在水溶解中形成 α、β 和开链的混合物；②具有还原性；③能成脎。
异麦芽糖：α(1-6)键型，支链淀粉和糖原的水解产物。

（二）蔗糖

蔗糖，是双糖的一种，由一分子葡萄糖的半缩醛羟基与一分子果糖的半缩醛羟基缩合脱水而成（图 4-9）。蔗糖有甜味，无气味，易溶于水和甘油，微溶于醇。有旋光性，但无变旋作用。蔗糖普遍存在于植物界的叶、花、茎、种子及果实中。在甘蔗、甜菜及槭树汁中含量尤为丰富。

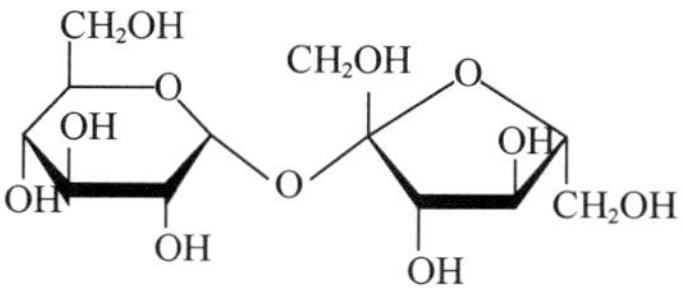

性质：①无变旋现象；②无还原性；③不能成脎。

图 4-9　蔗糖结构

（三）乳糖

乳糖为 D-葡萄糖与 D-半乳糖以 β-1,4-糖苷键结合的二糖（图 4-10），又称为 1,4-半乳糖苷葡萄糖，属还原糖，主要存在于哺乳动物的乳汁中。

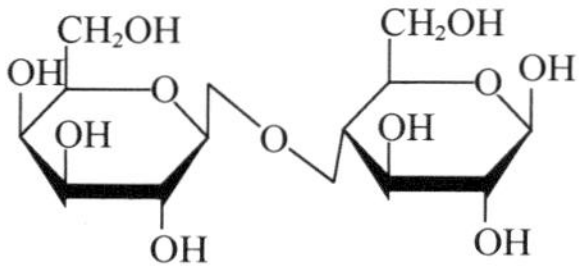

性质：①有变旋现象；②具有还原性；③能成脎。

图 4-10　乳糖结构

六、多糖

多糖是由多个单糖分子缩合脱水而形成的。由于构成它的单糖的种类、数量以及连接方式不同，多糖的结构极其复杂而且数量庞大，种类多样。

多糖是重要的能量贮存形式（如淀粉和糖原等）和细胞的骨架物质（如植物的纤维素和动物的几丁质），此外多糖还有更复杂的生理功能（如黏多糖和血型物质等）。

多糖

大部分的多糖类物质没有固定的分子量。多糖的大小从一定程度上可以反映细胞的代谢状态。例如：当血糖水平高时（如饭后），肝脏就合成糖原；当血糖水平下降时，肝脏中的酶类就水解糖原，把葡萄糖释放到血液中。

多糖在水溶液中只形成胶体，虽然具有旋光性，但无变旋现象，也无还原性。

多糖可以分为均一性多糖（由同一种单糖分子组成）和不均一性多糖（由两种或两种以上单糖分子组成）。

（一）均一性多糖（同多糖）

自然界中最丰富的均一性多糖是淀粉、糖原和纤维素，它们都是由葡萄糖组成。淀粉和糖原分别是植物和动物中葡萄糖的贮存形式，纤维素是植物细胞主要的结构组分。

1. 淀粉

植物营养物质的一种贮存形式，也是植物性食物中重要的营养成分。

（1）直链淀粉　许多 α-葡萄糖以 α（1-4）糖苷键依次相连成长而不分开的葡萄糖多聚物（图 4-11）。典型情况下由数千个葡萄糖残基组成，分子量从 150000 到 600000。

直链淀粉结构为长而紧密的螺旋管形。这种紧实的结构是与其贮藏功能相适应的。直链淀粉遇碘显蓝色。

（2）支链淀粉　在直链淀粉的基础上每隔 20～25 个葡萄糖残基就形成一个 α-（1-6）支链（图 4-12）。支链淀粉不能形成螺旋管，遇碘显紫色。

淀粉酶：内切淀粉酶（α-淀粉酶）水解 α-1.4 键，外切淀粉酶（β-淀粉酶）从非还原端依次水解 α-1.4，脱支酶水解 α-1.6 键。

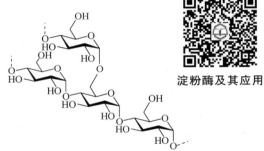

淀粉酶及其应用

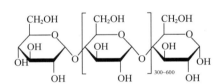

图 4-11　直链淀粉分子结构　　　图 4-12　支链淀粉分子结构

2. 糖原

糖原与支链淀粉类似，只是分支程度更高，分支更多，每隔 4 个葡萄糖残基便有一个分支（图 4-13）。糖原结构更紧密，更适应贮藏功能，这是动物将其作为能量贮藏形式的一个重要原因，另一个原因是它含有大量的非还原性端，可以被迅速水解。

糖原遇碘显红褐色。

3. 纤维素

纤维素是由葡萄糖组成的大分子多糖，不溶于水及一般有机溶剂，是植物细胞壁的主要成分。纤维素是自然界中分布最广、含量最多的一种多糖，占植物界碳含量的 50% 以上。

一些反刍动物可以利用其消化道内的微生物消化纤维素产生的葡萄糖供自身和微生物共同利用。虽然大多数的动物不能消化纤维素，但是含有纤维素的食物对健康是必需的和有益的。

（二）不均一性多糖（杂多糖）

杂多糖是两种或两种以上不同单糖分子组成的多糖。自然界存在的杂多糖通常只含有两种不同的单糖，并且大都与脂类或蛋白质结合，构成结构十分复杂的糖脂和糖蛋白。

有一些杂多糖由含糖胺的重复双糖系列组成，称为糖胺聚糖，又称黏多糖、氨基多糖等。

糖胺聚糖是蛋白聚糖的主要组分，按重复双糖单位的不同，糖胺聚糖可分为：①透明质酸；②硫酸软骨素；③硫酸皮肤素；④硫酸角质素；⑤肝素；⑥硫酸乙酰肝素。

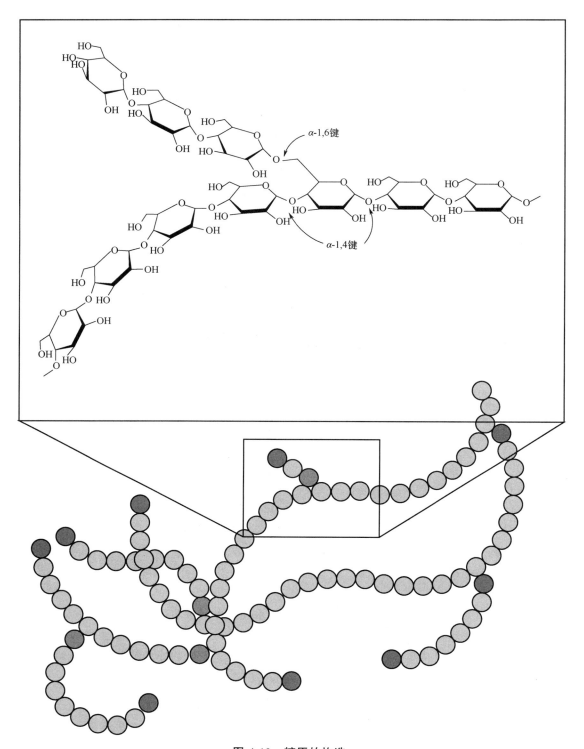

图 4-13　糖原的构造

七、结合糖

糖与非糖物质共价结合形成的复合物称结合糖（复合糖、糖缀合物），包括糖脂、糖蛋白、蛋白聚糖、肽聚糖、糖-核酸。

（一）糖蛋白

糖蛋白是由短的寡糖链与蛋白质共价相连构成的分子。其总体性质更接近蛋白质。糖与蛋白质之间以蛋白质为主，其一定部位上以共价键与若干短的寡糖链相连，这些寡糖链常常是具分支的杂糖链，不呈现重复的双糖系列，一般由 2～10 个（少于 15 个）单体组成。

1. 糖链与蛋白质的连接方式

糖蛋白的糖肽连接键，简称糖肽键。糖肽链的类型：①N-糖苷键型。②O-糖苷键型。③S-糖苷键型。④酯糖苷键型。

2. 糖蛋白的生物学功能

① 糖蛋白携带某些蛋白质代谢去向的信息。

② 寡糖链在细胞识别、信号传递中起关键作用。

（二）蛋白聚糖

蛋白聚糖是一类特殊的糖蛋白，由一个或多个糖胺聚糖和一个核心蛋白共价连接而成。糖胺聚糖链长而不分支，呈现重复双糖系列结构。由于糖胺聚糖具有黏稠性，所以蛋白聚糖又称为黏蛋白、黏多糖-蛋白质复合物等。

蛋白聚糖主要存在于软骨、腱等结缔组织和各种腺体分泌的黏液中，有构成组织间质、润滑剂、防护剂等多方面的作用。

（三）肽聚糖

肽聚糖是细菌细胞壁的主要成分，革兰氏阳性细菌细胞壁所含的肽聚糖占干重的 50%～80%，革兰氏阴性细菌细胞壁所含的肽聚糖占干重的 1%～10%

糖链由 N-乙酰葡萄糖胺和 N-乙酰胞壁酸通过 β-1,4 糖苷键连接而成，糖链间由肽链交联，构成稳定的网状结构，肽链长短视细菌种类不同而异。

工作任务

任务一　运动饮料中糖的鉴别

根据国家标准，运动饮料定义为"营养素及其含量能适应运动或体力活动人群的生理特点，能为机体补充水分、电解质和能量，可被迅速吸收的饮料"，是根据运动时生理消耗的特点而配制的，可以有针对性地补充运动时丢失的营养，起到保持、提高运动能力，加速运动后疲劳消除的作用。一方面由于运动引起肌糖原的大量消耗，而肌肉又加大对血糖的摄取，因此引起血糖下降，若不能及时补充，工作肌肉会因此而乏力。另一方面因大脑 90% 以上的供能来自血糖，血糖的下降将会使大脑对运动的调节能力减弱，并产生疲劳感。因此运动饮料含有一定量的糖（见表 4-1）。一般运动饮料中水分含量在 90% 左右，糖分含量为 8%～12%，无机盐含量为 1.6% 左右，维生素的含量为 0.2% 左右。这些成分与人体体液相似，饮用后能更迅速地被身体吸收，及时补充人体因大量运动出汗所损失的水分和电解质（即盐分），可以使体液达到平衡状态。

常见的糖类包括蔗糖、葡萄糖、果糖等，它们对人体的影响有所不同。识别和区分不同类型的糖分，可以方便消费者了解饮料的营养成分和对健康的影响。

表 4-1   市售运动饮料含糖量

运动饮料	糖含量	糖种类	能量/kcal[①]
佳得乐	6.0%	蔗糖、果糖、葡萄糖	24
健力宝	9.0%	蔗糖、蜜糖	26
宝矿力	6.5%	蔗糖、果糖、葡萄糖	24
葡萄适	6.5%	多聚糖、葡萄糖	28
耐力	9.0%	蔗糖	30
激能 21	8.2%	蔗糖、果糖、葡萄糖	34

① 1cal=4.1868J。

运动饮料中含有的糖有：葡萄糖、蔗糖、果糖、多聚糖、高果糖玉米糖浆等。糖的浓度与糖的吸收有关，人体小肠局部灌注的数据表明，葡萄糖的吸收在 200mmol/L（空肠）、200mmol/L（回肠）时就趋于饱和。所以，运动饮料含有太多的糖不仅不能被及时吸收以及被肌肉氧化利用，同时也会影响水分的吸收。

一、检测方法

（一）糖的鉴别

糖是多羟基（2 个或以上）的醛类或酮类化合物的统称，糖类在浓酸作用下所形成的糠醛及其衍生物可以与 α-萘酚作用，形成红紫色复合物。此方法是鉴定糖类最常用的颜色反应，称为 Molisch 反应或 α-萘酚反应。由于在糖溶液与浓硫酸两液面间出现紫色的环，因此又称紫环反应。

糠醛形成反应过程：

$$多糖 \xrightarrow{[浓酸]} 单糖$$

$$单糖 \xrightarrow[加热]{4～10mol/L浓酸，-3H_2O} 糠醛衍生物$$

$$糠醛衍生物 + 芳胺（或酚类苯胺、蒽酮等）\xrightarrow{缩合} 显色$$

（二）葡萄糖的鉴别

葡萄糖中有醛基，属于醛糖，具有还原性。硝酸银与氨水生成的银氨溶液中含有氢氧化二氨合银，是一种弱氧化剂。葡萄糖能被弱氧化剂银氨溶液（又称 Tollens 试剂）氧化成羧酸。同时，银氨配合物中的银离子被还原析出金属银，在洁净的玻璃容器内壁上形成一薄层光亮的银镜，称为银镜反应。

化学方程式：$AgNO_3+NH_3 \cdot H_2O = AgOH\downarrow+NH_4NO_3$

$2AgOH = Ag_2O+H_2O$

$Ag_2O+4NH_3 \cdot H_2O = 2【Ag(NH_3)_2OH】+3H_2O$

或 $AgOH+2NH_3 \cdot H_2O = Ag(NH_3)_2OH+2H_2O$

$CH_2OH(CHOH)_4CHO+2Ag(NH_3)_2OH \rightarrow CH_2OH(CHOH)_4COONH_4+2Ag\downarrow+3NH_3+H_2O$（需要水浴加热，注意生成葡萄糖酸铵，还有生成的氨是不能加气体符号的，反应后不是碱性环境了，水浴加热的温度不足以使氨气从溶液中出来。）

醛、含醛基的糖、含醛基的酸、含醛基的酯等物质均能发生银镜反应。

（三）果糖的鉴别

果糖是一种最为常见的己酮糖。果糖中含 6 个碳原子，也是一种单糖，是葡萄糖的同分异构体，它以游离状态大量存在于水果的浆汁和蜂蜜中，果糖还能与葡萄糖结合生成蔗糖。纯净的果糖为无色晶体，熔点为 103～105℃，它不易结晶，通常为黏稠性液体，易溶于水、乙醇，在乙醚中几乎不溶。水果的主要成分是果糖，无须通过胃来消化，就可直接进入小肠被吸收。

果糖温度越低，甜度越大，即在口感上越冷越甜。它是所有糖中最甜的一种，比蔗糖约甜一倍。果糖与其他糖品相比，在口中的甜味感来得快，消失得也快。果糖的甜味峰值比食品的其他风味峰值出现得早。当食品的其他风味峰值出现时，果糖的甜味感已经消退，这样不会遮掩食品的其他风味，能与各种不同的香味和谐并存，因此不会因为加入了果糖而覆盖和混淆了其他果品的风味。

工业上一种大规模生产果糖的方法是用蔗糖作原料，用稀盐酸或转化酶都可以使蔗糖发生水解反应，得到的产物是果糖和葡萄糖的混合溶液。加入氢氧化钙可以使果糖和氢氧化钙形成不溶性化合物，从水溶液中过滤分离出来。再通入二氧化碳气体，使氢氧化钙与二氧化碳作用，生成溶解度很小的碳酸钙，然后过滤掉碳酸钙，蒸发水分可得到果糖的结晶体。另一种生产果糖的方法是用淀粉作原料，淀粉水解后经固定化葡萄糖异构酶转化为糖，其中含有 42% 的果糖和 58% 的葡萄糖，这种混合物称为果葡糖浆或高果糖浆。

酮糖在浓酸的作用下，脱水生成 5-羟甲基糠醛，后者与间苯二酚作用，呈红色反应；有时亦同时产生棕红色沉淀，此沉淀溶于乙醇，形成鲜红色溶液。醛糖在同样条件下形成羟甲基呋喃甲醛较慢，呈色反应缓慢，只有在糖浓度较高或煮沸时间较长时，才呈现微弱的阳性反应。酮糖脱水速率比醛糖快，反应一般在 30s 内完成，能使溶液变为红色。由此可鉴别酮糖和醛糖。双糖如能水解出酮糖，也会有正性反应。

（四）还原糖的鉴别（Fehling 试剂法）

斐林试剂由质量浓度为 0.1g/mL 的氢氧化钠溶液和质量浓度为 0.05g/mL 的硫酸铜溶液配制而成，二者混合后，立即生成浅蓝色的 $Cu(OH)_2$ 沉淀。$Cu(OH)_2$ 与加入的葡萄糖在加热的条件下，能够生成砖红色的 Cu_2O 沉淀，而葡萄糖本身则氧化成葡萄糖酸。其反应式如下：

$$CH_2OH\text{-}(CHOH)_4\text{-}CHO+2Cu(OH)_2 \longrightarrow CH_2OH\text{-}(CHOH)_4\text{-}COOH+Cu_2O\downarrow+2H_2O$$

用斐林试剂鉴定还原糖时，溶液的颜色变化过程为：浅蓝色→棕色→砖红色（沉淀）。

二、工作准备

1. 仪器设备和器皿

试管、滴管、刻度吸管（10mL、1mL）、水浴锅。

2. 试剂

浓硫酸、α-萘酚（新鲜配制）、葡萄糖溶液（5%、1%）、蔗糖溶液（5%、1%）、1%淀粉溶液、1%果糖溶液、纤维素（棉花或滤纸浸在 1mL 水中）、5%氨基酸溶液、鲜牛奶、植物油。

（1）银镜试剂　又叫银氨溶液、托伦试剂，化学式：$[Ag(NH_3)_2]OH \cdot xH_2O$，配制需要 4% 的硝酸银溶液、5%氢氧化钠溶液、2%氨水。

（2）塞式试剂（Seliwanoff）　将间苯二酚 50mg，溶于 100mL 盐酸（$V_{H_2O} : V_{HCl} = 2 : 1$），现用现配。

（3）斐林试剂　试剂 A：$CuSO_4 \cdot 5H_2O$ 34.5g，溶于蒸馏水并稀释至 500mL。试剂 B：氢氧化钠 125g，酒石酸钾钠 137g，溶于蒸馏水并稀释至 500mL。临用时将试剂 A 与试剂 B 等体积混合。

（4）本尼迪特试剂　取 85g 柠檬酸钠（$Na_3C_6H_5O_7 \cdot 11H_2O$）及 50g 无水碳酸钠，溶于 400mL 蒸馏水中。另溶解 8.5g 无水硫酸铜于 50mL 热水中。将硫酸铜溶液缓缓加入柠檬酸钠-碳酸钠溶液中，边加边搅拌，如有沉淀可过滤。此混合液可长期使用。

三、工作过程

（一）糖的鉴别

取 3 支试管，分别加入三种不同的运动饮料 1mL，再加入新配制的 α-萘酚 3~4 滴，混匀后，将试管倾斜，沿管壁慢慢加入浓硫酸 1mL，硫酸层沉于试管底部与样品溶液分成两层，观察液面交界处有无紫色环出现。如数分钟内无颜色变化，可在水浴中温热，再观察结果。此时样品在上层，硫酸在下层。若在两层交界处出现紫色的环，表明样品中含有糖类化合物。

※提示注意

① α-萘酚也可用麝香草酚或其他的苯酚化合物代替，麝香草酚溶液比较稳定，其灵敏度与 α-萘酚一样。

② 除了糖类之外，各种糠醛衍生物、葡萄糖醛酸、丙酮、甲酸、乳酸等都可以呈现近似的阳性反应。因此，阴性反应证明没有糖类物质的存在；而阳性反应只能说明有糖类存在的可能。丙酮、甲酸、乳酸、草酸和葡萄糖醛酸以及各种醛糖衍生物均能发生 Molish 反应。因此，Molish 反应阴性证明没有糖类物质的存在；而阳性反应只能说明有糖类存在的可能。

③ Molish 反应灵敏度非常高，0.001%葡萄糖和 0.0001%蔗糖均可呈阳性反应，过程中不可混入纸屑等杂物，否则会出现假阳性。

④ 果糖浓度太高，由于浓硫酸的焦化作用，反应呈红色或褐色而不呈紫色，应稀释后使用。

⑤ 此反应不能鉴别多聚糖如淀粉、纤维素。

★思考与讨论

① Molish 反应是糖类的特异反应吗？为什么？

② α-萘酚能用麝香草酚或其他的苯酚化合物代替吗？为什么？

（二）葡萄糖的鉴别

取 5 支洁净的试管，各加入 2mL 4%硝酸银溶液、1 滴 5%氢氧化钠溶液，然后一边振荡试管，看到白色沉淀，再一边逐滴滴入 2%的稀氨水，边滴边摇动试管，直到最初产生的沉淀恰好溶解为止（这时得到的溶液叫银氨溶液）。

再分别加入 0.5mL 的葡萄糖溶液、蔗糖溶液、果糖溶液、5 滴甲醛、运动饮料，边加边摇动试管振荡均匀后，在 50～60℃水浴中温热（装开水的烧杯），不能动试管，静置 10min 观察发生的现象，并说明原因。

※提示注意

① 银镜反应的成败关键之一，是所用的仪器是否洁净，试管内壁必须洁净。若试管不清洁，还原出来的银大部分呈疏松颗粒状析出，致使管壁上所附的银层不均匀平整，结果就得不到明亮的银镜，而是一层不均匀的黑色银粒子。为保证效果，事先最好将试管依次用热硝酸、10%的 NaOH 溶液洗涤后，再用蒸馏水冲洗干净（一般用热碱液洗→自来水洗→蒸馏水洗即可）。用热的 NaOH 溶液洗涤试管，可以除去试管中的油污，保证试管的清洁。

② 配制银氨溶液时，应防止加入过量的氨水。否则有可能生成雷酸银，雷酸银在受热或撞击时有爆炸的危险，同时若氨水太浓，NH_3 容易过量，使 Ag 过度被络合，降低银氨溶液的氧化能力，银氨溶液本身也将失去灵敏性。滴加氨水的量最好控制在使最初产生的沉淀在刚好溶解与未完全溶解之间。

③ $AgNO_3$ 溶液的浓度不宜太小，以 $AgNO_3$ 的质量分数为 2%～4%为宜。硝酸银溶液与皮肤接触，立即形成难以洗去的黑色金属银，故滴加和摇荡时应小心操作。

④ 银氨溶液必须随配随用，不要贮存久放。

⑤ 试验完毕后，试管内的银氨溶液要及时处理，先加入少量盐酸，倒去混合液后，再用少量稀硝酸浸泡洗去银镜，并用水洗净，否则可能会生成雷爆银（主要成分是氮化银）。水浴加热时切忌用灯焰直接加热，以免发生危险。加热的温度不能过高，加热时间不能过长，否则会引起爆炸。

⑥ 黑色的易爆炸的物质是一氮化三银沉淀（Ag_3N），该物质即使是用玻璃棒刮擦也会引起其分解而爆炸，这一沉淀在干燥时受振动也会发生猛烈爆炸。

★思考与讨论

① 哪些糖与银氨溶液反应呈阳性？请列举 2～3 种。

② 与银氨溶液反应呈阳性的一定是醛糖吗？为什么？

③ 银氨溶液为什么要现配现用？

（三）果糖的鉴别

于 4 支试管中分别加入 0.5mL 1%葡萄糖溶液、1%蔗糖溶液、1%果糖溶液及运动饮料，然后各加塞式试剂 5mL，摇匀，同时置沸水浴内，比较各管颜色及红色出现的先后顺序。记录溶液转变为红色所需要的时间。

若溶液在 1～2min 内变为红色，说明样品为酮糖，否则为醛糖。若是酮糖就显鲜红色，若是醛糖就显淡红色，由此可鉴别酮糖和醛糖。

★**思考与讨论：**

① 哪些糖与塞式试剂反应呈阳性？请列举 2～3 种。

② 与塞式试剂反应呈阳性的一定是酮糖吗？为什么？

③ 沸水浴加热后变色现象为什么要记录时间？

（四）还原糖的鉴别（Fehling 试剂法）

于 4 支试管中均加入斐林试剂 A 和 B 各 1mL，混匀，分别加入 5%葡萄糖溶液、5%蔗糖溶液、1%淀粉溶液、运动饮料各 1mL，置沸水浴中加热数分钟，取出，冷却，观察各管的变化。

★**思考与讨论**

① 哪些糖与斐林试剂反应呈阳性？请列举 2～3 种。

② 与斐林试剂反应呈阳性的一定是葡萄糖吗？为什么？

四、结果记录

将检测结果记录到表 4-2～表 4-5 中。

表 4-2 运动饮料中糖的鉴别结果记录表

<table>
<tr><td colspan="6" align="center">运动饮料中糖的鉴别结果记录表</td></tr>
<tr><td>样品名称</td><td></td><td colspan="2" align="center">批号</td><td colspan="2"></td></tr>
<tr><td>生产厂家</td><td colspan="5"></td></tr>
<tr><td>抽样人</td><td></td><td colspan="2" align="center">抽样日期</td><td colspan="2"></td></tr>
<tr><td>检测项目</td><td></td><td colspan="2" align="center">检测依据</td><td colspan="2"></td></tr>
<tr><td>检测仪器</td><td colspan="5"></td></tr>
<tr><td>检测试剂</td><td colspan="5"></td></tr>
<tr><td rowspan="7">检测过程</td><td colspan="5">运动饮料中糖的鉴别</td></tr>
<tr><td>反应管</td><td>样品</td><td>α-萘酚试剂</td><td>浓硫酸</td><td>现象</td></tr>
<tr><td>1 号试管</td><td>运动饮料 A 1mL</td><td>3～4 滴</td><td>1mL</td><td></td></tr>
<tr><td>2 号试管</td><td>运动饮料 B 1mL</td><td>3～4 滴</td><td>1mL</td><td></td></tr>
<tr><td>3 号试管</td><td>运动饮料 C 1mL</td><td>3～4 滴</td><td>1mL</td><td></td></tr>
<tr><td colspan="5"></td></tr>
<tr><td colspan="5">现象解释</td></tr>
<tr><td>检测结果</td><td colspan="5"></td></tr>
<tr><td>检测人</td><td></td><td colspan="2" align="center">复核人</td><td colspan="2"></td></tr>
<tr><td>备注</td><td colspan="5"></td></tr>
</table>

表 4-3 运动饮料中葡萄糖的鉴别结果记录表

运动饮料中葡萄糖的鉴别结果记录表				
样品名称		批号		
生产厂家				
抽样人		抽样日期		
检测项目		检测依据		
检测仪器				
检测试剂				
检测过程	运动饮料中葡萄糖的鉴别			
	反应管	银氨溶液	样品	现象
	1号试管	2mL 4%硝酸银溶液+1滴5%氢氧化钠溶液，振荡试管到白色沉淀出现，再逐滴滴入2%的稀氨水，边滴边摇动试管，直到沉淀溶解	5%葡萄糖溶液 0.5mL	
	2号试管		5%蔗糖溶液 0.5mL	
	3号试管		5%果糖溶液 0.5mL	
	4号试管		5滴甲醛	
	5号试管		运动饮料 0.5mL	
	现象解释			
检测结果				
检测人		复核人		
备注				

表 4-4 运动饮料中果糖的鉴别结果记录表

运动饮料中果糖的鉴别结果记录表					
样品名称		批号			
生产厂家					
抽样人		抽样日期			
检测项目		检测依据			
检测仪器					
检测试剂					
检测过程	运动饮料中果糖的鉴别				
	反应管	样品	塞式试剂	颜色	颜色出现时间
	1号试管	1%葡萄糖溶液 0.5mL	5mL		
	2号试管	1%蔗糖溶液 0.5mL	5mL		
	3号试管	1%果糖溶液 0.5mL	5mL		
	4号试管	运动饮料 0.5mL	5mL		
	现象解释				
检测结果					
检测人		复核人			
备注					

表 4-5   运动饮料中还原糖的鉴别（Fehling 试剂法）结果记录表

运动饮料中还原糖的鉴别（Fehling 试剂法）结果记录表					
样品名称			批号		
生产厂家					
抽样人			抽样日期		
检测项目			检测依据		
检测仪器					
检测试剂					
检测过程	运动饮料中还原糖的鉴别（Fehling 试剂法）				
	反应管	斐林试剂 A	斐林试剂 B	样品	现象
	1 号试管	1mL	1mL	5%葡萄糖溶液 1mL	
	2 号试管	1mL	1mL	5%蔗糖溶液 1mL	
	3 号试管	1mL	1mL	1%淀粉溶液 1mL	
	4 号试管	1mL	1mL	运动饮料 1mL	
	现象解释				
检测结果					
检测人			复核人		
备注					

五、工作评价

根据表 1-5 对工作任务的学习情况进行整体评价。

任务二　婴幼儿食品和乳品中乳糖的测定

测定婴幼儿食品和乳品中乳糖含量，以确保产品符合相关的营养标准和法规要求，有助于消费者了解产品的营养价值，同时也有助于生产商监控产品质量和稳定性。GB 5009.8—2023《食品安全国家标准　食品中果糖、葡萄糖、蔗糖、麦芽糖、乳糖的测定》采用下面四种方法：

第一法：高效液相色谱法，适用于粮食及粮食制品、乳及乳制品、果蔬及果蔬制品、甜味料、糖果、饮料和婴幼儿食品中果糖、葡萄糖、蔗糖、麦芽糖、乳糖的测定。

第二法：离子色谱法，适用于食品中果糖、葡萄糖、蔗糖、麦芽糖、乳糖的测定。

第三法：酸水解-莱因-埃农氏法，适用于食品中蔗糖的测定。

第四法：莱因-埃农氏法，适用于婴幼儿食品和乳品中乳糖的测定。

一、检测方法

滴定分析法是化学分析法的一种，是将一种已知其准确浓度的试剂溶液（称为标准溶液）

滴加到被测物质的溶液中，直到化学反应完全时为止，然后根据所用试剂溶液的浓度和体积可以求得被测组分的含量，这种方法称为滴定分析法（或称容量分析法）。

试样除去蛋白质后，在加热条件下，以亚甲基蓝为指示剂，直接滴定已标定过的斐林氏液，根据样液消耗的体积，计算乳糖含量。果糖、葡萄糖、麦芽糖和低聚半乳糖等会对乳糖的测定产生干扰。

任务二采用食品安全国家标准 GB 5009.8—2023《食品安全国家标准 食品中果糖、葡萄糖、蔗糖、麦芽糖、乳糖的测定》第四法：莱因-埃农氏法，测定婴幼儿食品和乳品中的乳糖含量。

二、工作准备

1. 仪器设备和器皿

天平（感量为 0.1mg）、可调温电炉、酸式滴定管（50mL）、恒温干燥箱。

2. 试剂

乙酸铅[$Pb(CH_3COO)_2 \cdot 3H_2O$]、草酸钾（$K_2C_2O_4 \cdot H_2O$）、磷酸氢二钠（$Na_2HPO_4$）、硫酸铜（$CuSO_4 \cdot 5H_2O$）、浓硫酸98%（$H_2SO_4$）、酒石酸钾钠（$C_4H_4O_6KNa \cdot 4H_2O$）、氢氧化钠（$NaOH$）、亚甲基蓝（$C_{16}H_{18}ClN_3S \cdot 3H_2O$）指示剂。

（1）乙酸铅溶液（200g/L）　称取 200g 乙酸铅，用水稀释至 1000mL，混匀。

（2）草酸钾-磷酸氢二钠溶液　称取草酸钾 30g、磷酸氢二钠 70g，用水稀释至 1000mL，混匀。

（3）亚甲基蓝溶液（10g/L）　称取 1g 亚甲基蓝于 100mL 水中，混匀。

（4）斐林试剂（甲液和乙液）

① 甲液：称取 34.639g 硫酸铜，溶于水中，加入 0.5mL 浓硫酸，加水至 500mL，混匀。

② 乙液：称取 173g 酒石酸钾钠及 50g 氢氧化钠溶解于水中，稀释至 500mL，混匀，静置 2d 后过滤。

（5）乳糖标准品

乳糖（$C_{12}H_{22}O_{11}$，CAS 号：63-42-3）：纯度≥99%，或经国家认证并授予标准物质证书的标准物质。

三、工作过程

（一）斐林试剂的标定

称取经过 96℃±2℃烘箱中干燥 2h 的乳糖约 0.75g（精确至 0.1mg），用水溶解并定容至 250mL。将此乳糖溶液注入一个 50mL 滴定管中，待滴定。

预测滴定：吸取 10mL 斐林试剂（甲、乙液各 5mL）于 250mL 三角烧瓶中。加入 20mL 蒸馏水，放入几粒玻璃珠，从滴定管中放出 15mL 样液于锥形瓶中，置于电炉上加热，使其在 2min 内沸腾，保持沸腾状态 15s，加入 3 滴亚甲基蓝溶液，继续滴入样液至溶液蓝色完全褪尽，读取所用样液的体积。

精确滴定：另取 10mL 斐林试剂（甲、乙液各 5mL）于 250mL 三角烧瓶中，再加入 20mL 蒸馏水，放入几粒玻璃珠，加入比预滴定量少 0.5～1.0mL 的样液，置于电炉上，使其在 2min

内沸腾，维持沸腾状态 2min，加入 3 滴亚甲基蓝溶液，以 1 滴/2s 的速度徐徐滴入样液，溶液蓝色完全褪尽即为终点，记录消耗样液的体积。

斐林试剂的乳糖校正值（f）按下列公式计算。

$$A = \frac{V_1 m_1 \times 1000}{250} = 4V_1 m_1$$

$$f = \frac{4V_1 m_1}{AL}$$

式中　A ——实测乳糖数，mg；

　　　V_1 ——滴定时消耗乳糖溶液的体积，mL；

　　　m_1 ——称取乳糖的质量，g；

　　　f ——斐林试剂的乳糖校正值；

　　　AL ——由乳糖溶液滴定体积查表 4-6 所得的乳糖因数，mg。

表 4-6　乳糖因数表（10mL 斐林试剂）

滴定量/mL	乳糖/mg	滴定量/mL	乳糖/mg	滴定量/mL	乳糖/mg
15	68.3	27	67.8	39	67.9
16	68.2	28	67.8	40	67.9
17	68.2	29	67.8	41	68.0
18	68.1	30	67.8	42	68.0
19	68.1	31	67.8	43	68.0
20	68.0	32	67.8	44	68.0
21	68.0	33	67.8	45	68.1
22	68.0	34	67.9	46	68.1
23	67.9	35	67.9	47	68.2
24	67.9	36	67.9	48	68.2
25	67.9	37	67.9	49	68.2
26	67.9	38	67.9	50	68.3

注：“因数”系指与滴定量相对应的数目，可自表 4-7 中查得。若试样中蔗糖与乳糖含量的比超过 3∶1 时，则在滴定量中加表 4-7 的校正值数后计算。

表 4-7　乳糖滴定量校正值数（10mL 斐林试剂）

滴定终点时所用的糖液量/mL	蔗糖与乳糖含量的比	
	3∶1	6∶1
15	0.15	0.30
20	0.25	0.50
25	0.30	0.60
30	0.35	0.70
35	0.40	0.80
40	0.45	0.90
45	0.50	0.95
50	0.55	1.05

（二）乳糖的测定

试样处理：称取婴幼儿食品或脱脂粉 2g、全脂加糖粉或全脂粉 2.5g、乳清粉 1g，精确至 0.1mg，置于烧杯中，用约 100mL 水溶解并分数次洗入 250mL 容量瓶中，徐徐加入 4mL 乙酸铅溶液和 4mL 草酸钾-磷酸氢二钠溶液，并摇动容量瓶，用水定容至刻度，混匀，静置数分钟，用干燥滤纸过滤，弃去最初 25mL 滤液，取后续滤液待滴定。

（三）计算

试样中乳糖的含量 X 按下式计算。

$$X = \frac{Ff \times 0.25 \times 100}{Vm}$$

式中　X ——试样中乳糖的质量分数，g/100g；

　　　F ——由消耗样液的体积查表 4-6 所得乳糖因数，mg；

　　　f ——斐林试剂乳糖校正值；

　　　V ——滴定消耗样液量，mL；

　　　m ——试样的质量，g。

结果保留 3 位有效数字。

注：试样中蔗糖与乳糖之比超过 3：1 时，则计算乳糖时应在滴定量中加上表 4-7 中的校正值数后再查表 4-6。

（四）精密度

在重复性条件下获得的 2 次独立测定结果的绝对差值不得超过算术平均值的 1.5%。

四、结果记录

将检测结果记录到表 4-8、表 4-9 中。

表 4-8　斐林试剂配制及标定记录

批　　　号：_____　　　配制日期：____年___月___日

基准物名称：_____　　　批号：_____

标化温度：_____℃　　　标化日期：____年___月___日

指示剂名称：_____　　　批号：_____

复标温度：_____℃　　　复标日期：____年___月___日

滴定液的配制：

试剂：_____　厂家：_____　批号：_____

仪器：

天平型号：_____　设备编号：_____

配制过程：

　　　　　　　　　　　　配制者：　　　　　　　复核者：

基准物处理：

名称：_____　厂家：_____　批号：_____

仪器：

干燥箱型号：_____　仪器编号：_____

标定记录

　　　　　　　　　　　　标定者：　　　　　　　日期：

续表

复标记录					

复标者：　　　　　　　　　　　　　日期：

标定结果及相对偏差：

序号	基准物称重/g	消耗滴定液体积/mL	滴定液浓度/（mol/L）	滴定液平均浓度/（mol/L）	相对偏差/%

（规定标定和复标相对偏差均不得大于 0.1%；标定与复标之间的相对偏差不得大于 0.1%）

结论：

　　滴定液的实际浓度值：＿＿＿＿＿＿（应为其名义值的 0.95～1.05）

表 4-9　婴幼儿食品和乳品中乳糖的测定检验记录

婴幼儿食品和乳品中乳糖的测定			
样品名称		批号	
生产厂家			
抽样人		抽样日期	
检测项目		检测依据	
预测滴定	预测滴定：吸取 10mL 斐林试剂（甲、乙液各 5mL）于 250mL 三角烧瓶中。加入 20mL 蒸馏水，放入几粒玻璃珠，从滴定管中放出 15mL 样液于锥形瓶中，置于电炉上加热，使其在 2min 内沸腾，保持沸腾状态 15s，加入 3 滴亚甲基蓝溶液，继续滴入样液至溶液蓝色完全褪尽为止，读取所用样液的体积。 　　称样量：　　　　　样液体积：		
滴定	精确滴定：另取 10mL 斐林试剂（甲、乙液各 5mL）于 250mL 三角烧瓶中，再加入 20mL 蒸馏水，放入几粒玻璃珠，加入比预滴定量少 0.5～1.0mL 的样液，置于电炉上，使其在 2min 内沸腾，维持沸腾状态 2min，加入 3 滴亚甲基蓝溶液，以 1 滴/2s 的速度徐徐滴入样液，溶液蓝色完全褪尽即为终点，记录消耗样液的体积。 　　消耗体积：		
结果计算	斐林试剂的乳糖校正值（f）按公式计算： $$A = \frac{V_1 m_1 \times 1000}{250} = 4V_1 m_1$$ $$f = \frac{4V_1 m_1}{AL}$$ 试样中乳糖的含量 X 按公式计算： $$X = \frac{Ff \times 0.25 \times 100}{Vm}$$		
结论			
检测人		复核人	
备注			

五、工作评价

根据表 4-10 对工作任务的学习情况进行整体评价。

表 4-10 婴幼儿食品和乳品中乳糖的测定评价表

评价内容	技术要求和评分标准	配分	扣分原因和记录	得分
1. 称取样品 （10分）	（1）准确称取样品 （2）正确使样品溶解 （3）正确加入试液	6 2 2		
2. 滴定 （40分）	（1）滴定前的准备工作 （2）正确转入滴定液 （3）正确使用指示剂 （4）正确使用滴定管进行滴定 （5）正确控制滴定速度 （6）正确进行滴定终点的判断 （7）平行测定 2 次，并进行空白试验	6 4 2 8 6 10 4		
3. 结果计算及现场清理 （40分）	（1）正确使用公式 （2）正确的计算过程 （3）有效数字取舍正确（错误1个扣1分，最多扣5分） （4）正确计算相对偏差 （5）给出准确有效的结论 （6）实验过程和结束后良好的工作习惯和卫生习惯	10 5 5 10 5 5		
4. 检验记录 （10分）	正确填写检验记录	10		

任务三 冰激凌中果糖、葡萄糖、蔗糖、麦芽糖、乳糖的测定（高效液相色谱法）

糖类是在自然界中广泛分布的一类重要的有机化合物，在生命活动过程中起着重要的作用，是一切生命体维持生命活动所需能量的主要来源。食品及饮料中的糖主要包括果糖、葡萄糖、蔗糖和麦芽糖等，糖是主要的风味物质，其种类和含量直接决定了产品的理化性质、感官品质和产品质量，同时，对于一些特殊人群如糖尿病患者和婴幼儿，对食品中的糖类含量进行测定也具有重要意义。GB 28050《食品安全国家标准 预包装食品营养标签通则》规定糖为强制性标注的营养成分，用于预包装食品营养标签标示的糖只包括葡萄糖、果糖、蔗糖、麦芽糖等单、双糖组分。

本项目以冰激凌中果糖、葡萄糖、蔗糖、麦芽糖、乳糖的测定作为代表性工作任务。采用 GB 5009.8—2023《食品安全国家标准 食品中果糖、葡萄糖、蔗糖、麦芽糖、乳糖的测定》第一法高效液相色谱法测定。该方法适用于粮食及粮食制品、乳及乳制品、果蔬及果蔬制品、甜味料、糖果、饮料和婴幼儿食品中果糖、葡萄糖、蔗糖、麦芽糖、乳糖的测定。

一、检测方法

高效液相色谱法系采用高压输液泵将规定的流动相泵入装有填充剂的色谱柱，对供试品进行分离测定的色谱方法。注入的供试品由流动相带入色谱柱内，各组分在柱内被分离，并进入检测器检测，由积分仪或数据处理系统记录和处理色谱信号。

（一）高效液相色谱法对仪器的一般要求和色谱条件

高效液相色谱仪由高压输液泵、进样器、色谱柱、检测器、积分仪或数据处理系统组成。色谱柱内径一般为 2.1～4.6mm，填充剂粒径为 2～10μm。超高效液相色谱仪是耐超高压、小进样量、低死体积、高灵敏度检测的高效液相色谱仪。

1. 色谱柱

反相色谱柱：以键合非极性基团的载体为填充剂填充而成的色谱柱。常见的载体有硅胶、聚合物复合硅胶和聚合物等；常用的填充剂有十八烷基硅烷键合硅胶、辛基硅烷键合硅胶和苯基硅烷键合硅胶等。

正相色谱柱：用硅胶填充剂或键合极性基团的硅胶填充而成的色谱柱。常见的填充剂有硅胶、氨基键合硅胶和氰基键合硅胶等。氨基键合硅胶和氰基键合硅胶也可用于反相色谱。

离子交换色谱柱：用离子交换填充剂填充而成的色谱柱。有阳离子交换色谱柱和阴离子交换色谱柱。

手性分离色谱柱：用手性填充剂填充而成的色谱柱。

2. 检测器

最常用的检测器为紫外-可见分光检测器，包括二极管阵列检测器，其他常见的检测器有荧光检测器、蒸发光散射检测器、电雾式检测器、示差折光检测器、电化学检测器和质谱检测器等。

紫外-可见分光检测器、荧光检测器、电化学检测器为选择性检测器，其响应值不仅与被测物质的量有关，还与其结构有关；蒸发光散射检测器、电雾式检测器和示差折光检测器为通用检测器，对所有物质均有响应；结构相似的物质在蒸发光散射检测器和电雾式检测器的响应值几乎仅与被测物质的量有关。

3. 流动相

反相色谱系统的流动相常用甲醇-水系统或乙腈-水系统，用紫外末端波长检测时，宜选用乙腈-水系统。流动相中如需使用缓冲溶液，应尽可能使用低浓度缓冲盐。用十八烷基硅烷键合硅胶色谱柱时，流动相中有机溶剂一般应不低于 5%，否则易导致柱效下降、色谱系统不稳定。

正相色谱系统的流动相常用两种或两种以上的有机溶剂，如二氯甲烷和正己烷等。

4. 色谱参数调整

糖类检测规定的色谱条件（参数），除填充剂种类、流动相组分、检测器类型不得改变外，其余如色谱柱内径与长度、填充剂粒径、流动相流速、流动相组分比例、柱温、进样量、检测器灵敏度等，均可适当调整。

（二）系统适用性试验

色谱系统的适用性试验通常包括理论板数、分离度、灵敏度、拖尾因子和重复性等五个参数。

1. 色谱柱的理论板数（n）

色谱柱的理论板数用于评价色谱柱的效能。由于不同物质在同一色谱柱上的色谱行为不同，采用理论板数作为衡量色谱柱效能的指标时，应指明测定物质，一般为待测物质或内标物质的理论板数。

2. 分离度（R）

分离度用于评价待测物质与被分离物质之间的分离程度，是衡量色谱系统分离效能的关键指标。可以通过测定待测物质与已知杂质的分离度，也可以通过测定待测物质与某一指标性成分（内标物质或其他难分离物质）的分离度，或将供试品或对照品用适当的方法降解，通过测定待测物质与某一降解产物的分离度，对色谱系统分离效能进行评价与调整。

无论是定性鉴别还是定量测定，均要求待测物质色谱峰与内标物质色谱峰或特定的杂质对照色谱峰及其他色谱峰之间有较好的分离度。除另有规定外，待测物质色谱峰与相邻色谱峰之间的分离度应不小于 1.5。

3. 灵敏度

灵敏度用于评价色谱系统检测微量物质的能力，通常以信噪比（S/N）来表示。建立方法时，可通过测定一系列不同浓度的供试品或对照品溶液来测定信噪比。定量测定时，信噪比应不小于 10；定性测定时，信噪比应不小于 3。系统适用性试验中可以设置灵敏度实验溶液来评价色谱系统的检测能力。

4. 拖尾因子（T）

拖尾因子用于评价色谱峰的对称性。以峰高作定量参数时，除另有规定外，T 值应在 0.95～1.05 之间。

5. 重复性

用于评价色谱系统连续进样时响应值的重复性能。除另有规定外，通常取糖类检测项下的对照品溶液，连续进样 5 次，其峰面积测量值（或内标比值或其校正因子）的相对标准偏差应不大于 2.0%。

（三）测定法

1. 定性分析

常用的定性分析方法主要有但不限于以下：

（1）利用保留时间定性

保留时间定义为被分离组分从进样到柱后出现该组分最大响应值时的时间，也即从进样到出现某组分色谱峰的顶点时为止所经历的时间，常以分钟（min）为时间单位，用于反映被分离的组分在性质上的差异。通常以在相同的色谱条件下待测成分的保留时间与对照品的保留时间是否一致作为待测成分定性的依据。

（2）利用光谱相似度定性

化合物的全波长扫描紫外-可见光区光谱图提供一些有价值的定性信息。待测成分的光谱与对照品的光谱的相似度可用于辅助定性分析。二极管阵列检测器开启一定波长范围的扫描功能时，可以获得更多的信息，包括色谱信号、时间、波长的三维色谱光谱图，既可用于辅助定性分析，还可用于峰纯度分析。

（3）利用质谱检测器提供的质谱信息定性

利用质谱检测器提供的色谱峰分子量和结构的信息进行定性分析，可获得比仅利用保留时间或增加光谱相似性进行定性分析更多的、更可靠信息，不仅可用于已知物的定性分析，还可提供未知化合物的结构信息。

2.定量分析

包括：

① 内标法；

② 外标法；

③ 加校正因子的主成分自身对照法；

④ 不加校正因子的主成分自身对照法；

⑤ 面积归一化法。按糖类检测项下的规定，配制供试品溶液，取一定量进样，记录色谱图。测量各峰的面积和色谱图上除溶剂峰以外的总色谱峰面积，计算各峰面积占总峰面积的百分率。用于杂质检查时，由于仪器响应的线性限制，峰面积归一化法一般不宜用于微量杂质的检查。

本次工作任务试样中的果糖、葡萄糖、蔗糖、麦芽糖和乳糖经提取后，高效液相色谱柱分离，以示差折光检测器或蒸发光散射检测器检测，外标法定量。

二、工作准备

1.仪器设备和器皿

高效液相色谱仪：配示差折光检测器或蒸发光散射检测器，分析天平（感量为 1mg 和 10mg），旋涡混合器，离心机（转速≥4000r/min），超声波清洗器，样品粉碎设备（高速粉碎机），恒温干燥箱，恒温水浴装置。

0.45μm 水性滤膜针头过滤器（纤维素滤膜除外），注射器。

2.试剂及配制

乙腈（C_2H_3N）：色谱纯，乙酸锌[$Zn(CH_3COO)_2 \cdot 2H_2O$]，亚铁氰化钾[$K_4Fe(CN)_6 \cdot 3H_2O$]，冰醋酸（$CH_3COOH$）。

（1）乙酸锌溶液（1mol/L）　称取乙酸锌 21.9g，加入 3mL 冰醋酸，溶于水并稀释至 100mL，混匀。

（2）亚铁氰化钾溶液（0.25mol/L）　称取亚铁氰化钾 10.6g，溶于水并稀释至 100mL，混匀。

（3）标准品　果糖、葡萄糖、蔗糖、麦芽糖、乳糖，纯度均≥99%，或经国家认证并授予标准物质证书的标准物质。

① 混合标准储备液（20.0mg/mL）　分别称取经过 90℃±2℃ 干燥 2h 的果糖和 96℃±2℃ 干燥 2h 的葡萄糖、蔗糖、麦芽糖和乳糖各 1g（精确至 0.001g），用水溶解后转移至 50mL 容量瓶中，加入 2.5mL 乙腈，用水定容至刻度。置于 0～4℃密封，保存期 3 个月。

② 混合标准工作液　吸取 0.100mL、1.00mL、2.00mL、3.00mL 和 5.00mL 混合标准储

备液（20.0mg/mL）于 10.0mL 容量瓶中，用水定容至刻度，配得果糖、葡萄糖、蔗糖、麦芽糖和乳糖的质量浓度为 0.200mg/mL、2.00mg/mL、4.00mg/mL、6.00mg/mL 和 10.0mg/mL 的混合标准工作液，可根据实际样品溶液的浓度适当调整混合标准工作液浓度。临用现配。

三、工作过程

（一）样品前处理

1.试样制备

取待测冰激凌室温融化后充分搅拌均匀，必要时可采用 30～40℃水浴加热搅拌。

2.试样提取

称取混匀后的试样 1～10g（精确至 0.001g）（目标糖含量≤5%时称取 10g；含量 5%～10%时称取 5g；含量 10%～40%时称取 2g；含量≥40%时称取 1g）至 100mL 比色管中，加入约 50mL 水，再缓慢加入 5mL 乙酸锌溶液和 5mL 亚铁氰化钾溶液，涡旋混匀，超声 30min，转移至 100mL 容量瓶中并用水定容至刻度，混匀，静置。

3.净化

上述试样提取液用滤纸过滤（弃去初滤液）或离心获取上清液后，用 0.45μm 水性滤膜针头过滤器过滤至样品瓶，供高效液相色谱仪分析。

（二）仪器参考条件

① 色谱柱：氨基色谱柱（4.6mm×250mm，粒径 5μm，氨基硅烷键合硅胶为填充剂），或性能相当者。

② 流动相：乙腈+水=70+30（体积比）。

③ 流速：1.0mL/min。

④ 柱温：40℃。

⑤ 进样量：10μL。

⑥ 示差折光检测器条件：温度 40℃。

⑦ 蒸发光散射检测器条件：飘移管温度 80～90℃；氮气流速 2.5L/min。

（三）标准曲线的制作

将混合标准工作液按浓度从低到高依次注入高效液相色谱仪，测定果糖、葡萄糖、蔗糖、麦芽糖和乳糖相应的峰面积或峰高。示差折光检测器以标准工作液的浓度为横坐标，以峰面积或峰高为纵坐标绘制标准曲线；蒸发光散射检测器以标准工作液浓度的幂函数为横坐标，以峰面积或峰高的幂函数为纵坐标绘制标准曲线。

（四）试样溶液的测定

将试样溶液注入高效液相色谱仪中，根据保留时间定性，记录目标物的峰面积或峰高，根据标准曲线得到试样溶液中果糖、葡萄糖、蔗糖、麦芽糖和乳糖的浓度。

（五）空白试验

除不加试样外，均按上述步骤进行。

（六）分析结果

试样中果糖、葡萄糖、蔗糖、麦芽糖和乳糖的含量按以下公式计算。

$$X = \frac{(\rho - \rho_0) \times V \times f}{m \times 1000} \times 100$$

式中　X ——试样中果糖、葡萄糖、蔗糖、麦芽糖和乳糖的含量，g/100g；

ρ ——根据标准曲线得到的试样溶液中果糖、葡萄糖、蔗糖、麦芽糖和乳糖的质量浓度，mg/mL；

ρ_0 ——根据标准曲线得到的空白中果糖、葡萄糖、蔗糖、麦芽糖和乳糖的质量浓度，mg/mL；

V ——定容体积，mL；

f ——稀释倍数；

m ——试样的称样量，g；

1000 ——换算系数；

100 ——换算系数。

糖的含量≥10g/100g 时，计算结果保留 3 位有效数字；糖的含量<10g/100g 时，计算结果保留 2 位有效数字。

（七）精密度

在重复条件下获得的 2 次独立测定结果的绝对差值不得超过算术平均值的 10%。

备注：当称样量为 10g、定容体积为 100mL 时，果糖、葡萄糖、蔗糖、麦芽糖和乳糖的方法检出限均为 0.2g/100g，定量限均为 0.5g/100g。

四、结果记录

将检测结果记录到表 4-11 中。

表 4-11　冰激凌中果糖、葡萄糖、蔗糖、麦芽糖、乳糖的测定检验记录

样品名称		批号	
生产厂家			
抽样人		抽样日期	
检测项目		检测依据	
色谱条件	色谱柱：氨基色谱柱（4.6mm×250mm，粒径 5μm，氨基硅烷键合硅胶为填充剂），或性能相当者； 流动相：乙腈+水=70+30（体积比）； 流速：1.0mL/min； 柱温：40℃； 进样量：10μL； 示差折光检测器条件：温度 40℃； 蒸发光散射检测器条件：飘移管温度 80～90℃；氮气流速 2.5L/min		
标准曲线的制作	示差折光检测器以标准工作液的浓度为横坐标，以峰面积或峰高为纵坐标绘制标准曲线		

续表

结果计算	计算试样中果糖、葡萄糖、蔗糖、麦芽糖和乳糖的含量： $$X = \frac{(\rho - \rho_0) \times V \times f}{m \times 1000} \times 100$$
结论	
检测人	复核人
备注	

五、工作评价

根据表 4-12 对工作任务的学习情况进行整体评价。

表 4-12 冰激凌中果糖、葡萄糖、蔗糖、麦芽糖、乳糖的测定评价表

评价内容	技术要求和评分标准	配分	扣分原因和记录	得分
1. 样品前处理（10 分）	（1）试样制备准确 （2）试样提取 （3）净化操作正确	6 2 2		
2. 含量测定（40 分）	（1）标准曲线的制作 （2）试样溶液的测定 （3）空白试验 （4）正确操作液相色谱仪	10 5 5 20		
3. 结果计算及现场清理（40 分）	（1）正确使用公式 （2）正确的计算过程 （3）正确计算精密度（重复条件下获得的 2 次独立测定结果的绝对差值不得超过算术平均值的 10%） （4）给出准确有效的结论 （5）实验过程和结束后良好的工作习惯和卫生习惯	5 10 15 5 5		
4. 检验记录（10 分）	正确填写检验记录	10		

 能力拓展

拓展任务一　马铃薯中淀粉的制备和鉴别

淀粉（starch）是植物中最重要的贮藏多糖，在植物中以淀粉粒形态存在，形状为球状或卵形。淀粉广泛分布于植物界，在谷、果实、种子、块茎中含量丰富，工业用的淀粉主要来

源于玉米、山芋、马铃薯。在高等植物中，淀粉存在于质体内，并以淀粉粒的形态存在。1940年 Meyer 将淀粉团粒完全分散于热的水溶液中，发现淀粉颗粒可分为两部分，形成结晶沉淀析出的部分称为直链淀粉，留存于母液中的部分称为支链淀粉。那些两者尚没有被分开的淀粉通常以"全淀粉"相称。直链淀粉是 α-D-吡喃葡萄糖基单位通过 α-1,4-糖苷键连接的线形聚合物，而支链淀粉是 α-D-吡喃葡萄糖基单位通过 α-1,4-糖苷键或 α-1,6-糖苷键连接的高支化聚合物。淀粉颗粒一般都由直链淀粉和支链淀粉组成。

在淀粉颗粒中直链淀粉分子和支链淀粉分子不是机械地混合在一起的。支链淀粉量多、分子又大，构成淀粉颗粒的骨架，支链淀粉分子的侧链与直链淀粉分子间可通过氢键结合，在某些区域形成排列具有一定规律的"束网"结构，有些区域分子排列杂乱，成"无定形"结构,每个直链分子和支链分子都可能穿过几个不同区域的"束网"结构和"无定形"结构。

淀粉中可溶于热水的是直链淀粉，不溶的是支链淀粉。支链淀粉易形成浆糊，可溶于热的有机溶剂。玉米淀粉和马铃薯淀粉分别含 27%和 20%的直链淀粉，其余为支链淀粉。天然淀粉粒中一般同时含有直链淀粉和支链淀粉，而且两者的比例相当稳定，多数谷类淀粉含直链淀粉在 20%～30%之间，比根类淀粉要高，后者仅含 17%～20%的直链淀粉。糯玉米、糯高粱和糯米等基本不含直链淀粉，几乎全部是支链淀粉，虽然有的品种也含有少量的直链淀粉，但都在 1%以下。天然淀粉没有含直链淀粉很高的品种，只有一种皱皮豌豆的淀粉含有66%的直链淀粉，人工培育的高直链玉米品种的淀粉中直链淀粉可高达 80%。

淀粉与酸（如 7.5%HCl，室温下放置 7d）缓和地作用时，即形成所谓"可溶性淀粉"，在实验室内常用。淀粉在工业上可用于酿酒和制糖。

淀粉颗粒中的直链淀粉和支链淀粉能用水浸法、络合结晶法、分步沉淀法、凝沉法或液体动力学法分离开来。

水浸法：利用直链淀粉较易溶解于水的性质，用水由糊化膨胀的淀粉颗粒中浸出直链淀粉。但此法所得的直链淀粉的纯度不高，分离效率也不够好。这是因为谷类淀粉中含有少量结合态脂肪物质，影响浸出效率，故应选用脱脂谷类淀粉为原料。将脱脂玉米淀粉配成 2.5%的淀粉乳，加热到高于糊化温度，使淀粉糊化、膨胀，不停地缓慢搅拌，使膨胀的淀粉颗粒悬浮，但不致破裂，1h 后离心，收回清浸出液，其中含有浸出的直链淀粉和少量的支链淀粉，再用清水反复浸出 3 次，可浸出全部水溶性物质。将所得清浸出液混合，用乙醇沉淀，即为较纯的直链淀粉。

醇络合结晶法：将淀粉置于含碱溶液中加热，使淀粉粒分散成溶液，碱液起增溶溶解作用，冷却至室温，去不溶物，用酸调至中性，然后添加适量的丁醇、异戊醇等，沸水浴中加热搅拌至透明，再逐渐冷却至室温，放入冰箱内 2～4℃条件下过夜，直链淀粉与丁醇、异戊醇等生成络合物结构晶体，易于沉淀分离。第一次沉淀为粗直链淀粉，得到沉淀，重复上述操作 5 次，可获得纯度很高的直链淀粉。支链淀粉存在于母液中，经减压浓缩，再用无水乙醇沉淀，可把支链淀粉分离出来。

硫酸镁分步沉淀法：简称盐析法。该法是利用直链淀粉和支链淀粉在不同硫酸镁溶液中的沉淀差异，分步沉淀分离。将沉淀溶解在硫酸镁的热溶液中，缓慢冷却，随温度下降，盐溶液的浓度也发生变化。以马铃薯淀粉为例，10%～13%的硫酸镁水溶液从 160℃降至 80℃时，直链淀粉可先行沉淀，用高速离心机分离，就能获得较纯的直链淀粉。离心后的母液，再经冷却，支链淀粉即可沉淀析出。盐析法是工业上经常使用的方法。

一、检测方法

　　直链淀粉遇碘呈蓝色，支链淀粉遇碘呈紫色，红糊精、白糊精也因与碘显色不同而得名。直链淀粉、支链淀粉或糊精遇碘为什么会出现不同的颜色呢？研究表明，直链淀粉能吸附碘，使碘吸收的可见光的波长向短的波长方向移动，而显蓝色。同理，支链淀粉和糊精也能吸附碘，但吸附的程度不同，因此呈现的颜色不同。这种解释的有力根据是碘的淀粉液在加热时分子动能增大，引起解吸因而蓝色消失。另外，近年来采用 X 射线、红外光谱等先进的分析技术进行检测。

　　碘和淀粉的显色除淀粉吸附碘的原因外，主要是因为生成"淀粉-碘包合物"的缘故。直链淀粉是由 D-α-1,4-葡萄糖苷键键合的直链分子，淀粉链盘绕成螺旋状，每个葡萄糖基都仍有羟基暴露在螺旋外，碘分子与这些羟基作用，使碘分子嵌入淀粉螺旋体的轴心部位，碘与淀粉的这种作用叫作包合作用，生成物叫作包合物。在淀粉与碘生成的包合物中，每个碘分子与 6 个葡萄糖基配合，淀粉链以直径 0.13pm 绕成螺旋状，碘分子处在螺旋的轴心部位。包合物因改变了吸收光的性能而变色，能均匀吸收除蓝光以外波长范围为 400～750nm 的可见光，淀粉液即呈现出蓝色。

　　淀粉与碘生成的包合物的颜色与淀粉糖苷链的长度有关，当链长小于 6 个葡萄糖基时，不能形成一个螺旋圈，因而不能呈色；当平均长度为 20 个葡萄糖基时呈红色，大于 60 个葡萄糖基时呈蓝色。支链淀粉分子量虽大，但支链淀粉的分支长度只有 20～30 个葡萄糖基，碘分子进入长短不一的螺旋卷曲管内显出不同颜色，支链淀粉遇碘呈紫色正是蓝、红混合色。而直链淀粉的链长超过 60 个葡萄糖基，所以与碘作用呈现蓝色。可见，淀粉遇碘显什么颜色，取决于该淀粉中直链淀粉与支链淀粉的比例。

　　本任务需要从马铃薯中提取粗淀粉并对所提取的淀粉进行鉴别。以马铃薯为原料，利用淀粉不溶或难溶于水的性质来制备淀粉。淀粉遇碘呈蓝色，是由于碘被吸附在淀粉上，形成复合物，此复合物不稳定，极易被醇、氢氧化钠和加热等作用而使颜色褪去，其他多糖与碘呈特异的颜色，此类颜色物质极不稳定。

二、工作准备

　　1.仪器设备和器皿

　　研钵、布氏漏斗、抽滤瓶、表面皿、白瓷板、胶头滴管、电炉、石棉网、纱布、试管、烧杯、吸管、量筒、试管夹等。

　　2.试剂

　　碘化钾、碘、淀粉、10% NaOH 溶液、乙醇等。

三、工作过程

（一）马铃薯淀粉的制备

　　将马铃薯去皮，在研钵中充分研碎，加水混合，用纱布过滤，除去粗颗粒，滤液中的淀粉很快沉到底部，多次用水洗淀粉，抽滤（3000r/min，离心10min），滤饼放在表面皿上，在空气中干燥（或105℃烘干）即得。

（二）鉴别反应

① 置少量自制淀粉于白瓷板上，加1～3滴稀碘液，观察颜色变化。

② 取试管1支，加0.1%淀粉5mL，再加2滴稀碘液，摇匀后，观察其颜色变化，记录在表4-13中。

表4-13　淀粉与碘反应表

反应管	样品	稀碘液	现象	解释
1号试管	少量自制淀粉	1～3滴稀碘液		
2号试管	0.1%淀粉5mL	2滴稀碘液		

③ 将管内液体分成3份，其中1份加热，观察颜色是否褪去；冷却后，颜色是否全部恢复。另外2份加入乙醇或10%NaOH溶液，观察颜色变化并记录在表4-14。

表4-14　淀粉鉴定反应表

反应管	上述2号试管反应液	反应条件	现象	解释
3号试管	1mL	加热		
4号试管	1mL	加入乙醇1mL		
5号试管	1mL	加入10%NaOH溶液1mL		

※提示注意

碘与淀粉反应受以下因素影响：

① pH值。在不同的pH值溶液中淀粉与碘呈现颜色反应的显色情况是不同的，淀粉与碘反应出现蓝色的环境可以是中性，也可以是酸性，但不能是碱性。在pH 3～5的弱酸性溶液中淀粉与碘的蓝色反应最灵敏，在pH<8的弱碱性溶液中次之，在pH<5的强酸性溶液中，反应呈现蓝紫色，在pH>9的碱性溶液中不显色。

在弱酸性溶液中，碘基本不参与歧化反应，所以单质碘数量多，有利于与淀粉结合，生成的包合物在pH=4时最稳定，故显色反应比较明显。在强酸中淀粉会水解，产生糊精等，糊精和碘分子作用呈现红色，因而生成物呈现紫色。在碱性溶液中，能迅速发生如下歧化反应，碱将碘歧化成次碘酸盐和碘化物，基本无单质碘的存在，不能与淀粉形成包合物，因而不显色。

$$3I_2+6OH^- \Longrightarrow 5I^-+IO_3^-+3H_2O$$

因此，检测在难以避免碱性条件，用碘无法检验淀粉时，可先将碱性条件下的淀粉液加酸中和后再滴加碘液进行检验，或采用斐林试剂去检验淀粉的水解产物——还原糖。

② 温度。把盛有淀粉与淀粉酶混合液的试管从沸水浴中取出后，立即滴入碘液，淀粉液是不会呈现蓝色的，只有待淀粉液冷却以后，再加碘液，才会有蓝色现象发生。对比实验

表明，在 70℃以上时，淀粉液遇碘不变色，或变蓝但瞬间颜色消失；50～60℃时，变蓝，颜色消失也很快；只有在 45℃以下时，淀粉液遇碘变蓝后蓝色不消失。在常温下将碘液加入淀粉液中显蓝色，但加热至 50℃时蓝色也会褪掉。

淀粉与碘显色的实质是淀粉的螺旋状圆柱刚好能容纳碘分子的钻入，并受范德华力吸引而形成"淀粉-碘包合物"，通过改变吸收光的性能而变色。而在较高温度下，分子运动加快，碘分子不易与淀粉联系在一起形成包合物，因此，当温度高于 50℃时，此显色反应现象几乎看不到，在常温下用碘检测淀粉显蓝色，已形成的"淀粉-碘包合物"受热时，碘分子仍会从包合物中脱下，使蓝色褪去。

随着温度的升高，淀粉溶液与碘显色的灵敏度降低，甚至不显色，因此，当需用碘检验淀粉时，要注意控制好滴加碘液时的温度，待检测的样品温度降到 45℃以下时再滴加碘液检测。

③ 淀粉液需临时配制。另外，配好的淀粉液不宜放置时间过长。淀粉液越新鲜，与碘作用呈蓝色反应越明显；淀粉液存放时间越长，部分淀粉液会缓慢地水解为糊精等，降低反应的灵敏度，反应呈蓝紫色甚至紫红色。因此，检测所用淀粉液最好临时配制以保持其新鲜程度。

★思考与讨论

① 还有哪些植物组织可以提取淀粉并与碘液反应呈现阳性？

② 其他常见的糖比如果糖、葡萄糖是否与碘液反应呈现阳性？为什么？

四、结果记录

将检测结果记录到表 1-4。

五、工作评价

根据表 1-5 对工作任务的学习情况进行整体评价。

拓展任务二 水果味硬糖中还原糖含量的检测（直接滴定法）

硬糖是以砂糖、淀粉糖浆为主要原料，经煮炼而成的脆性糖果，如水果糖、七彩糖等。

硬糖的类别有水果味型、奶油味型、清凉味型以及控白、拌砂和烤花硬糖等。糖体有透明的、半透明的和不透明的，也有拉制成丝光状的。硬糖是经高温熬煮而成的糖果，干固物含量很高，约在 97%以上，其糖体坚硬而脆，故称为硬糖。硬糖属于无定形非晶体结构，相对密度在 1.4～1.5 之间，还原糖含量范围在 10%～18%。

还原糖是指羰基碳（异头碳）没有参与形成糖苷键，能够还原斐林试剂或托伦试剂（银氨溶液）的糖，所有的单糖，不论醛糖、酮糖都是还原糖。大部分双糖也是还原糖，蔗糖例外。还原糖分子结构中含有还原性基团（如游离醛基、半缩醛羟基或游离羰基），一般情况下，单糖的还原能力主要来自它的醛基，如葡萄糖、果糖、麦芽糖、乳糖。链状果糖含有游离的羰基，环状果糖含半缩醛羟基，所以果糖也属于还原糖。还原糖还原后会变成糖酸，如葡萄糖就会变成葡萄糖酸。果糖还原时，酮基断裂，分解成两个较小的分子。

还原糖在硬糖中的作用包括抗结晶性、吸水汽性，提高蔗糖溶液溶解度特性等。还原糖在硬糖中的添加，目前已公认具有抑制返砂结晶的作用，但偏高可能会造成硬糖吸潮，易使硬糖变质，而不耐储存，影响硬糖的质量，但吃了并不会造成任何影响。还原糖太高了产品会发软、出水，过低则产品会发硬、返砂，所以需要控制在某一范围内，一般在18%～22%之间。但返砂的控制不只是利用还原糖一种方法，也可采用不具还原糖端且具保水性的原料，如糖醇、胶体、乳化剂等，只要有足够分散砂糖分子能力的材料，使其不结合成结晶体即可。在产品中掺入淀粉糖浆或白糖会造成还原糖指标偏低，还原糖含量偏低不会危害人的身体健康，但可能会在硬糖成形之前形成小的晶块，影响糖的品质。

一、检测方法

水果味硬糖中还原糖含量的检测采用 GB 5009.7—2016《食品安全国家标准 食品中还原糖的测定》，该标准第一法（直接滴定法）和第二法（高锰酸钾滴定法）适用于食品中还原糖含量的测定，第三法（铁氰化钾法）适用于小麦粉中还原糖含量的测定；第四法（奥氏试剂滴定法）适用于甜菜块根中还原糖含量的测定。

本次任务采用直接滴定法检测硬糖中还原糖含量。当称样量为 5.0g 时，直接滴定法的检出限为 0.25g/100g。

（一）直接滴定法检测还原糖含量的原理

将一定量的碱性酒石酸铜甲、乙液等量混合，立即生成天蓝色的氢氧化铜沉淀，这种沉淀很快与酒石酸钾钠反应，生成深蓝色的可溶性酒石酸钾钠铜络合物。样品经除去蛋白质后，在加热条件下，以亚甲基蓝作为指示剂，用样液直接滴定已标定过的碱性酒石酸铜溶液（用还原糖标准溶液标定），样液中的还原糖与酒石酸钾钠铜反应，碱性酒石酸铜被还原析出红色的氧化亚铜后，待二价铜全部被还原后，过量的还原糖立即将亚甲基蓝还原，溶液由蓝色变为无色。根据样品消耗体积，计算还原糖量。

$$Cu^{2+} + 还原糖 \longrightarrow Cu^+$$

（二）样品溶液预测的目的

样品溶液预测的目的一是本法对样品溶液中还原糖含量有一定要求（0.1%左右），测定时样品溶液的消耗体积应与标定葡萄糖标准溶液时消耗的体积相近，通过预测可了解样品溶液浓度是否合适，浓度过大或过小应加以调整，使预测时消耗样液量在 10mL 左右；二是通过预测可知道样液大概消耗量，以便在正式测定时，预先加入比实际用量少 1mL 左右的样液，留下 1mL 左右样液在续滴定时加入，以保证在 1min 内完成续滴定工作，提高测定的准确度。

二、工作准备

1.仪器设备和器皿

酸式滴定管、可调温电炉等。

2. 试剂

（1）碱性酒石酸铜甲液　称取 15g 硫酸铜（$CuSO_4 \cdot 5H_2O$），及 0.05g 亚甲基蓝，溶于水中并稀释至 1L。

（2）碱性酒石酸铜乙液　称取 50g 酒石酸钾钠和 75g 氢氧化钠，溶于水中，再加入 4g 亚铁氰化钾，完全溶解后，用水稀释至 500mL，贮存于橡胶塞玻璃瓶内。

（3）乙酸锌溶液　称取 21.9g 乙酸锌，加 3mL 冰醋酸，加水溶解并稀释至 100mL。

（4）亚铁氰化钾溶液　称取 10.6g 亚铁氰化钾，用水溶解并稀释至 100mL。

（5）盐酸溶液（1+1）　量取 50mL 盐酸，加水稀释至 100mL。

（6）氢氧化钠溶液（40g/L）　称取 4g 氢氧化钠，加水溶解并稀释至 100mL。

（7）葡萄糖标准溶液　称取 1g（精确到 0.0001g）经过 98～100℃干燥至恒重的葡萄糖（干燥 2h），加水溶解后加入 5mL 盐酸溶液，并以水稀释至 1L。此溶液每毫升相当于 1.0mg 葡萄糖。

注：加盐酸的目的是防腐，标准溶液也可用饱和苯甲酸溶液配制。

（8）果糖标准溶液　称取 1g（精确到 0.0001g）经过 98～100℃干燥 2h 的果糖，加水溶解后加入 5mL 盐酸溶液，并以水稀释至 1L。此溶液每毫升相当于 1.0mg 果糖。

（9）乳糖标准溶液　称取 1g（精确到 0.0001g）经过 96℃±2℃干燥 2h 的乳糖，加水溶解后加入 5mL 盐酸溶液，并以水稀释至 1L。此溶液每毫升相当于 1.0mg 乳糖。

（10）转化糖标准溶液　准确称取 1.0526g 蔗糖，用 100mL 水溶解，置具塞锥形瓶中，加 5mL 盐酸溶液（1+1），在 68～70℃水浴中加热 15min，放置至室温，转移到 1000mL 容量瓶中并定容至 1000mL。每毫升标准溶液相当于 1.0mg 转化糖。

※提示注意

① 除特殊说明外，检测用水为蒸馏水，试剂为分析纯。

② 碱性酒石酸铜甲液和乙液应分别贮存，用时才混合，否则酒石酸钾钠铜络合物长期在碱性条件下会慢慢分解析出氧化亚铜沉淀，使试剂有效浓度降低。

三、工作过程

（一）样品处理

1. 一般食品

取粉碎后的固体 2.5～5g 或混匀后的液体试样 5～25g，精确至 0.001g，置于 250mL 容量瓶中，加 50mL 水，慢慢加入 5mL 乙酸锌溶液及 5mL 亚铁氰化钾溶液，加水至刻度，混匀。静置 30min，用干燥滤纸过滤，弃去初滤液，取后续滤液备用。

2. 乳类、乳制品及含蛋白质的食品

称取 0.5～2g 固体样品（吸取 2～10mL 液体样品），置于 100mL 容量瓶中，加 50mL 水，摇匀。边摇边慢慢加入 5mL 乙酸锌溶液及 5mL 亚铁氰化钾溶液，加水至刻度，混匀。静置 30min，用干燥滤纸过滤，弃去初滤液，取后续滤液备用。

本任务的硬糖按照以上样品处理下一般食品的要求进行样品处理。如果钙离子过多，易与葡萄糖、果糖生成络合物，使滴定速度缓慢，从而结果偏低。因此，钙离子过多时可向样品中加入草酸粉，与钙结合，形成沉淀并过滤。

※提示注意

乙酸锌溶液及亚铁氰化钾溶液作用：乙酸锌可去除蛋白质、鞣质、树脂等，使它们形成沉淀，经过滤除去。为消除氧化亚铜沉淀对滴定终点观察的干扰，在碱性酒石酸铜乙液中加入少量亚铁氰化钾，使之与氧化亚铜生成可溶性的无色络合物，而不再析出红色沉淀。

亚铁氰化钾和乙酸锌共同作用生成氰化亚铁酸锌可与蛋白质共沉淀，排除滴定干扰物，澄清效果好。

3. 酒精性饮料

吸取 100g 样品，置于蒸发皿中，用 40g/L 氢氧化钠溶液中和至中性，在水浴上蒸发至原体积的 1/4 后，移入 250mL 容量瓶中。以下按 1. 一般食品中自"慢慢加入 5mL 乙酸锌溶液"起依法操作。

4. 含多量淀粉的食品

称取 10～20g 样品，置于 250mL 容量瓶中，加 200mL 水，在 45℃水浴中加热 1h，并时时振摇，静置、沉淀，吸取 200mL 上清液置于另一个 250mL 容量瓶中，以下按 1. 一般食品中自"加入 5mL 乙酸锌溶液"起依法操作。此操作是使还原糖溶于水中，切忌温度过高，因为淀粉在高温条件下可糊化、水解，影响检测结果。冷却后切记加水至刻度，混匀，静置。

吸取 50mL 上清液于另一个 100mL 容量瓶中，以下按 1. 一般食品中自"加入 5mL 乙酸锌溶液"起依法操作。

5. 汽水等含有二氧化碳的饮料

吸取 50mL 样品置于蒸发皿中，在水浴上除去二氧化碳后，移入 100mL 容量瓶中，并用水洗涤蒸发皿，洗液并入容量瓶中，再加水至刻度，混匀后备用。

※提示注意

① 硬糖成分简单，不含蛋白质等杂质，可直接粉碎、称量。

② 样品中稀释的还原糖最终浓度应接近于葡萄糖标准液的浓度。

③ 标定斐林试剂溶液方法：吸取 5.0mL 斐林试剂甲液及 5.0mL 斐林试剂乙液，置于 150mL 锥形瓶中，加水 10mL，加入玻璃珠 2 粒，从滴定管滴加约 9mL 葡萄糖标准溶液，控制在 2min 内加热至沸，趁沸以 1 滴/2s 的速度继续滴加葡萄糖标准溶液，直至溶液蓝色刚好褪去并出现淡黄色为终点，记录消耗的葡萄糖标准溶液总体积，平行操作三份，取其平均值，计算每 10mL（甲、乙液各 5mL）碱性酒石酸铜溶液相当于葡萄糖的质量（mg）。

④ 在滴定时需注意：滴定必须在沸腾条件下进行，其原因一是可以加快还原糖与 Cu^{2+} 的反应速度；二是亚甲基蓝变色反应是可逆的，还原型亚甲基蓝遇空气中氧时又会被氧化为氧化型。此外，氧化亚铜也极不稳定，易被空气中氧所氧化。保持反应液沸腾可防止空气进入，避免亚甲基蓝和氧化亚铜被氧化而增加耗糖量。滴定时不能随意摇动锥形瓶，更不能把锥形瓶从热源上取下来滴定，以防止空气进入反应溶液中。

⑤ 亚甲基蓝是一种氧化剂，但在测定条件下氧化能力比 Cu^{2+} 弱，故还原糖先与 Cu^{2+} 反应，Cu^{2+} 完全反应后，稍过量的还原糖才与亚甲基蓝指示剂反应，使之由蓝色变为无色，指示达到终点。

（二）标定斐林试剂溶液计算

$$F=cV$$

式中　F——10mL 碱性酒石酸铜溶液相当于葡萄糖的质量，mg；

　　　c——葡萄糖标准溶液的浓度，mg/mL；

　　　V——标定时消耗葡萄糖标准溶液的总体积，mL。

※提示注意

甲液与乙液混合可生成氧化亚铜沉淀，应将甲液加入乙液，使开始生成的氧化亚铜沉淀重溶。

（三）样品溶液预测

吸取 5.0mL 斐林试剂甲液及 5.0mL 乙液，置于 150mL 锥形瓶中，加水 10mL，加入玻璃珠 2 粒，控制在 2min 内加热至沸，趁沸以先快后慢的速度，从滴定管中滴加样品溶液，并保持溶液沸腾状态，待溶液颜色变浅时，以 1 滴/s 的速度滴定，直至溶液蓝色褪去，出现亮黄色为终点。如果样品液颜色较深，滴定终点则为蓝色褪去出现明亮颜色（如亮红），记录消耗样液的总体积。

注意：如果滴定液的颜色变浅后复又变深，说明滴定过量，需重新滴定。

（四）样品溶液测定

吸取 5.0mL 碱性酒石酸铜甲液及 5.0mL 碱性酒石酸铜乙液，置于 150mL 锥形瓶中，加水 10mL，加入玻璃珠 2 粒，在 2min 内加热至沸，快速从滴定管中滴加比预测体积少 1mL 的样品溶液，然后趁沸继续以 1 滴/2s 的速度滴定直至终点。记录消耗样液的总体积，同法平行操作 2～3 份，得出平均消耗体积。

注意：影响该测定结果的主要操作因素是反应液碱度、热源强度、煮沸（沸腾）时间和滴定速度。

反应液的碱度直接影响二价铜与还原糖反应的速度、反应进行的程度及测定结果。在一定范围内，溶液碱度愈高，二价铜的还原愈快。因此，必须严格控制反应液的体积，标定和测定时消耗的体积应接近，使反应体系碱度一致。

热源一般采用 800W 电炉，电炉温度恒定后才能加热，热源强度应控制在使反应液在 2min 内沸腾，且应保持一致。否则加热至沸腾所需时间就会不同，引起蒸发量不同，使反应液碱度发生变化，从而引入误差。

沸腾时间和滴定速度对结果影响也较大。一般沸腾时间短，消耗糖液多；反之，消耗糖液少。滴定速度过快，消耗糖量多；反之，消耗糖量少。因此，测定时应严格控制上述实验条件，力求一致。平行试验样液消耗量相差不应超过 0.1mL。

测定时先将反应所需样液的绝大部分加入到碱性酒石酸铜溶液中，与其共沸，仅留 1mL 左右由滴定方式加入，而不是全部由滴定方式加入，其目的是使绝大多数样液与碱性酒石酸铜在完全相同的条件下反应，减少因滴定操作带来的误差，提高测定精度。

（五）计算

$$X=(CV_1V)/(mV_2\times1000)\times100$$

式中　X ——样品中还原糖的含量（以葡萄糖计），%；

　　　C ——葡萄糖标准溶液的浓度，mg/mL；

　　　V_1——滴定 10mL 斐林试剂溶液（甲、乙液各 5mL）消耗葡萄糖标准溶液的体积，mL；

　　　V_2——测定时平均消耗样品溶液的体积，mL；

　　　V ——样品定容体积，mL；

　　　m ——样品质量，g。

※提示注意

① 本方法测定的是一类具有还原性质的糖，包括葡萄糖、果糖、乳糖、麦芽糖等，只是结果用葡萄糖或其他转化糖的方式表示，所以不能误解为还原糖=葡萄糖或其他糖。但如果已知样品中只含有某一种糖，如乳制品中的乳糖，则可以认为还原糖=某糖。

② 分别用葡萄糖、果糖、乳糖、麦芽糖标准品配制标准溶液，再分别滴定等量已标定的斐林试剂，所消耗标准溶液的体积有所不同。证明即便同是还原糖，在物化性质上仍有所差别，所以还原糖的结果只是反映样品整体情况，并不完全等于各还原糖含量之和。如果已知样品只含有某种还原糖，则应以该还原糖作标准品，结果为该还原糖的含量。如果样品中还原糖的成分未知，或为多种还原糖的混合物，则以某种还原糖作标准品，结果以该还原糖计，但不代表该糖的真实含量。

③ 此法所用的氧化剂碱性酒石酸铜的氧化能力较强，醛糖和酮糖都可被氧化，故测得的是总还原糖量。

④ 影响还原糖检测结果的主要因素

a. 反应液碱度。碱度越高，反应速度越快，样液消耗也越多，故样品测定时样液的滴定体积要与标准相近，这样误差较小。

b. 锥形瓶规格。不同体积的锥形瓶会致使加热的面积及样液的厚度有变化，同时瓶壁的厚度不同影响传热速率，故有时甚至是同一规格但不同批次的锥形瓶也会引起误差。

c. 热源功率。加热的目的一是加快反应速度，二是防止次甲基蓝与滴定过程中形成的氧化亚铜被氧化，使结果偏高。加热功率不同，样液沸腾时间就不同，时间短样液消耗多，同时反应液蒸发速度不同，碱度的变化也就不同，故检测操作的平行性也就受影响。

d. 滴定速度：滴定速度越快，样液消耗也越多，滴定终点不容易辨别，结果会偏低。

四、结果记录

将检测结果填入表 1-4。

五、工作评价

根据表 1-5 对工作任务的学习情况进行整体评价。

项目学习思维导图

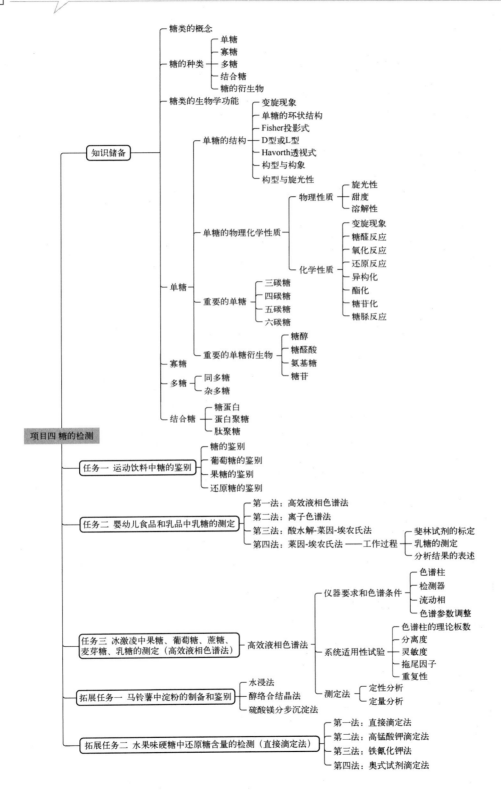

? 项目学习检测

一、填空题

1. 人血液中含量最丰富的糖是_____，肝脏中含量最丰富的糖是_____，肌肉中含量最丰富的糖是_____。

2. 乳糖是由一分子_____和一分子_____组成，它们_____。

3. 鉴别糖的普通方法为_____试验。

4. 蛋白聚糖是由_____和_____共价结合形成的复合物。

5. 糖苷是指糖的_____和醇、酚等化合物失水而形成的缩醛（或缩酮）等形式的化合物。

6. 判断一个糖的 D-型或 L-型是以_____碳原子上羟基的位置作依据。

7. 多糖的构象大致可分为_____、_____、_____和_____四种类型，决定其构象的主要因素是_____。

8. 纤维素是由_____组成，它们之间通过_____糖苷键相连。

9. 常用定量测定还原糖的试剂为_____试剂和_____试剂。

二、选择题

1. 下列有关葡萄糖的叙述，哪个是错误的?（　　　）

A. 显示还原性　　　　　　　　　B. 在强酸中脱水形成 5-羟甲基糠醛

C. 莫利希（Molisch）试验阴性　　D. 与苯肼反应生成脲

E. 新配制的葡萄糖水溶液其比旋光度随时间而改变

2. 糖胺聚糖中不含硫的是（　　　）。

A. 透明质酸　　B. 硫酸软骨素　　C. 硫酸皮肤素　　D. 硫酸角质素　　E. 肝素

3. 下列哪种糖不能生成糖脲?（　　　）

A. 葡萄糖　　　　B. 果糖　　　　　C. 蔗糖　　　　　D. 乳糖　　　　　E. 麦芽糖

4. 下列四种情况中，哪些尿能和班乃德（Benedict）试剂呈阳性反应?（　　　）

（1）血中过高浓度的半乳糖溢入尿中（半乳糖血症）

（2）正常膳食的人由于饮过量的含戊醛糖的混合酒造成尿中出现戊糖（戊糖尿）

（3）尿中有过量的果糖（果糖尿）

（4）实验室的技术员错把蔗糖加到尿的样液中

A.（1）（2）（3）　B.（1）（3）　　　C.（2）（4）　　　D.（4）

E.（1）（2）（3）（4）

5. α-淀粉酶水解支链淀粉的结果是（　　　）。

（1）完全水解成葡萄糖和麦芽糖

（2）主要产物为糊精

（3）使 α-1,6 糖苷键水解

（4）在淀粉 α-1,6-葡萄糖苷酶存在时，完全水解成葡萄糖和麦芽糖

A.（1）（2）（3）　B.（1）（3）　　　C.（2）（4）　　　D.（4）

E.（1）（2）（3）（4）

6. 有关糖原结构的下列叙述哪些是正确的?（　　　）。

（1）有 α-1,4-糖苷键

（2）有 α-1,6-糖苷键

（3）糖原由 α-D-葡萄糖组成

（4）糖原是没有分支的分子

A.（1）（2）（3）　　B.（1）（3）　　　　C.（2）（4）　　　　D.（4）

E.（1）（2）（3）（4）

7. 下列哪种糖无还原性?（　　　）

A. 麦芽糖　　　　　B. 蔗糖　　　　　C. 阿拉伯糖　　　　D. 木糖　　　　　E. 果糖

8. 环状结构的己醛糖，其立体异构体的数目为（　　　）。

A. 4　　　　　　　B. 3　　　　　　　C. 18　　　　　　D. 32　　　　　E. 64

9. 下列物质中哪种不是糖胺聚糖?（　　　）

A. 果胶　　　　　　B. 硫酸软骨素　　　C. 透明质酸　　　　D. 肝素　　　　　E. 硫酸黏液素

10. 下图的结构式代表哪种糖？（　　　）

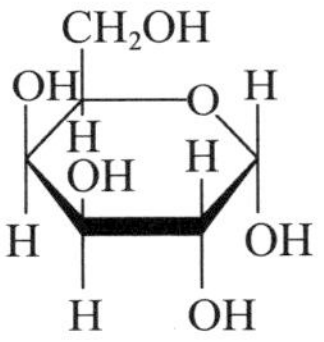

A. α-D-葡萄糖　　　B. β-D-葡萄糖　　　　C. α-D-半乳糖　　　　D. β-D-半乳糖　　　　E. α-D-果糖

三、判断题

1. D-葡萄糖的对映体为 L-葡萄糖，后者存在于自然界。（　　　）

2. D-葡萄糖、D-甘露糖和 D-果糖生成同一种糖脎。（　　　）

3. 糖链的合成无模板，糖基的顺序由基因编码的转移酶决定。（　　　）

4. 醛式葡萄糖变成环状后无还原性。（　　　）

5. 肽聚糖分子中不仅有 L-型氨基酸，而且还有 D-型氨基酸。（　　　）

6. 果糖是左旋的，因此它属于 L-构型。（　　　）

7. 从热力学上讲，葡萄糖的船式构象比椅式构象更稳定。（　　　）

8. 糖原、淀粉和纤维素分子中都有一个还原端，所以它们都有还原性。（　　　）

9. 同一种单糖的 α-型和 β-型是对映体。（　　　）

10. 糖的变旋现象是指糖溶液放置后，旋光方向从右旋变成左旋或从左旋变成右旋。（　　　）

项目五
脂类的检测

 学习目标

知识目标：1.掌握脂类的分类、脂肪酸的分类；
　　　　　2.熟悉脂肪酸组成及理化性质；
　　　　　3.了解脂肪的测定意义。
技能目标：1.能利用索氏提取法测定果仁中粗脂肪的含量；
　　　　　2.能利用氯化碘-乙酸溶液法（韦氏法）测定脂肪不饱和度；
　　　　　3.能利用气相色谱法测定食品中的反式脂肪酸。
素质目标：1.严格执行易燃试剂存储规范，培养危险源管理能力；
　　　　　2.主动分析脂类氧化对检测结果的影响，建立预防性操作意识。

≫导学阅读　**隐藏在食品中的慢性"毒药"**

　　1903 年，一位叫做 Wilhelm Normann 的德国化学家把植物油氢化，使其变成固态，大大提高了食品的保质期，口感还有提升，后来这种氢化的植物油被我们称为反式脂肪。

　　反式脂肪又名反式脂肪酸，在牛羊肉、牛奶及其制品中存在少量的天然反式脂肪。人造反式脂肪的主要来源是部分氢化处理的植物油，这种油具有耐高温、不易变质、存放久等优点，在炸鸡、薯条、爆米花、饼干、蛋糕等食品生产中的使用比较普遍。

　　然而，随着研究的深入，人们开始认识到反式脂肪酸对健康的不利影响，它们被证实会增加患心脏病、糖尿病及中风的风险，会导致胆固醇水平升高，加速动脉硬化，影响血管健康。此外，反式脂肪酸还可能导致肥胖、高血压和其他健康问题。

　　因此，许多国家已经采取了限制或禁止在食品中使用反式脂肪酸的措施。并建议人们尽量减少反式脂肪酸的摄入。

　　★**思考与讨论**

　　① 反式脂肪酸还有哪些别称？
　　② 如何测定食品中的反式脂肪酸含量？

知识储备

脂肪是生物大分子之一，脂类主要包括脂肪（甘油三酯）和类脂化合物（脂肪酸、糖脂、甾醇）。脂肪是食物中具有最高能量的营养素，也是食品中三大营养素之一，食品中脂肪含量是衡量食品营养价值高低的指标之一。在食品、药品、化妆品加工生产过程中，原料、半成品、成品的脂类含量对产品的风味、组织结构、品质、外观、口感等都有直接的影响，故测定食品的脂肪含量，可以用来评价食品的品质，衡量食品的营养价值，而且对进行生产过程的质量管理以及研究食品的储藏方式是否恰当等方面都有重要的意义。本项目选取部分代表性检测项目作为工作任务展开教学。

一、脂类的定义及分类

（一）脂类的定义

脂类，是由脂肪酸和醇作用生成的酯及其衍生物的统称。包括简单脂类（由两种组分组成的如脂肪酸和醇生成酯）、复合脂类（除以上两种组分外，还含有其他组分的成分）、衍生脂[只含单一组分，由其他脂类水解得到，如脂肪酸（饱和的、不饱和的）、醇（丙三醇、长链醇、甾醇）、脂溶性物料（包括脂溶性维生素 A、维生素 D、维生素 E 和维生素 K）]。

（二）脂类的分类

1. 根据脂肪酸碳原子数分类

脂肪酸是构成甘油三酯（图 5-1）的基本成分。动、植物中脂肪酸的种类很多，但绝大多数是由 4～24 个偶数碳原子组成的直链脂肪酸。根据碳原子数的不同，可把脂肪酸分为三类：

图 5-1　甘油三酯结构式

（1）短链脂肪酸　含 4～6 个碳原子，也称为挥发性脂肪酸。

（2）中链脂肪酸　含 8～12 个碳原子，主要成分是辛酸（C_8）和癸酸（C_{10}）。

（3）长链脂肪酸　碳链上碳原子数大于 12，多数食物脂肪以及人体储存脂肪主要由长链脂肪酸组成。

2. 根据脂肪酸碳链上双键的数量分类

根据脂肪酸碳链上双键的数量，可把脂肪酸分成三种：

（1）饱和脂肪酸　是一类碳链中没有不饱和键的脂肪酸，是构成脂质的基本成分之一。如辛酸、癸酸、月桂酸、豆蔻酸、软脂酸、硬脂酸、花生酸等。有少数植物油如椰子油、可可油、棕榈油等中也多含此类脂肪酸。

（2）单不饱和脂肪酸　含 1 个双键。

（3）多不饱和脂肪酸　含 2～6 个双键。

脂肪酸的不饱和双键可与游离的碘结合，每 100g 脂肪吸收碘的质量（g）称为碘价，用此法可测脂肪的不饱和程度。

3. 根据不饱和脂肪酸构型分类

由于不饱和脂肪酸含有双键，因而存在顺式和反式两种构型（图 5-2）。天然动植物中的不饱和脂肪酸大多是顺式构型，在植物油加工过程中，可形成反式脂肪酸。

反式脂肪酸是不饱和脂肪酸的一种，利用氢化的过程将顺式的结构改变之后，成为反式脂肪酸，可变成半固体或固体状，较容易运送，性质较稳定，不易变质。

图 5-2　顺式脂肪酸和反式脂肪酸

GB 28050—2011《食品安全国家标准　预包装食品营养标签通则》中"4 强制标示内容"的 4.4 条款规定："食品配料含有或生产过程中使用了氢化和（或）部分氢化油脂时，在营养成分表中还应标示出反式脂肪（酸）的含量"。另外，在"附录 D 能量和营养成分功能声称标准用语"中 D.4.2 条款规定："每天摄入反式脂肪酸不应超过 2.2g，过多摄入有害健康。反式脂肪酸摄入量应少于每日总能量的 1%，过多摄入有害健康。过多摄入反式脂肪酸可使血液胆固醇增高，从而增加心血管疾病发生的风险"。

4. 根据人体对脂肪酸的需求分类

根据人体对脂肪酸的需求，脂肪酸分为必需脂肪酸和非必需脂肪酸。

（1）必需脂肪酸

必需脂肪酸是指人（或其他高等动物）体内不能自行合成，必须从食物中获得的脂肪酸。只有两种脂肪酸是人体必需的：亚油酸（一种 ω-6 双不饱和脂肪酸）和 α-亚麻酸（一种 ω-3 三不饱和脂肪酸）。

ω-3 脂肪酸（omega-3fatty acids）又称 n-3 脂肪酸，是一类不饱和脂肪酸，其中最重要的 3 种为：α-亚麻酸（ALA）（存在于植物油中）、二十碳五烯酸（EPA）和二十二碳六烯酸（DHA）（后两种发现存在于海洋动植物油中）（图 5-3）。

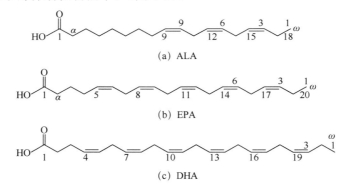

图 5-3　ALA、EPA 和 DHA 的结构式

DHA 被称为"护脑专家"，是人脑的主要组成成分之一，能增强学习和记忆功能，也能增强免疫功能，还可预防脑组织萎缩和老化，对眼睛也有益处。EPA 被称为"血管清道夫"，能降低血中的胆固醇和甘油三酯含量，改善血液循环，降低血液黏度，对预防心血管疾病的发生有显著作用，此外，还具有一定的抗炎作用等。

（2）非必需脂肪酸

非必需脂肪酸是人体可以自行合成的脂肪酸，无需通过食物摄入。非必需脂肪酸主要包括饱和脂肪酸和单不饱和脂肪酸。

二、脂肪的组成

脂肪是由一分子甘油和三分子高级脂肪酸脱水生成的，反应式如下。

脂肪的组成测定

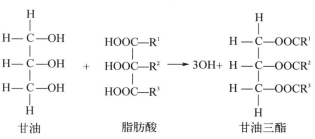

油脂的结构与类型取决于脂肪酸，如果三个脂肪酸的 R 烃基相同，就称简单脂，即醇与脂肪酸组成；如果脂肪酸的 R 烃基不同，则称为复合脂。

三、脂类的性质

（一）物理性质

脂类一般无色，无臭、无味，呈中性，相对密度小于 1，固体脂类相对密度约为 0.8，液体脂类相对密度为 0.915～0.940，脂肪不溶于水而溶于有机溶剂，根据这点我们一般采用低沸点的有机溶剂萃取脂类。

（二）化学性质

① 水解与皂化　脂肪能在酸、碱或脂肪酶的作用下水解为脂肪酸及甘油；皂化是碱和酯反应，生成醇和羧酸盐。

② 氢化与卤化　利用氢化将液体油氢化成半固体脂肪，如人造猪油，卤化是脂肪分子中的碳氢键替换为卤素原子的化学反应。

③ 氧化与酸败　天然油脂暴露在空气中与氧会自发进行氧化作用，产生酸味。还有一些富含油的产品酸败是由于脂肪中不饱和链被空气中的氧所氧化，生成过氧化物，过氧化物继续水解，产生低级的醛和羧酸，这些物质使脂肪产生令人不愉快的嗅感和味感。油脂酸败的另一个原因是在微生物的作用下，脂肪分解成醇和脂肪酸，脂肪酸经过氧化后生成带苦味及臭味的低级酮类。对于脂肪与空气中氧产生自然氧化的反应，工厂中用一些抗氧剂来防止油的这种氧化。

除了上面几点以外，油在高温加热时会发生劣变，在用油脂进行油炸食品的过程中，长时间的高温加热使油脂劣变，颜色加深，稠度增大，并且易起泡。高温长期加热的结果是使游离脂肪酸增多，另外不饱和脂肪还可聚合生成各种聚合物，其中的二聚物对人体的毒性较大，如长期食用这种油脂可使肝脏肿大。

四、脂类的功能及应用

（一）生理方面

① 脂肪是人体热能的主要来源，每克脂肪在体内可提供 39.77kJ 热能，比碳水化合物和

蛋白质高一倍以上。

② 维持细胞构造及生理作用。

③ 提供必需脂肪酸如亚油酸、亚麻酸、花生四烯酸等，这几种脂肪酸在人体内不能合成，必须通过食物供给。

④ 具有饱腹感：脂肪可延长食物在胃肠中的停留时间。

（二）营养方面

脂肪还是脂溶性维生素的良好溶剂，有助于脂溶性维生素（维生素 A、维生素 D、维生素 E、维生素 K）的吸收。

（三）烹饪方面

脂肪能提供食品一定的风味，特别是焙烤食品。例如，卵磷脂加入面包中，使面包弹性好、柔软、体积大，形成均匀的蜂窝状。

工作任务

任务一　果仁中粗脂肪的含量测定（索氏提取法）

脂肪广泛存在于许多植物的种子和果实中，测定脂肪的含量，可以作为鉴别其品质优劣的一个指标。脂肪含量的测定有很多方法，如抽提法、酸水解法、比重法、折射法、电测和核磁共振法等。目前国内外普遍采用抽提法，其中索氏抽提法是公认的经典方法，也是 GB 5009.6—2016《食品安全国家标准　食品中脂肪的测定》粮油分析首选的标准方法。通过本实验的学习，掌握索氏提取法测定粗脂肪含量的原理和操作方法。

本法为重量法，用脂肪溶剂将脂肪提出后进行称量，该法适用于固体和液体样品。通常将样品浸于脂肪溶剂（为乙醚或沸点 30～60℃的石油醚），借助索氏提取器进行循环抽提。用本法提取的脂肪性物质为脂肪类物质的混合物，由于有机溶剂的抽提物中除脂肪（甘油三酯）外，还含有游离脂肪酸、磷脂、蜡及色素等脂溶性物质，因而索氏提取法测定的结果为粗脂肪的含量。

一、检测方法

索氏提取法，又名连续提取法、索氏抽提法，是从固体物质中萃取化合物的一种方法。脂肪广泛存在于许多植物的种子和果实中，测定脂肪的含量在实验室多采用脂肪提取器（索氏提取器）来提取。

1. 原理

该方法是利用溶剂回流和虹吸原理，使固体物质每一次都能为纯的溶剂所萃取，所以萃取效率较高。萃取前应先将固体物质研磨细，以增加液体浸溶的面积。然后将固体物质放在滤纸套内，放置于萃取室中。安装仪器。当溶剂加热沸腾后，蒸气通过导气管上升，被冷凝为液体滴入提取器中。当液面超过虹吸管最高处时，即发生虹吸现象，溶液回流入烧瓶，因此可萃取出溶于溶剂的部分物质。就这样利用溶剂回流和虹吸作用，使固体中的可溶物富集到烧瓶内。

2. 索氏提取器的应用范围

（1）化学领域　索氏提取器在化学分离实验中经常使用，可用于天然产物分析、有机合成、药物分析等领域。

（2）生物领域　在生物样品分离与纯化中，索氏提取器可以通过有机溶剂循环萃取，选择性提取特定生物分子（如脂类、生物碱、植物激素等），同时去除共存杂质以实现成分富集。

（3）食品领域　索氏提取器可用于食品中有毒物质或致癌物质的测定、分离和提取。

（4）制药领域　索氏提取器可用于药物的提取、富集和分离。

3. 索氏提取器组成

索氏提取器是由提取瓶、提取管、冷凝器三部分组成（图 5-4），提取管两侧分别有虹吸管和连接管，各部分连接处要严密不能漏气。提取时，将待测样品包在脱脂滤纸包内，放入提取管。提取瓶内加入石油醚，加热提取瓶，使石油醚气化，由连接管上升进入冷凝器，凝成液体滴入提取管内，浸提样品中的脂类物质。待提取管内石油醚液面达到一定高度，溶有粗脂肪的石油醚经虹吸管流入提取瓶。流入提取瓶内的石油醚继续被加热气化、上升、冷凝，滴入提取管内，如此循环往复，直到抽提完全为止。

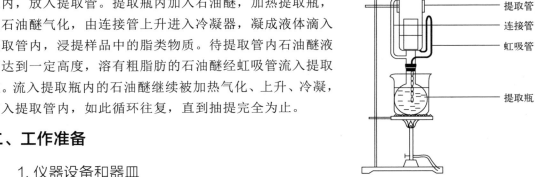

图 5-4　索氏提取器组成

二、工作准备

1. 仪器设备和器皿

索氏提取器、恒温水浴锅（或加热套）、电热鼓风干燥箱、称量皿（铝质或玻璃质，内径 60～65mm，高 25～30mm）、组织捣碎机、分析天平（感量 0.1mg）、100mL 具塞刻度量筒。

2. 试剂

无水乙醚（分析纯，不含过氧化物；或石油醚，分析纯，沸程 30～60℃）、海砂（0.65～0.85mm，二氧化硅含量不少于 99%）、脱脂棉花、脱脂滤纸、盐酸、95%乙醇。

薯片粗脂肪的
含量测定

三、工作过程

（一）索氏提取器的清洗

将索氏提取器充分洗涤并用蒸馏水清洗、烘干。接收瓶在（103±2）℃干燥箱内干燥至恒重（前后两次称量不超过 0.002g）。

（二）样品的准备

取代表性的样品至少 200g，用捣碎机捣碎，混合均匀，置于密闭玻璃容器内。

用洁净称量皿称取约 5g 试样，精确至 0.001g。将含水量约 40%以上的试样，加入适量的海砂，置沸水浴上蒸发水分，用一端扁平的玻璃棒不断搅拌，直至呈松散状；将含水量约40%以下的试样，加入适量的海砂，充分搅匀。

称取样品的重量根据材料中脂肪的含量而定，通常脂肪含量在10%以下的，称取样品10～12g；脂肪含量为50%～60%的，则称取样品2～4g，可以用测定水分后的样品。

将上述拌有海砂的试样全部移入滤纸筒内，用沾有无水乙醚或石油醚的脱脂棉擦拭称量皿或玻璃棒，一并放入滤纸筒内。滤纸筒塞少许脱脂棉。将盛有试样的滤纸筒放入电热鼓风干燥箱内，在（103±2）℃干燥2h。

※提示注意

① 样品应干燥后研细，装样品的滤纸筒一定要紧密，不能往外漏样品，否则重做。

② 放入滤纸筒的高度不能超过回流弯管，否则乙醚不易穿透样品，脂肪不能全部提出，会造成误差。

③ 遇到含多量糖及糊精的样品，要先以冷水处理，等其干燥后连同滤纸一起放入提取器内。

（三）提取

将干燥试样装入滤纸筒，垂直置入索氏提取管，确保滤纸筒顶端低于虹吸管顶部。连接预先干燥恒重的提取瓶，通过提取管注入无水乙醚至液面超过虹吸弯管，待溶剂完全回流后补加无水乙醚至虹吸管高度1/3处。固定冷凝管并检查气密性。水浴加热提取瓶前，用少许脱脂棉塞入冷凝管上口，防溶剂挥发和筒压力积聚。

水浴温度应控制在使提取液每6～8min回流一次。

肉制品、豆制品、谷物油炸食品、糕点等食品提取6～12h，坚果制品提取16h，提取结束时，用磨砂玻璃棒接取一滴提取液，磨砂玻璃棒上无油斑表明提取完毕。

样品含有的脂肪是否提取完全，也可以用滤纸来粗略判断，即从提取管内吸取少量的乙醚并滴在滤纸上，待乙醚干后，滤纸上不留有油脂的半点的斑点则表示已经提取完全。

※提示注意

① 提取时水浴温度不能过高，一般使乙醚刚开始沸腾即可（约45℃）。回流速度以每小时8～12次为宜。

② 所用乙醚必须是无水乙醚，如含有水分则可能将样品中的糖以及无机物抽出，造成误差。

③ 如果没有无水乙醚可以自行制备，制备方法为：在1000mL乙醚中，加入无水石膏50g，振摇数次，静置10h以上蒸馏，收集35℃以下的馏液，即可应用；如果没有乙醚或无水乙醚时，也可以用石油醚提取，石油醚沸点在30～60℃为好。

④ 冷凝管上端最好连接一个氯化钙干燥管，这样不仅可以防止空气中水分进入，而且还可以避免乙醚在空气中挥发，这样可防止实验室微小环境空气的污染。如无此装置，塞一团干脱脂棉亦可。

（四）烘干、称量

提取完毕后，回收提取液，取下提取瓶，在水浴上蒸干并除尽残余的无水乙醚或石油醚，用脱脂滤纸擦净接收瓶外壁。在（103±2）℃干燥箱干燥1h，取出，置于干燥器内冷却至室温，称量。重复干燥 0.5h，冷却，称量，直到前后两次称量差不超过 0.002g。

　　※提示注意

　　① 将提取瓶放在烘箱内干燥时，瓶口向一侧倾斜 45° 放置，使挥发物乙醚易与空气形成对流，这样可迅速干燥。

　　② 样品及醚提出物在烘箱内烘干时间不要过长，因为一些不饱和的脂肪酸，容易在加热过程中被氧化成不溶于乙醚的物质；一些中等不饱和的脂肪酸，受热容易被氧化而使重量增加。在没有真空干燥箱的条件下，可以在 100～105℃干燥 1.5～3h。

（五）计算

　　按下式计算样品的粗脂肪含量：

$$脂肪含量（\%）=（m_2-m_1）/m×100$$

式中　m ——试样质量，g；

　　　m_1——接收瓶质量，g；

　　　m_2——接收瓶和粗脂肪的质量，g。

　　※提示注意

　　① 使用挥发乙醚或石油醚时，切忌直接用明火加热。

　　② 同一试样的两次测定值之差不得超过两次测定平均值的 5%。

　　★思考与讨论

　　① 坚果制品比普通糕点食品提取时间长，为什么？

　　② 盛有试样的滤纸筒放入电热鼓风干燥箱内，干燥温度为什么选取（103±2）℃？

四、结果记录

　　将检测结果记录到表 1-4。

五、工作评价

　　根据表 1-5 对工作任务的学习情况进行整体评价。

任务二　大豆油的碘值测定

　　大豆油系从豆科植物大豆的种子中提炼制成的脂肪油。本品为淡黄色的澄清液体，无臭或几乎无臭。大豆油可与乙醚或三氯甲烷混溶，在乙醇中极微溶解，在水中几乎不溶。大豆油常作为药物制剂用辅料、溶剂和分散剂等。大豆油碘值测定参照《中国药典》（2025 版）四部 0713 脂肪与脂肪油测定法。

一、检测原理及方法

1. 测定原理

碘值是对脂肪不饱和程度的一种度量，碘值大说明油脂中不饱和脂肪酸含量高或其不饱和程度高。碘值即试样在《中国药典》（2025 版）四部 0713 脂肪与脂肪油测定中规定的操作条件下吸收碘的质量，用每 100g 样品吸收碘的质量（g）表示。测定碘价可以了解油脂脂肪酸的组成是否正常、有无掺杂等。测定最常用的是氯化碘-乙酸溶液法（韦氏法）。检测时，以淀粉液作指示剂，用标准硫代硫酸钠液进行滴定。其原理是：在溶剂中溶解试样并加入韦氏碘液，氯化碘则与油脂中的不饱和脂肪酸起加成反应，游离的碘可用硫代硫酸钠溶液滴定，从而计算出被测样品所吸收的氯化碘（以碘计）的质量（g），求出碘值。本方法不适用于乳化脂肪，如人造奶油等。

卤素中的氯、溴、碘与不饱和物的作用是不同的，如氯与被测物既能起加成反应，又能发生取代作用。用碘与被测物反应时只慢慢吸收，起加成作用，不能产生饱和反应物，所以在测定碘值时，不能使用单质的碘而是使用氯化碘的冰醋酸溶液来代替，这样可以得到完全饱和的化合物。根据氯化碘的用量计算出碘值。其反应是 ICl 在不饱和被测物双键位置上的加成作用：

多余的 ICl 与 KI 反应生成游离碘。

$$ICl + KI \longrightarrow I_2 + KCl$$

再以硫代硫酸钠滴定游离碘：

$$I_2 + 2Na_2S_2O_3 \longrightarrow 2NaI + Na_2S_4O_6$$

通过硫代硫酸钠的消耗量计算出氯化碘的消耗量。

根据《中国药典》（2025 版）四部药用辅料大豆油，大豆油碘值应为 126～140。

2. 测定方法

除另有规定外，取供试品适量［其重量（g）约相当于 25/供试品的最大碘值］，精密称定，置 250mL 的干燥碘瓶中，加三氯甲烷 10mL，溶解后，精密加入溴化碘溶液 25mL，密塞，摇匀，在暗处放置 30min。加入新制的碘化钾试液 10mL 与水 100mL，摇匀，用硫代硫酸钠滴定液（0.1mol/L）滴定剩余的碘，滴定时注意充分振摇，待混合液的棕色变为淡黄色，加淀粉指示液 1mL，继续滴定至蓝色消失；同时做空白试验。以供试品消耗硫代硫酸钠滴定液（0.1mol/L）的体积（mL）为 A、空白试验消耗的体积（mL）为 B、供试品的重量（g）为 W，照下式计算碘值：

$$供试品的碘值 = \frac{(B - A) \times 1.269}{W}$$

二、工作准备

1. 仪器设备和器皿

分析天平（感量 0.1mg）、玻璃称量皿（与试样量适宜并可置入锥形瓶中）、锥形瓶（容量 500mL 具塞并完全干燥）。

2. 试剂

碘化钾溶液（100g/L）、淀粉溶液、硫代硫酸钠标准溶液（0.1mol/L）、溶剂、含三氯化碘的乙酸溶液，所列试剂均为分析纯，水为蒸馏水。

（1）碘化钾溶液（100g/L）   不含碘酸盐或游离碘。

（2）淀粉溶液   将 5g 可溶性淀粉在 30mL 水中混合，将此混合液于 1000mL 沸水中煮沸

3min 并冷却。

（3）硫代硫酸钠标准溶液（0.1mol/L） 配制和标定按 GB 5490 进行。标定后 7d 内使用。

（4）溶剂 环己烷和冰醋酸等体积混合液。

（5）含三氯化碘的乙酸溶液 称 9g 三氯化碘溶解在 700mL 冰醋酸和 300mL 环己烷的混合液中。取 5mL 上述溶液加 5mL 碘化钾溶液（1）和 30mL 水，用几滴淀粉溶液（2）作指示剂，用 0.1mol/L 硫代硫酸钠标准溶液（3）滴定析出的碘，滴定体积 V_1。加 10g 纯碘于试剂中，使其完全溶解。如上法滴定，得 V_2。V_2/V_1 应大于 1.5，否则可稍加一点纯碘直至 V_2/V_1 略超过 1.5。溶液静置后将上层清液倒入具塞棕色试剂瓶中，避光保存，此溶液在室温下可保存几个月。

三、工作过程

（一）称样

试样的质量根据估计的碘值而异，如表 5-1 所示。

表 5-1 估计碘值与试样质量关系

估计碘值	试样质量/g
＜5	3.00
5～20	1.00
21～50	0.40
51～100	0.20
101～150	0.13
151～200	0.10

（二）样品准备

将称好试样的称量皿放入 500mL 锥形瓶中，加入 20mL 溶剂（4）溶解试样，准确加入 25mL 试剂（5）盖好塞子，摇匀后将锥形瓶置于暗处。

同样用溶剂和试剂制备空白但不加试样。

对碘值低于 150 的样品，锥形瓶应在暗处放置 1h，碘值高于 150 和已经聚合的物质或氧化到相当程度的物质，应置于暗处 2h。

碘瓶是碘值检测中使用的一种反应瓶（图 5-5）。碘瓶瓶口呈喇叭形，是能与磨口瓶塞之间形成一圈水槽的锥形瓶。使用时，槽中加纯水可以形成水封，防止瓶中反应生成的 I_2、Br_2 等逸失。碘瓶使用前必须干净、整洁，否则油中有水会引起反应不完全。

图 5-5 碘瓶

※提示注意

摇动时应避免溶液溅至瓶颈部及塞上，混匀后，置暗处或用黑布包裹碘瓶。

（三）碘值的测定

反应时间结束后加 20mL 碘化钾溶液和 150mL 水。

用标定的硫代硫酸钠标准溶液滴定至淡黄色。加几滴淀粉溶液继续滴定，直到剧烈摇动后蓝色刚好消失。

※**提示注意**

使用碱式滴定管在进行 $Na_2S_2O_3$ 滴定时，开始时不要加淀粉指示剂，当滴定到颜色变为淡黄色时再加淀粉，当滴定快到终点时，要用力摇碘瓶中的溶液，以便溶解在氯仿中的碘重新溶解在溶液中，否则滴定结果不够准确。

（四）结果计算

碘值按每 100g 样品吸收碘的质量（g）表示时由下式计算：

$$碘值（gI/100g 油）= (V_2-V_1)\,c \times 0.1269/W \times 100$$

式中　V_1——油样用去硫代硫酸钠溶液的体积，mL；

V_2——空白试验用去硫代硫酸钠溶液的体积，mL；

c　——硫代硫酸钠溶液的浓度，mol/L；

W　——油样质量，g；

0.1269——1/2 碘的毫摩尔质量，g/mmol。

（五）精密度

在重复性条件下获得的两次独立测定结果的绝对差值不得超过算术平均值的 10%。

※**提示注意**

① 同一试样测定两次。平行测定结果符合允许差要求时，以其算术平均值作为结果；由同一分析者用同样设备对同一试样同时或连续进行两次测定的结果允许差不超过 0.5 碘值单位。

② 检测碘值时，光线和水分对氯化钾起作用且影响很大，要求所用仪器必须清洁、干燥，碘液试剂必须用棕色瓶盛装且放于暗处。

四、结果记录

将检测结果记录到表 5-2、表 5-3。

表 5-2　硫代硫酸钠滴定液配制及标定记录

批　　　　号：＿＿＿＿＿＿＿	配制日期：＿＿＿年＿＿月＿＿日
基准物名称：＿＿＿＿＿＿＿	批号：＿＿＿＿＿＿＿＿＿
标定温度：＿＿＿＿＿＿℃	标定日期：＿＿＿年＿＿月＿＿日
指示剂名称：＿＿＿＿＿＿＿	批号：＿＿＿＿＿＿＿＿＿
复标温度：＿＿＿＿＿＿℃	复标日期：＿＿＿年＿＿月＿＿日

滴定液的配制
试剂：＿＿＿＿＿　厂家：＿＿＿＿＿＿＿　批号：＿＿＿＿＿＿
仪器
天平型号：＿＿＿＿＿＿＿　设备编号：＿＿＿＿＿＿＿
配制过程：
称取 16g 无水硫代硫酸钠，加 0.2g 无水碳酸钠，溶于 1000mL 水中，缓缓煮沸 10min，冷却，放置 2 周后过滤，混匀进行标定（配制和标定按 GB 5490 进行，标定后 7d 内使用）
配置者：　　　　　　　　复核者：

续表

基准物处理

名称：_____　　厂家：_____　　批号：_____

仪器

干燥箱型号：_____　　仪器编号：_____

标定记录：

称取在 120℃ 电烘箱中干燥至恒重的工作基准试剂重铬酸钾，置于碘瓶中，溶于 25mL 水，加 2g 碘化钾及 20mL 硫酸溶液（20%）摇匀，于暗处放置 10min。加 150mL 水，用配制的硫代硫酸钠溶液滴定，近终点时加 2mL 淀粉指示剂（10g/L），继续滴定至溶液由蓝色变为亮绿色。同时做空白实验，临用时稀释　　　　　　标定者：　　　　　　　日期：

复标记录

　　　　　　　　　　　　　　　　　　　复标者：　　　　　　　日期：

标定结果及相对偏差：

序号	基准物称重/g	消耗滴定液体积/mL	滴定液浓度/（mol/L）	滴定液平均浓度/（mol/L）	相对偏差/%

（规定标定和复标相对偏差均不得大于 0.1%；标定与复标之间的相对偏差不得大于 0.1%）

结论：

　　滴定液的实际浓度值为_____（应为其名义值的 0.95～1.05）

表 5-3　大豆油的碘值测定记录

样品名称		批号	
生产厂家			
抽样人		抽样日期	
检测项目	碘值测定	检测依据	《中国药典》（2025 版）四部药用辅料 8001-22-7 大豆油
样品处理情况			
滴定记录	V_1——油样用去硫代硫酸钠溶液的体积，mL； V_2——空白试验用去硫代硫酸钠溶液的体积，mL		
结果计算	碘值按每 100g 样品吸收碘的质量（g）表示时由下式计算： 　碘值（gI/100g 油）＝（V_2-V_1）×c×0.1269/W×100 精密度：在重复性条件下获得的两次独立测定结果的绝对差值不得超过算术平均值的 10%		
检测结果			
检测人		复核人	
备注			

五、工作评价

根据表 1-5 对工作任务的学习情况进行整体评价。

任务三　薯片反式脂肪酸的测定

薯片加工过程中经过高温油炸会产生反式脂肪酸，或在加工的过程中会加入氢化植物油（反式脂肪酸）。长期过量食用反式脂肪酸可能会增加肥胖、心脑血管疾病、肝脏疾病、内分泌紊乱、增加致癌的风险。本任务采用 GB 5009.257—2016《食品安全国家标准　食品中反式脂肪酸的测定》气相色谱法测定薯片中反式脂肪酸。

该标准适用于动植物油脂、氢化植物油、精炼植物油脂及煎炸油和含动植物油脂、氢化植物油、精炼植物油脂及煎炸油食品中反式脂肪酸的测定，不适用于油脂中游离脂肪酸含量大于 2%食品样品的测定。

一、检测方法

气相色谱法系采用气体为流动相（载气）流经装有填充剂的色谱柱进行分离测定的色谱方法。物质或其衍生物气化后，被载气带入色谱柱进行分离，各组分先后进入检测器，用数据处理系统记录色谱信号。

（一）对仪器的一般要求

检测所用的仪器为气相色谱仪，由载气源、进样部分、色谱柱、柱温箱、检测器和数据处理系统等组成。进样部分、色谱柱和检测器的温度均应根据分析要求适当设定。

1. 载气源

气相色谱法的流动相为气体，称为载气，氦、氮和氢可用作载气，可由高压钢瓶或高纯度气体发生器提供，经过适当的减压装置，以一定的流速经过进样器和色谱柱；根据供试品的性质和检测器种类选择载气，除另有规定外，常用载气为氮气。

2. 进样部分

进样方式一般可采用溶液直接进样、自动进样或顶空进样。

溶液直接进样采用微量注射器、微量进样阀或有分流装置的气化室进样。采用溶液直接进样或自动进样时，进样口温度应高于柱温 30～50℃；进样量一般不超过数微升；柱径越细，进样量应越少，采用毛细管柱时，一般应分流以免过载。

顶空进样适用于固体和液体供试品中挥发性组分的分离和测定。将固态或液态的供试品制成供试液后，置于密闭小瓶中，在恒温控制的加热室中加热至供试品中挥发性组分在液态和气态达到平衡后，由进样器自动吸取一定体积的顶空气注入色谱柱中。

3. 色谱柱

色谱柱为填充柱或毛细管柱。填充柱的材质为不锈钢或玻璃，内径为 2～4mm，柱长为 2～4m，内装吸附剂、高分子多孔小球或涂渍固定液的载体，粒径为 0.18～0.25mm、0.15～0.18mm 或 0.125～0.15mm。常用载体为经酸洗并硅烷化处理的硅藻土或高分子多孔小球，常用固定液有甲基聚硅氧烷、聚乙二醇等。毛细管柱的材质为玻璃或石英，内壁或载体经涂渍或交联固定液，内径一般为 0.25mm、0.32mm 或 0.53mm，柱长 5～60m，固定液膜厚 0.1～5.0μm，常用的固定液有甲基聚硅氧烷、不同比例组成的苯基甲基聚硅氧烷、聚乙二醇等。

新填充柱和毛细管柱在使用前需老化处理，以除去残留溶剂及易流失的物质，色谱柱如长期未用，使用前应老化处理，使基线稳定。

4. 柱温箱

由于柱温箱温度的波动会影响色谱分析结果的重现性，因此柱温箱控温精度应在±1℃，且温度波动小于每小时 0.1℃。温度控制系统分为恒温和程序升温两种。

5. 检测器

适合气相色谱法的检测器有火焰离子化检测器（FID）、热导检测器（TCD）、氮磷检测器（NPD）、火焰光度检测器（FPD）、电子捕获检测器（ECD）、质谱检测器（MS）等。火焰离子化检测器对碳氢化合物响应良好，适合检测大多数的药物；氮磷检测器对含氮、磷元素的化合物灵敏度高；火焰光度检测器对含磷、硫元素的化合物灵敏度高；电子捕获检测器适用于含卤素的化合物；质谱检测器还能给出供试品某个成分相应的结构信息，可用于结构确证。除另有规定外，一般用火焰离子化检测器，用氢气作为燃气，空气作为助燃气。使用火焰离子化检测器时，检测器温度一般应高于柱温，并不得低于150℃，以免水汽凝结，通常为 250～350℃。

6. 数据处理系统

可分为记录仪、积分仪以及计算机工作站等。

参见《中国药典》（2025 版）规定的色谱条件，除检测器种类、固定液品种及特殊指定的色谱柱材料不得改变外，其余如色谱柱内径、长度、载体牌号、粒度、固定液涂布浓度、载气流速、柱温、进样量、检测器的灵敏度等，均可适当改变，以适应具体品种并符合系统适用性试验的要求。一般色谱图约于 30min 内记录完毕。

（二）系统适用性试验

色谱系统的适用性试验通常包括理论板数、分离度、灵敏度、拖尾因子和重复性等五个参数。

（三）测定法

色谱法定量的依据是组分的重量或在载气中的浓度与检测器的响应信号成正比。常见定量分析方法分为面积归一化法、内标法、外标法、标准溶液加入法等。

1. 内标法

内标法在气相色谱定量分析中是一种重要的技术。使用内标法时，在样品中加入一定量的标准物质，它可被色谱柱所分离，又不受试样中其他组分峰的干扰，只要测定内标物和待测组分的峰面积与相对响应值，即可求出待测组分在样品中的百分含量。

色谱内标物要求：①内标物应是试样中不存在的纯物质；②内标物的性质应与待测组分性质相近，以使内标物的色谱峰与待测组分色谱峰靠近并与之完全分离；③内标物与样品应完全互溶，但不能发生化学反应；④内标物加入量应接近待测组分含量。

内标法的优点是进样量的变化、色谱条件的微小变化对内标法定量结果的影响不大，特别是在样品前处理（如浓缩、萃取、衍生化等）前加入内标物，然后再进行前处理时，可部分补偿欲测组分在样品前处理时的损失。若要获得很高精度的结果，可以加入数种内标物，以提高定量分析的精度。内标法定量比标准曲线法定量的准确度和精密度都要好。

内标法的缺点是选择合适的内标物比较困难，内标物的称量要准确，操作较麻烦。

2. 外标法

外标法是指按梯度添加一定量的标准品（对照品）于空白溶剂中制成对照样品，与未知试样平行地进行样品处理并检测。不同浓度的标准品进样，以峰面积为值绘制成标准曲线，从而推算出未知试样中被测组分浓度的定量方法。

外标法需要用样品和标准品对比，样品和标准品进样的体积会有误差。

外标法的优点是方法简单，不需要校正因子，样品中有其他的峰也不影响待测组分的含量测定；缺点是需要标准品且在不同的仪器上走样，结果可能有误差。

3. 面积归一化法

在色谱检测中，把所有出峰的组分含量之和按 100%计，计算单个峰面积占总峰面积的百分率，一般用于考察供试品纯度。峰面积归一化法测定组分含量的前提是各个有机杂质都出峰，在检测器测定波长下吸收系数都一样，而且各个组分的吸收都在线性范围内。峰面积归一化法是一种比较粗略的方法，在没有对照品的情况下，可以通过峰面积归一化法标定样品含量，将用该法测得的含量扣除有机溶剂量（溶残）、水分、无机杂质（炽灼残渣）。

面积归一化法的优点是重复性较好，方法简便准确，进样浓度和进样量的变化影响很小；缺点是用于杂质检查时，杂质响应因子不同，误差大，只能用于粗略考察杂质含量。

4. 标准溶液加入法

标准溶液加入法又名标准增量法或直线外推法，是一种被广泛使用的检验仪器准确度的测试方法。这种方法尤其适用于检验样品中是否存在干扰物质。

当很难配置与样品溶液相似的标准溶液，或样品基体成分很高，而且变化不定或样品中含有固体物质而对吸收的影响难以保持一定时，采用标准加入法是非常有效的。将一定量已知浓度的标准溶液加入待测样品中，测定加入前后样品的浓度。加入标准溶液后的浓度将比加入前的高，其增加的量应等于加入的标准溶液中所含的待测物质的量。如果样品中存在干扰物质，则浓度的增加值将小于或大于理论值。

在本次任务中，动植物油脂试样或经酸水解法提取的食品试样中的脂肪，在碱性条件下与甲醇进行酯交换反应生成脂肪酸甲酯，并在强极性固定相毛细管色谱柱上分离，用配有氢火焰离子化检测器的气相色谱仪进行测定，面积归一化法定量。

二、工作准备

1. 仪器设备和器皿

气相色谱仪：配氢火焰离子化检测器；恒温水浴锅；涡旋振荡器；离心机：转速在 0～4000r/min 之间；具塞试管：10mL、50mL；分液漏斗：125mL；圆底烧瓶：200mL，使用前于 100℃烘箱中恒重；旋转蒸发仪；天平：感量为 0.1g、0.1mg。

2. 试剂

盐酸（HCl，ρ_{20}=1.19）：含量 36%～38%；乙醚（$C_4H_{10}O$）；石油醚：沸程 30～60℃；无水

乙醇（C_2H_6O）：色谱纯；无水硫酸钠：使用前于650℃灼烧4h，贮存于干燥器中备用；异辛烷（C_8H_{18}）：色谱纯；甲醇（CH_3OH）：色谱纯；氢氧化钾（KOH）：含量85%；硫酸氢钠（$NaHSO_4$）。

（1）氢氧化钾-甲醇溶液（2mol/L）　称取13.2g氢氧化钾，溶于80mL甲醇中，冷却至室温，用甲醇定容至100mL。

（2）石油醚-乙醚溶液（1+1）　量取500mL石油醚与500mL乙醚混合均匀后备用。

（3）脂肪酸甲酯标准储备液　分别准确称取反式脂肪酸甲酯标准品各100mg（精确至0.1mg）于25mL烧杯中，分别用异辛烷溶解并转移入10mL容量瓶中，准确定容至10mL，此标准储备液的浓度为10mg/mL。在（−18±4）℃下保存。

（4）脂肪酸甲酯混合标准中间液（0.4mg/mL）　准确吸取标准储备液各1mL于25mL容量瓶中，用异辛烷定容，此混合标准中间液的浓度为0.4mg/mL，在（−18±4）℃下保存。

（5）脂肪酸甲酯混合标准工作液　准确吸取标准中间液5mL于25mL容量瓶中，用异辛烷定容，此标准工作溶液的浓度为80μg/mL。

三、工作过程

（一）试样制备

取有代表性的供试样品500g，于粉碎机中粉碎混匀，均分成两份，分别装入洁净容器中，密封并标识，于0～4℃下保存。

（二）分析步骤

1. 动植物油脂

称取60mg油脂，置于10mL具塞试管中，加入4mL异辛烷充分溶解，加入0.2mL氢氧化钾-甲醇溶液，涡旋混匀1min，放至试管内混合液澄清。加入1g硫酸氢钠中和过量的氢氧化钾，涡旋混匀30s，于4000r/min下离心5min，上清液经0.45μm滤膜过滤，滤液作为试样待测液。

2. 含油脂食品

称取均匀的试样2.0g（精确至0.01g，对于不同的食品称样量可适当调整，保证食品中脂肪量不小于0.125g）置于50mL试管中，加入8mL水充分混合，再加入10mL盐酸混匀；将上述试管放入60～70℃水浴中，每隔5～10min振荡一次，约40～50min至试样完全水解。取出试管，加入10mL乙醇充分混合，冷却至室温。

将混合物移入125mL分液漏斗中，以25mL乙醚分两次润洗试管，洗液一并倒入分液漏斗中。待乙醚全部倒入后，加塞振摇1min，小心开塞，放出气体，并用适量的石油醚-乙醚溶液（1+1）冲洗瓶塞及瓶口附着的脂肪，静置10～20min至上层醚液清澈。

将下层水相放入100mL烧杯中、上层有机相放入另一干净的分液漏斗中，用少量石油醚-乙醚溶液（1+1）洗萃取用分液漏斗，收集有机相，合并于分液漏斗中。

将烧杯中的水相倒回分液漏斗，再用25mL乙醚分两次润洗烧杯，洗液一并倒入分液漏斗中，按前述萃取步骤重复提取两次，合并有机相于分液漏斗中，将全部有机相过适量的无水硫酸钠柱，用少量石油醚-乙醚溶液（1+1）淋洗柱子，收集全部流出液于100mL具塞量筒中，用乙醚定容并混匀。

精准移取50mL有机相至已恒重的圆底烧瓶内，50℃水浴下旋转蒸去溶剂后，置

100℃±5℃下恒重，计算食品中脂肪含量；另 50mL 有机相于 50℃水浴下旋转蒸去溶剂后，用于反式脂肪酸甲酯的测定。

（三）脂肪酸甲酯的制备

准确称取 60mg 经分析步骤 2.含油脂食品中提取的脂肪（未经 100℃±5℃干燥箱加热），置于 10mL 具塞试管中，按分析步骤 1.动植物油脂中规定的步骤操作，得到试样待测液。

（四）仪器参考条件

（1）毛细管气相色谱柱　SP-2560 聚二氰丙基硅氧烷；柱长 100m×0.25mm，膜厚 0.2μm，或性能相当者。

（2）检测器　氢火焰离子化检测器。

（3）载气　高纯氦气 99.999%。

（4）载气流速　1.3mL/min。

（5）进样口温度　250℃。

（6）检测器温度　250℃。

（7）程序升温　初始温度 140℃，保持 5min，以 1.8℃/min 的速率升至 220℃，保持 20min。

（8）进样量　1μL。

（9）分流比　30：1。

（五）定量测定

将标准工作溶液和试样待测液分别注入气相色谱仪中，根据标准溶液色谱峰响应面积，采用归一化法定量测定。

（六）定性确证

在（四）仪器参考条件中的测定条件下，样液中反式脂肪酸的保留时间应在标准溶液保留时间的±0.5%范围内，标准品的气相色谱图参见图 5-6，各反式脂肪酸的参考保留时间如表 5-4 所示。

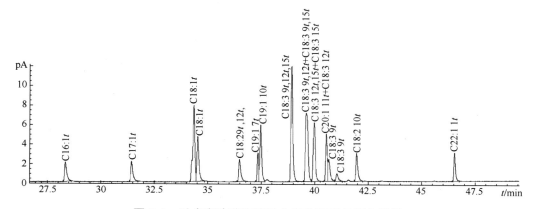

图 5-6　反式脂肪酸甲酯混合标准溶液气相色谱图
(C16：1 9t～C22：1 13t)(SP-2560 色谱柱，100 m×0.25 mm×0.2 μm)

表 5-4　反式脂肪酸的参考保留时间

反式脂肪酸甲酯	参考保留时间/min
C16∶1 9t	28.402
C18∶1 6t	34.165
C18∶1 9t	34.384
C18∶1 11t	34.567
C18∶2 9t，12t	36.535
C18∶2 10t，12c	42.091
C18∶3 9t，12t，15t	38.773
C18∶3 9t，12t，15c+C18∶3 9t，15t，15c	39.459
C18∶3 9c，12t，15t+C18∶3 9c，12c，15t	39.883
C18∶3 9c，12t，15c	40.400
C18∶3 9t，12c，15c	40.518
C20∶1 11t	40.400
C22∶1 13t	46.571

（七）空白试验

空白试验指除不加试验样品外，其他采用与样品分析完全相同的试验步骤、试剂和用量进行操作。

（八）分析结果的表述

反式脂肪酸含量是以反式脂肪（%，质量分数）报告，反式脂肪含量是以反式脂肪酸甲酯百分比含量的形式进行计算。

1. 食品中脂肪的质量分数的计算

食品中脂肪的质量分数按下面式子计算：

$$\omega_z = \frac{m_1 - m_0}{m_2} \times 100\%$$

式中　ω_z——试样中脂肪的质量分数，%；

　　　m_1——圆底烧瓶和脂肪的质量，g；

　　　m_0——圆底烧瓶的质量，g；

　　　m_2——试样的质量，g。

2. 相对质量分数的计算

各组分的相对质量分数按下面式子计算：

$$\omega_X = \frac{A_X - f_X}{A_t} \times 100\%$$

式中　ω_X——归一化法计算的反式脂肪酸组分 X 脂肪酸甲酯相对质量分数，%；

　　　A_X——组分 X 脂肪酸甲酯峰面积；

f_X ——组分 X 脂肪酸甲酯的校准因子，化合物的校正因子见表 5-5；

A_t ——所有峰校准面积的总和，除去溶剂峰。

3. 计算脂肪中反式脂肪酸的含量

脂肪中反式脂肪酸的质量分数按下面式子计算：

$$\omega_t = \sum \omega_X$$

式中　ω_t ——脂肪中反式脂肪酸的质量分数，%；

　　　ω_X ——归一化法计算的组分 X 脂肪酸甲酯相对质量分数，%。

4. 计算食品中反式脂肪酸的含量

食品中反式脂肪酸的质量分数按下面式子计算：

$$\omega = \omega_t \times \omega_z$$

式中　ω ——食品中反式脂肪酸的质量分数，%；

　　　ω_t ——脂肪中反式脂肪酸的质量分数，%；

　　　ω_z ——食品中脂肪的质量分数，%。

计算结果以重复性条件下获得的两次独立测定结果的算术平均值表示，大于 1.0% 的结果保留三位有效数字，小于等于 1.0% 的结果保留两位有效数字。

表 5-5　FID 响应因子和 FID 校准因子

脂肪酸碳原子数	M_X	n_{X-1}	F_X	f_X
C4：0	102.13	4	2.126	1.51
C6：0	130.19	6	1.807	1.28
C8：0	158.24	8	1.647	1.17
C9：0	172.27	9	1.594	1.13
C10：0	186.30	10	1.551	1.10
C11：0	200.32	11	1.516	1.08
C12：0	214.35	12	1.487	1.06
C13：0	228.37	13	1.463	1.04
C14：0	242.40	14	1.442	1.02
C15：0	256.42	15	1.423	1.01
C16：0	270.46	16	1.407	1.00（参比）
C17：0	284.49	17	1.393	0.99
C18：0	298.52	18	1.381	0.98
C20：0	326.57	20	1.360	0.97
C21：0	340.57	21	1.350	0.96
C22：0	354.62	22	1.342	0.95

续表

脂肪酸碳原子数	M_X	n_{X-1}	F_X	f_X
C23：0	368.62	23	1.334	0.95
C24：0	382.68	24	1.328	0.94
C14：1	240.40	14	1.430	1.02
C16：1	268.43	16	1.397	0.99
C18：1	296.48	18	1.371	0.97
C20：1	324.53	20	1.351	0.96
C22：1	352.58	22	1.334	0.95
C24：1	380.68	24	1.321	0.94
C18：2	294.46	18	1.302	0.97
C20：2	322.57	20	1.343	0.95
C22：2	350.62	22	1.327	0.94
C18：3	292.15	18	1.333	0.96
C20：3	320.57	20	1.335	0.95
C20：4	318.57	20	1.326	0.94
C20：5	316.57	20	1.318	0.94
C22：6	346.62	22	1.312	0.93

注：1. M_X 为组分 X 脂肪酸甲酯的相对摩尔质量；

2. n_{X-1} 为组分 X 脂肪酸甲酯所含碳原子数；

3. F_X 为组分 X 脂肪酸甲酯的 FID 响应因子；

4. f_X 为组分 X 脂肪酸甲酯的校准因子。

（九）精密度

在重复性条件下获得的两次独立测定结果的绝对差值不得超过算术平均值的 15%。

本方法的检出限为 0.012%（以脂肪计），定量限为 0.024%（以脂肪计）。

四、结果记录

将检测结果填入表 5-6。

表 5-6 薯片反式脂肪酸检测记录

样品名称		批号	
生产厂家			

续表

抽样人		抽样日期	
检测项目		检测依据	
色谱条件	色谱柱：SP-2560 聚二氰丙基硅氧烷；检测器：氢火焰离子化检测器； 载气流速：1.3mL/min；　　　　　进样口温度：250℃； 检测器温度：250℃；　　　　　　进样量：1μL 程序升温：初始温度140℃，保持 5min，以 1.8℃/min 的速率升至 220℃，保持 20min　分流比为 30:1		
定性确证	样液中反式脂肪酸的保留时间应在标准溶液保留时间的±0.5%范围内		
定量测定	将标准工作溶液和试样待测液分别注入气相色谱仪中，根据标准溶液色谱峰响应面积，采用归一化法定量测定		
结论			
检测人		复核人	
备注			

五、工作评价

根据表 1-5 对工作任务的学习情况进行整体评价。

 能力拓展

拓展任务一　大豆油酸价检测

大豆油系由豆科植物大豆的种子提炼制成的脂肪油。大豆油脂品质的好坏可通过测定其酸价、碘值（碘价）、过氧化值、羰基价等理化特性来判断。

食用油中酸价是衡量食用油中游离脂肪酸含量的指标之一，游离脂肪酸越多，说明油的品质越差。我国食用植物油脂的酸价通常都不大于 4，而地沟油和深度油炸油中，含有较高的油脂腐败和氧化变质产物游离脂肪酸，其酸价均远高于 4。所以，酸价的高低可作为鉴别废油脂的重要特征指标之一。

一、检测方法

大豆油酸价检测方法参照 GB 5009.229—2025《食品安全国家标准　食品中酸价的测定》。该标准规定了各类食品中酸价的三种测定方法——冷溶剂指示剂滴定法（第一法）、冷溶剂自动电位滴定法（第二法）、热乙醇指示剂滴定法（第三法）和分光光度法（第四法）。

第一、第二、第三法适用于以下食品酸价的测定：植脂奶油、粉末油脂、人造奶油、复合调味料（蛋黄酱、沙拉酱、油基辣椒酱、坚果与籽类的酱、火锅底料和其他半固体调味料除外）。

第四法适用于以下食品酸价的测定：植脂奶油、粉末油脂、人造奶油、复合调味料（蛋黄酱、沙拉酱、油基辣椒酱、坚果与籽类的酱、火锅底料和其他半固体调味料）。

本任务采用第一法对大豆油进行酸价检测，先用有机溶剂将油脂试样溶解成样品溶液，根据酸碱中和反应的原理，再用氢氧化钾或氢氧化钠标准滴定溶液中和试样溶液中的游离脂肪酸，以酸碱指示剂确定滴定终点，最后根据标准滴定溶液的消耗量计算得到试样的酸价。

二、工作准备

1. 仪器设备和器皿

10mL 微量滴定管：最小刻度为 0.05mL；天平：感量 0.001g；恒温水浴锅；恒温干燥箱；离心机：最高转速不低于 8000r/min；旋转蒸发仪。

2. 试剂

异丙醇（C_3H_8O）；乙醚（$C_4H_{10}O$）；甲基叔丁基醚（$C_5H_{12}O$）；95%乙醇（C_2H_6O）；酚酞（$C_{20}H_{14}O_4$），指示剂；百里香酚酞（$C_{28}H_{30}O_4$），指示剂；碱性蓝 6B（$C_{37}H_{31}N_3O_4$），指示剂；无水硫酸钠（Na_2SO_4），在 105～110℃条件下充分烘干，然后装入密闭容器冷却并保存；石油醚，30～60℃沸程。

（1）氢氧化钾或氢氧化钠标准滴定水溶液　浓度为 0.1mol/L 或 0.5mol/L，按照 GB/T 601 标准要求配制和标定，也可购买市售商品化试剂。

（2）乙醚-异丙醇混合液　乙醚+异丙醇=1+1，500mL 的乙醚与 500mL 的异丙醇充分互溶混合，用时现配。

（3）酚酞指示剂　称取 1g 的酚酞，加入 100mL 的 95%乙醇并搅拌至完全溶解。

（4）百里香酚酞指示剂　称取 2g 的百里香酚酞，加入 100mL 的 95%乙醇并搅拌至完全溶解。

（5）碱性蓝 6B 指示剂　称取 2g 的碱性蓝 6B，加入 100mL 的 95%乙醇并搅拌至完全溶解。

三、工作过程

1. 试样制备

食用油脂样品常温下呈液态，且为澄清液体，充分混匀后直接取样。

2. 试样称量

根据制备试样的颜色和估计的酸价，按照表 5-7 规定称量试样。

试样称样量和滴定液浓度应使滴定液用量在 0.2～10mL 之间（扣除空白后）。若检测后，发现样品的实际称样量与该样品酸价所对应的应有称样量不符，应按照表 5-7 要求，调整称样量后重新检测。

表 5-7　油脂试样称量及使用标准滴定溶液的浓度

估计的酸价/(mg/g)	试样的最小称样量/g	使用标准滴定溶液的浓度/（mol/L）	试样称重的精确度/g
0～1	20（动植物油脂） 5（动植物油脂除外）	0.05 或 0.1	0.001

估计的酸价/(mg/g)	试样的最小称样量/g	使用标准滴定溶液的浓度/（mol/L）	试样称重的精密度/g
1～4	10（动植物油脂） 5（动植物油脂除外）	0.05 或 0.1	0.001
4～15	2.5	0.1	0.001
15～75	0.5～3.0	0.1 或 0.5	0.001
>75	0.2～1.0	0.5	0.001

3. 试样测定

取一个干净的 250mL 的锥形瓶，按照表 5-7 试样称样表的要求用天平称取制备的油脂试样，其质量 m 单位为 g。加入乙醚-异丙醇混合液 50～100mL 和 3～4 滴的酚酞指示剂，充分振摇溶解试样。再用装有标准滴定溶液的刻度滴定管对试样溶液进行手工滴定，当试样溶液初现微红色，且 15s 内无明显褪色时，为滴定的终点。立刻停止滴定，记录下此滴定所消耗的标准滴定溶液的体积（mL），此数值为 V。

对于深色泽的油脂样品，可用百里香酚酞指示剂或碱性蓝 6B 指示剂取代酚酞指示剂，滴定时，当颜色变为蓝色时为百里香酚酞的滴定终点，碱性蓝 6B 指示剂的滴定终点为由蓝色变红色。米糠油（稻米油）的冷溶剂指示剂法测定酸价只能用碱性蓝 6B 指示剂。

4. 空白试验

另取一个干净的 250mL 的锥形瓶，准确加入与 3. 试样测定中试样测定时相同体积、相同种类的有机溶剂混合液（乙醚-异丙醇混合液）和指示剂（酚酞指示剂或百里香酚酞指示剂），振摇混匀。然后再用装有标准滴定溶液的刻度滴定管进行手工滴定，当溶液初现微红色，且 15s 内无明显褪色时，为滴定的终点。立刻停止滴定，记录下此滴定所消耗的标准滴定溶液的体积（mL），此数值为 V_0。

5. 计算

酸价（又称酸值）按照下面式子进行计算：

$$X_{AV} = \frac{(V - V_0)c \times 56.1}{m}$$

式中　X_{AV}——酸价，mg/g；

　　　V——试样测定所消耗的标准滴定溶液的体积，mL；

　　　V_0——相应的空白测定所消耗的标准滴定溶液的体积，mL；

　　　c——标准滴定溶液的摩尔浓度，mol/L；

　　56.1——氢氧化钾的摩尔质量，g/mol；

　　　m——油脂样品的称样量，g。

酸价≤1mg/g，计算结果保留 2 位小数；1mg/g<酸价≤100mg/g，计算结果保留 1 位小数；酸价>100mg/g，计算结果保留至整数位。

6. 精密度

当酸价<1mg/g 时，在重复条件下获得的两次独立测定结果的绝对差值不得超过算术平均

值 15%；当酸价≥1mg/g 时，在重复条件下获得的两次独立测定结果的绝对差值不得超过算术平均值 12%。

四、结果记录

将检测结果填入表 1-4。

五、工作评价

根据表 1-5 对工作任务的学习情况进行整体评价。

拓展任务二　蛋黄卵磷脂的提取与测定

磷脂是一类脂的统称，含有多种含磷成分如卵磷脂、脑磷脂、心磷脂、磷脂酸（PA）、磷脂酰甘油（PG）、缩醛磷脂、溶血磷脂等，包括甘油磷脂和鞘磷脂其由甘油/鞘氨醇、脂肪酸链、磷酸基团及极性头部组成，具有亲水性头部和疏水性尾部。

目前食用磷脂的主要来源是大豆磷脂和蛋黄磷脂，通常所说的磷脂泛指大豆磷脂。大豆磷脂以甘油磷脂为主体，并含有中性油和其他非磷脂成分，如色素、糖分、半乳糖苷、脑苷脂类。大豆磷脂也称大豆卵磷脂，其多种营养成分对人体均有很大的裨益，加上其成本低廉，市场上销售的食用磷脂多为大豆卵磷脂。

蛋黄磷脂是从蛋黄中分离出的含磷脂肪物质。蛋黄磷脂属动物胚胎磷脂，含有大量的胆固醇和甘油三酯及许多人体不可缺少的营养物质和微量元素。蛋黄卵磷脂可将胆固醇乳化为极细的颗粒，这种极细的乳化胆固醇颗粒可透过血管壁被组织利用，而不会使血浆中的胆固醇增加。蛋黄卵磷脂是目前同类产品中营养价值最高的，但是由于其萃取技术、工艺的限制和成本的考虑，价格相当昂贵。

卵磷脂又名卵磷脂酰胆碱（phosphatidylcholine，PC）属于甘油磷脂的子类。由磷酸、脂肪酸、甘油和胆碱组成。其结构如图 5-7 和图 5-8。

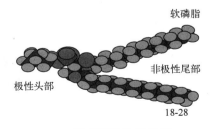

图 5-7　卵磷脂结构模型图　　　　**图 5-8　卵磷脂结构式**

卵磷脂是人体所有的细胞膜、核膜、内质网膜、线粒体膜等膜物质的主要构成物质，是组成细胞的各种脂质中含量最高的。卵磷脂的分布及多少很大程度影响细胞膜的功能，膜物质如细胞膜、核膜、线粒体膜等担负着物质转运和细胞内外的新陈代谢工作，因此卵磷脂对生物体代谢非常重要。

在人体及动物的心、肝、肺、肾等内脏器官中卵磷脂含量较多。其中，卵磷脂在肝脏的含量是5%，在脑中含量则高达30%，在蛋黄中含量很丰富，高达8%~10%，因而得名。

大豆、玉米、棉籽、花生和向日葵中也都含有丰富的卵磷脂。卵磷脂是食品工业的主要天然乳化剂之一，可以用于工业化学品、涂料、动物的饲料以及药物等用途中。例如因为卵磷脂是一种既亲水又亲油的表面活性物质，它作为一种乳化剂，被喷涂在奶粉表面可显著增强奶粉的分散性，达到速溶的目的。同时，卵磷脂是一种营养保健食品，其在药物制剂中常作为药用辅料、乳化剂和增溶剂等。

磷脂具有以下化学性质：

1. 氧化性

卵磷脂和脑磷脂均为白色蜡状固体，粉末磷脂为乳白的粉状，在实际的生产中常常因存在少量的糖脂、豆油等杂质，而呈橘黄色或棕黄色。由于磷脂的分子中含有大量的不饱和脂肪酸，很容易被空气中的氧气氧化，氧化后的磷脂变成棕黑色，并且有刺鼻的哈喇味，口感苦涩，有毒性。

2. 热敏性

所有的磷脂都不耐高温，氧化的速度随着温度的升高而加快，80℃左右可使磷脂在相对较短的时间内颜色明显加深；117℃以上磷脂氧化的速度明显加快并开始分解；280℃时磷脂焦化，生成黑色的沉淀。

3. 吸水性

磷脂难溶于水，但易吸水，吸水后膨胀成为胶体。卵磷脂可溶于某些有机溶剂，但不同磷脂在不同溶剂中的溶解度不同，例如卵磷脂和脑磷脂均溶于乙醚、不溶于丙酮和乙酸乙酯。

4. 乳化性

磷脂分子含亲油的脂肪酸基团和亲水的磷酸基团，这种特殊结构赋予它优良的乳化特性，使其成为天然的乳化剂。例如，在一个盛有水的容器里加入少许植物油，此时油和水互不相溶。不管怎么搅拌或均质，只要一静置，油和水就会很快分开。因为油的密度小于水，聚集的油滴会上浮，与水形成明显的上下两层。但是，当加入适量磷脂并进行均质后，磷脂会在油脂表面以薄膜状包裹起来。这是因为磷脂分子的脂肪酸基团亲油，会紧紧抓住油脂分子；而磷酸基团亲水，会牢牢抓住水分子。就好像磷脂有两双手，一手紧抓油脂，一手紧抓水，从而使油和水形成乳浊液。由此可见，大豆磷脂具有优秀的乳化性。

一、检测方法

卵磷脂可溶于乙醚、乙醇等，因而可以利用这些溶剂进行提取。本任务中以乙醇作为溶剂提取生蛋黄中的卵磷脂。通常粗提取液中含有中性脂肪和卵磷脂，两者浓缩后通过离心进行分离，下层为卵磷脂。提取的卵磷脂为白色蜡状物，遇空气可氧化成为黄褐色，这是由于其中的不饱和脂肪酸被氧化所致。

蛋黄卵磷脂的
提取与鉴定

本任务中卵磷脂的含量测定包括磷（P）、磷脂酰胆碱及磷脂酰乙醇胺的测定，测定方法参照《中国药典》（2025版）四部药用辅料93685-90-6蛋黄卵磷脂中的磷、磷脂酰胆碱和磷脂酰乙醇胺测定。

二、工作准备

1. 仪器设备和器皿

试管、吸管、坩埚、电炉、紫外-可见分光光度计等。

2. 试剂

鸡蛋、生油、95%乙醇、10% NaOH、磷酸二氢钾、对苯二酚、三氯甲烷、氧化锌、盐酸、钼酸铵、硫酸、醋酸钠、甲醇（色谱纯）、正己烷（色谱纯）、异丙醇（色谱纯）、冰醋酸、三乙胺、蛋黄磷脂酰胆碱对照品、磷脂酰乙醇胺对照品等。

三、工作过程

（一）卵磷脂的提取

于小烧杯内置蛋黄约 10g，加入 95%乙醇 30mL，边加边搅拌，冷却后过滤，如滤液仍然浑浊，可重新过滤直至完全透明。将滤液置于蒸发皿内，蒸汽浴上 60℃蒸干，残留物即为卵磷脂。

（二）卵磷脂含磷测定

1. 磷对照品溶液的制备

取 105℃干燥至恒重的磷酸二氢钾约 0.13g，精密称定，置 100mL 容量瓶中，加水溶解并稀释至刻度，精密量取 10mL，置 100mL 量瓶中，用水稀释至刻度，摇匀，每 1mL 中含磷（P）约为 30μg。

2. 供试品溶液的制备

取大豆油约 0.1g，精密称定，置坩埚中，加三氯甲烷 2mL 溶解，加氧化锌 2g，蒸去三氯甲烷，缓缓炽灼使样品炭化，然后在 600℃炽灼 1h，放冷，加盐酸溶液（1→2）10mL，煮沸 5min 使残渣溶解，转移至 100mL 容量瓶中，用水稀释至刻度，摇匀。

3. 标准曲线制备

精密量取对照品 0mL、2mL、4mL、6mL、10mL，分别置 25mL 容量瓶中，依次分别加水 10mL、钼酸铵硫酸溶液（取钼酸铵 5g，加 0.5mol/L 硫酸溶液 100mL）1mL、对苯二酚硫酸溶液（取对苯二酚 0.5g，加 0.25mol/L 硫酸溶液 100mL，临用前配制）1mL 和 50%醋酸钠溶液 3mL，并用水稀释至刻度，摇匀，放置 5min。

4. 含磷测定

照紫外-可见分光光度法（《中国药典》（2025 版）通则 0401），以第一瓶为空白，在 720nm 的波长处测定吸光度，以测得吸光度与其对应的浓度计算回归方程。另精密量取供试品溶液 4mL，置 25mL 容量瓶中，照标准曲线制备项下自"依次分别加水 10mL"起同法操作，测得吸光度，由回归方程计算含磷（P）量，即得。

（三）磷脂酰胆碱和磷脂酰乙醇胺测定

1. 色谱条件与系统适用性试验

用硅胶为填充剂（色谱柱 Alltima Silica，250mm×4.6mm，5μm 或效能相当的色谱柱）；以甲醇-水-冰醋酸-三乙胺（85∶15∶0.45∶0.05）为流动相 A，以正己烷-异丙醇-流动相 A

（20：48：32）为流动相 B，按表 5-8 进行梯度洗脱；柱温为 40℃；用蒸发光散射检测器检测（参考条件：漂移管温度为 72℃；载气流量为每分钟 2.0L）。

表 5-8　流动相梯度洗脱表

时间/min	流动相 A/%	流动相 B/%
0	10	90
20	30	70
35	95	5
36	10	90
41	10	90

取磷脂酰乙醇胺、磷脂酰肌醇、溶血磷脂酰乙醇胺、蛋黄磷脂酰胆碱、鞘磷脂、溶血磷脂酰胆碱对照品各适量，用三氯甲烷-甲醇（2:1）溶解并稀释制成每 1mL 中含上述对照品分别为 50μg、100μg、100μg、200μg、200μg、200μg 的混合溶液，取 20μL 注入液相色谱仪，各成分按上述顺序依次洗脱，各成分分离度应符合要求，理论板数按蛋黄磷脂酰胆碱峰与磷脂酰乙醇胺峰计算均不低于 1500。

　　2. 测定法

　　取蛋黄磷脂酰胆碱和磷脂酰乙醇胺对照品各适量，精密称定，加三氯甲烷-甲醇（2：1）溶解并定量稀释制成含蛋黄磷脂酰胆碱和磷脂酰乙醇胺 6 个不同浓度溶液作为对照品溶液，对照品溶液中蛋黄磷脂酰胆碱和磷脂酰乙醇胺的浓度范围应涵盖供试品溶液中蛋黄磷脂酰胆碱和磷脂酰乙醇胺含量的 60%～140%。

　　3. 进样

　　精密量取上述对照品溶液各 20μL 注入液相色谱仪中，以对照品溶液浓度的对数值与相应峰面积的对数值计算回归方程；另精密称取蛋黄约 15mg，置 50mL 容量瓶中，加三氯甲烷-甲醇（2：1）溶解并稀释至刻度，摇匀，作为供试品溶液。精密量取 20μL 注入液相色谱仪中，记录色谱图。

　　4. 计算

　　用回归方程计算磷脂酰胆碱、磷脂酰乙醇胺的含量，即得。

四、结果记录

　　将检测结果填入表 1-4。

五、工作评价

　　根据表 1-5 对工作任务的学习情况进行整体评价。

项目学习思维导图

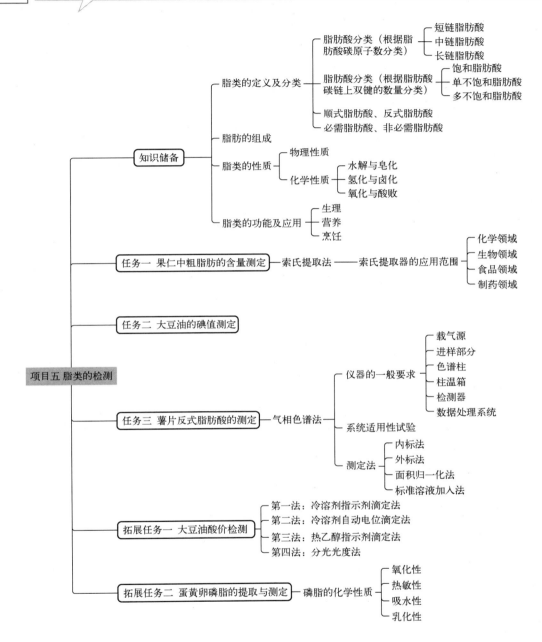

项目学习检测

一、填空题

1. 脂类是由脂肪酸和醇作用生成的酯及其衍生物的统称，包括＿＿＿＿＿、＿＿＿＿＿、＿＿＿＿＿。

2. 脂肪是由一分子＿＿＿＿＿和三分子＿＿＿＿＿脱水生成的。

3. 碘值是_____的一种度量，碘值大说明油脂中_____含量高。

4. 韦氏法测定碘值其原理是在溶剂中溶解试样并加入韦氏碘液，_____与油脂中的_____起加成反应，游离的碘可用____滴定，从而计算出被测样品所吸收的氯化碘（以碘计）的质量（g）。

5. 不饱和脂肪酸有_____式和_____式两种构型，天然不饱和脂肪酸都是_____式构型。

6. 饱和脂肪酸在室温下呈_____状态，不饱和脂肪酸在室温下呈_____状态。

7. 必需脂肪酸包括_____、_____和_____。

8. 磷脂酰胆碱在_____的作用下，可使_____位的不饱和脂肪酸水解下来，生成_____。

9. 类固醇化合物的基本骨架为_____。

10. 冷溶剂指示剂滴定法进行酸价检测，用_____或_____标准滴定液中和样品溶液中的游离脂肪酸，以_____指示剂的颜色变化来判定滴定终点。

二、选择题

1. 绝大多数脂肪酸在生物体内的存在形式为（   ）。

A. 阳离子　　　　B. 阴离子　　　　C. 兼性离子　　　　D. 分子

E. 以上形式共存

2. 属于脂肪酸的是（   ）。

A. 甘油酸　　　B. 葡萄糖酸　　　C. 硬脂酸　　　D. 苯甲酸　　　E. 戊酸

3. 属于多不饱和脂肪酸的是（   ）。

A. 亚麻酸　　　B. 油酸　　　C. 棕榈酸　　　D. 棕榈油酸　　　E. 月桂酸

4. 天然不饱和脂肪酸的构型为（   ）。

A. D 型　　　B. L 型　　　C. α 型　　　D. 顺式　　　E. 反式

5. 下列说法符合脂肪概念的是（   ）。

A. 脂肪是类脂　　　　　　　　B. 脂酰甘油就是脂肪

C. 脂肪中含有不饱和脂肪酸多　　D. 脂肪中含有磷酸基

E. 脂肪是三脂酰甘油

6. 脂肪的碘值越高表示（   ）。

A. 所含脂肪酸的饱和程度越高　　B. 所含脂肪酸的不饱和程度越高

C. 所含脂肪酸的不饱和程度越低　　D. 所含脂肪酸的碳链越长

E. 所含脂肪酸的分子量越大

7. 胆固醇不能转化成（   ）。

A. 胆汁酸　　　B. 乙醇胺　　　C. 维生素 D_3　　　D. 类固醇　　　E. 醛固酮

8. 可发生碘化反应的是（   ）。

A. 三硬脂酰甘油　　B. 三油酰甘油　　C. 胆汁酸　　　D. 硬脂酸　　　E. 甘油

9. 不属于卵磷脂组成成分的是（   ）。

A. 甘油　　　B. 乙醇胺　　　C. 胆碱　　　D. 油酸　　　E. 花生四烯酸

10. 不含糖苷键的化合物是（   ）。

A. 肝素　　　B. 脑苷脂　　　C. 神经节苷脂　　　D. 半乳糖二酯酰甘油

E. 胆固醇酯

三、名词解释

多不饱和脂肪酸　　必需脂肪酸　　单纯甘油酯　　酸败作用　　皂化值　　碘值　　脂肪　　糖脂磷脂　　类脂

四、简答题

1. 简述类脂及其种类。

2. 简述脂肪的重要化学性质。

3. 简述天然脂肪酸的结构特点。

4. 简述磷脂的组成成分及分类依据。

项目六
核酸的检测

 学习目标

知识目标： 1. 认识核酸，掌握核酸的分类；
2. 熟悉核酸的化学组成和各个组分的结构；
3. 掌握核酸的理化性质。

技能目标： 1. 能对核酸样品进行提取和鉴定；
2. 能利用紫外分光光度法测定核酸样品含量。

素质目标： 1. 遵守生物污染防控规范，强化生物安全意识；
2. 主动参与实验小组内部技术交流与经验分享，学会团队式学习。

≫导学阅读 **核酸的发现**

核酸的发现已有 100 多年的历史，但人们对它真正有所认识不过是近 60 年的事。远在 1868 年瑞士化学家米歇尔（1844—1895）首先从脓细胞分离出细胞核，用碱抽提再加入酸，得到一种含氮和磷特别丰富的沉淀物质——核质。由于这类物质都是从细胞核中提取出来的，而且都具有酸性，因此称为核酸。

★ **思考与讨论**

① 核酸是什么？其由哪些成分组成？

② 核酸是遗传物质吗？为什么？

核酸是生命的最基本物质之一。其最早由米歇尔于 1868 年在脓细胞中发现和分离出来。作为遗传信息的载体，核酸广泛存在于所有动物细胞、植物细胞、微生物细胞内，生物体内核酸常与蛋白质结合形成核蛋白。根据化学组成不同，核酸可分为核糖核酸（RNA）和脱氧核糖核酸（DNA）。DNA 是储存、复制和传递遗传信息的主要物质基础，90%～98%分布于细胞核内（nDNA）；2%～10%分布在细胞质的线粒体内（mtDNA）。RNA 参与遗传信息的传递、表达以及特定的催化功能；其 90%分布于细胞质内，10%存在于细胞核内。RNA 在蛋白质合成过程中起着重要作用，其中转移核糖核酸（tRNA），起着携带和转移活化氨基酸的作用；信使核糖核酸（mRNA），是合成蛋白质的模板；核糖体的核糖核酸（rRNA），是细胞合成蛋白质的主要场所。核酸不仅是遗传物质的核心，在蛋白质的生物合成上也占有重要位置，而且在生长、遗传、变异等一系列重大生命现象中发挥决定性的作用。

核酸在实践应用方面有极重要的作用，现已发现近 2000 种遗传性疾病都和 DNA 结构有关。如人类镰刀型细胞贫血病是由于患者的血红蛋白分子中一个氨基酸的遗传密码发生了改变；白化病则是由于 DNA 分子上缺乏产生促黑色素生成的酪氨酸酶的基因所致。肿瘤的发生、病毒的感染、射线对机体的作用等都与核酸有关。20 世纪 70 年代以来兴起的遗传工程，使人们可用基因编辑技术改组 DNA，从而有可能创造出新型的生物品种。如应用遗传工程方法已能使大肠杆菌产生胰岛素、干扰素等珍贵的生化药物。

人类全部基因组的测序完成，为基因疗法与基因药物的研制开创了光辉灿烂的明天。毋庸置疑，核酸将成为基因疗法与基因药物的重要基础。核酸与"寡核苷"将成为未来医药工业开发新药的重点产品，从基因试样的制备到顺序放大再到诊断试剂等均离不开核酸。未来的"基因药物"亦以核酸为基础。

核酸与寡核苷作为治疗药的应用范围十分广泛，其中包括作为抗癌药、抗艾滋病药以及其他一系列目前难治疾病的药物。此外，核酸的提取及检测是核酸类产品生产及检验的内容之一。

知识储备

一、核酸的化学组成

（一）核酸的元素组成

认识核酸

核酸由 C、H、O、N、P 5 种元素组成，其中 P 元素的含量比较恒定，占 9%～10%，平均为 9.1%。DNA 的含磷量约为 9.9%，RNA 的含磷量为 9.4%，因此可以通过测定磷的含量来测定样品中核酸的含量。计算公式如下：

核酸含量=磷含量×11（即 1g 磷相当于 11g 核酸）

（二）核酸的分子组成

核酸是由许多核苷酸聚合而成的生物大分子，其基本结构单位是核苷酸。核苷酸可进一步降解得到戊糖、磷酸、碱基三种组分。其关系结构如图 6-1。

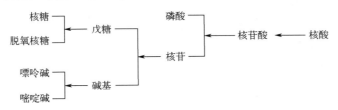

图 6-1　核酸的构成

1. 碱基

构成核苷酸的碱基分为嘌呤（purine）碱和嘧啶（pyrimidine）碱两类。前者主要指腺嘌呤（adenine,A）和鸟嘌呤（guanine,G），DNA 和 RNA 中均含有这两种碱基。后者主要指胞嘧啶（cytosine,C）、胸腺嘧啶（thymine,T）和尿嘧啶（uracil,U），胞嘧啶存在于 DNA 和 RNA

中，胸腺嘧啶只存在于 DNA 中，尿嘧啶则只存在于 RNA 中。这五种碱基的结构如图 6-2 所示。

　　嘌呤环上的 N9 或嘧啶环上的 N1 是构成核苷酸时与核糖（或脱氧核糖）形成糖苷键的位置。

　　此外，核酸分子中还发现数十种修饰碱基（modified component），又称稀有碱基（unusual component）。它们是指上述五种碱基环上的某一位置被一些化学基团（如甲基化、甲硫基化等）修饰后的衍生物。一般这些碱基在核酸中的含量稀少，在各种类型核酸中的分布也不均一。如 DNA 中的修饰碱基主要见于噬菌体 DNA，RNA 中以 tRNA 含修饰碱基最多。

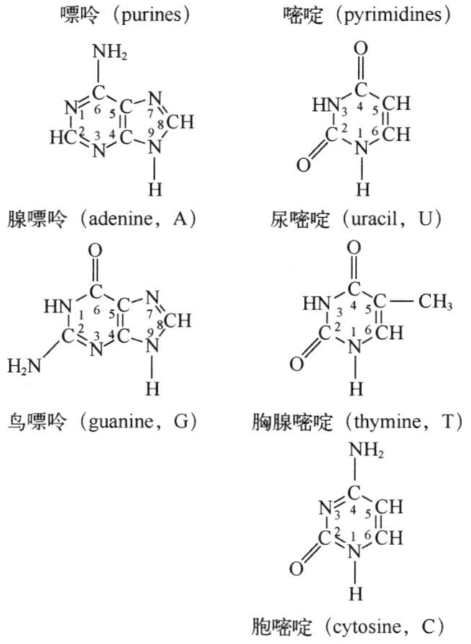

2. 戊糖

　　核苷酸中的戊糖有核糖（ribose）和脱氧核糖（deoxyribose）两种。如图 6-3，在 RNA 中的戊糖是 D-核糖（即在 2 号位上连接的是一个—OH），DNA 中的戊糖是 D-2-脱氧核糖（即在 2 号位上只连一个—H）。为了区别于碱基的原子，戊糖的碳原子编号都加"′"，核糖和脱氧核糖的区别仅仅在于 C2′是否含有氧元素。戊糖 C1′所连的—OH 与碱基形成糖苷键，糖苷键的连接都是 β-构型。

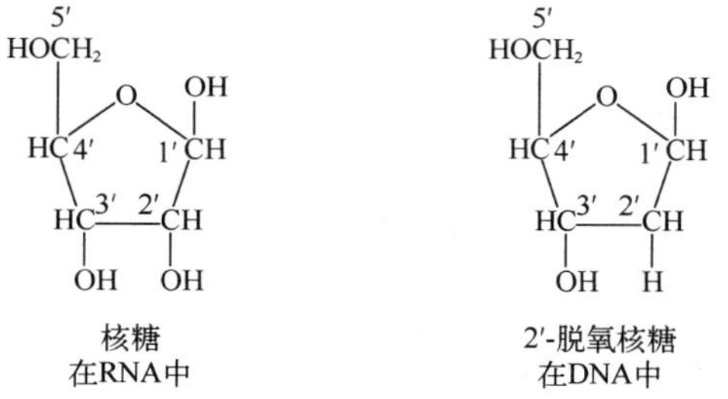

图 6-2　五种碱基结构

图 6-3　戊糖的结构

3. 核苷

　　碱基和核糖（脱氧核糖）通过糖苷键连接形成核苷（脱氧核苷）。嘌呤环上的 N9 或嘧啶环上的 N1 与戊糖的 C1′上的—OH 脱水形成 N—C 糖苷键，如图 6-4 胞苷的形成。

　　核苷的名称由相应的碱基名和戊糖名加"苷"而产生，全名为"某碱基核糖核苷"或"某碱基脱氧核糖核苷"，简化为"某苷"或"脱氧某苷"，如腺苷、脱氧腺苷。核苷的符号依据相应碱基而来，对于脱氧核苷在碱基代号前加"d"。

4. 核苷酸

　　核苷或脱氧核苷与磷酸通过酯键结合构成核苷酸（ribonucleotide）或脱氧核苷酸（deoxyribonucleotide）。核苷酸是核酸分子的结构单位。糖环上除了 C1′位的羟基成苷外，其余所有游离的羟基（核糖的 C2′、C′3 和 C5′位以及脱氧核糖的 C′3 和 C5′），均能与磷酸发生反应生成相应位的核苷酸。体内核苷酸大多数是核糖或脱氧核糖 C5′上羟基被磷酸化，形成的 5′-核苷酸（5′-nucleotide）（图 6-5）。

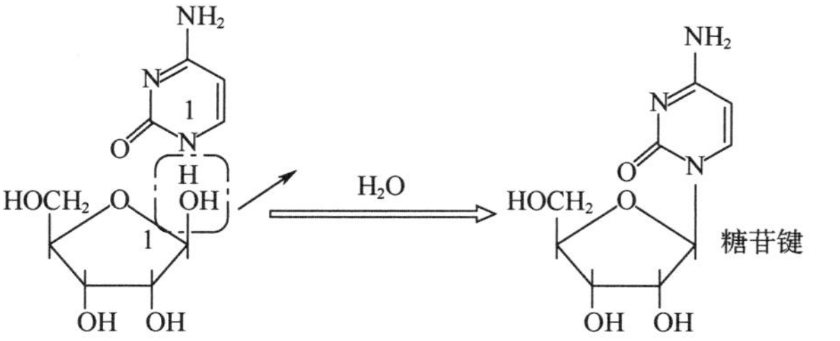

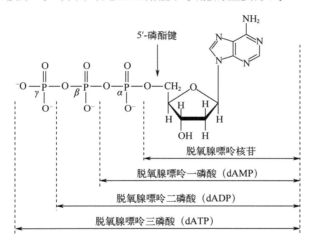

图 6-4 胞苷的形成 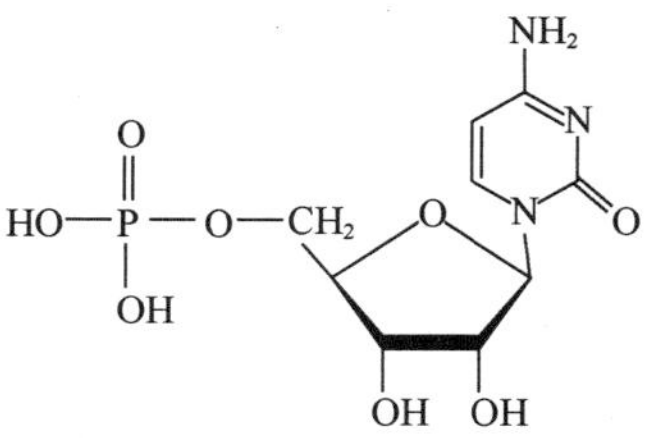 图 6-5 胞苷酸的结构

除一磷酸核苷外，体内还有核苷的二磷酸酯和三磷酸酯形式。以核糖腺苷酸为例，除一磷酸腺苷（AMP）外，还有二磷酸腺苷（ADP）及三磷酸腺苷（ATP）（图 6-6）。二磷酸核苷酸和三磷酸核苷酸多为核苷酸有关代谢中间产物或酶活性及代谢的调节物质。三磷酸核苷酸是参与核酸合成的直接形式，并同时是生理储能和供能的重要形式。

图 6-6 多磷酸核苷酸结构

DNA 和 RNA 的组成有差异，其组成比较如表 6-1 所示。

表 6-1 DNA 和 RNA 的组成

核酸	碱基	核苷	核苷酸
DNA	腺嘌呤（A）	脱氧腺苷	脱氧腺苷酸（dAMP）
	鸟嘌呤（G）	脱氧鸟苷	脱氧鸟苷酸（dGMP）
	胞嘧啶（C）	脱氧胞苷	脱氧胞苷酸（dCMP）
	胸腺嘧啶（T）	脱氧胸苷	脱氧胸苷酸（dTMP）
RNA	腺嘌呤（A）	腺苷	腺苷酸（AMP）
	鸟嘌呤（G）	鸟苷	鸟苷酸（GMP）
	胞嘧啶（C）	胞苷	胞苷酸（CMP）
	尿嘧啶（U）	尿苷	尿苷酸（UMP）

5. 多核苷酸链的形成

核酸的基本单位是核苷酸，核苷酸之间以磷酸二酯键连接形成多核苷酸链。无论核苷酸数量多少，DNA 和 RNA 都是通过核苷酸之间的 3′,5′-磷酸二酯键连接而成，即前一个核苷酸的 C3′-OH 与下一个核苷酸的 C5′位磷酸基团之间脱水形成的酯键。RNA 和 DNA 的多核苷酸链具有方向性，它的一端为 5′ 末端而另一端为 3′末端。无论是 DNA 还是 RNA，在它们生物合成的聚合反应中，都是按照 5′→3′方向进行的，因此没有特别指定时，核苷酸序列都是按照 5′→3′方向读写。

二、DNA 的分子结构及功能

DNA 的结构和功能

DNA 的发现可以追溯到 20 世纪初，通过遗传学、细胞学和生物化学等领域的研究，科学家们逐渐揭示了遗传物质的性质和作用。在 1944 年，奥斯瓦尔德·艾弗里的实验证明了 DNA 是细菌转化的遗传物质。接着，罗斯林·富兰克林通过 X 射线晶体学技术解析了 DNA 的结构，而詹姆斯·沃森和弗朗西斯·克里克则提出了双螺旋结构的 DNA 模型。这一发现不仅为遗传学和分子生物学提供了基础，也对人类理解生命的本质产生了重大影响。

（一）DNA 的一级结构

DNA 是由很多个脱氧腺苷酸（dAMP）、脱氧鸟苷酸（dGMP）、脱氧胞苷酸（dCMP）和脱氧胸苷酸（dTMP）通过 3′,5′-磷酸二酯键连接而成的无分支双链线状或环状多核苷酸。组成 DNA 的脱氧核糖核苷酸虽然只有 4 种，但由于各种核苷酸的数量、排列顺序以及每种核苷酸的比例不同，形成各种特异性的 DNA 片段，从而造就了自然界生物的千差万别。因此核苷酸的排列顺序和连接方式决定了 DNA 分子的一级结构，它以特定的顺序编码着生物体遗传信息的基因序列。这种一级结构的编码和存储能力使得 DNA 成为生命的遗传物质，负责传递遗传信息并控制生物体的生长、发育和功能。

DNA 一级结构的表示方法有字符式和线条式两种，线条式是以竖线和斜线分别表示糖基和磷酸酯键，P 代表磷酸残基，A、T、G、C 代表四种碱基；如图 6-7 所示。字符式可只表示磷酸和各种碱基，如 5′pApCpTpGpCpT-OH 3′，也可进一步省略简化为 5′ACTGCT 3′。

图 6-7　DNA 线条式缩写法

（二）DNA 的二级结构

DNA 的二级结构是在一级结构的基础上形成的，是由两条互补的多核苷酸链以螺旋形式相互缠绕而成，这种螺旋结构被称为双螺旋结构。双螺旋结构是沃森和克里克在人们意识到核酸重要性的历史条件下，集各项 DNA 研究成果于一体的产物。在 1949～1951 年期间，Chargaff 利用紫外分光光度法结合纸色谱等技术对不同来源的 DNA 进行了碱基定量分析，这些分析结果揭示了 DNA 碱基组成的共同规律：所有不同物种组织的 DNA 中 A=T、G=C，嘌呤总数等于嘧啶总数，即 A+G=T+C。

在 Chargaff 法则发现不久后，沃森和克里克获得了 DNA 钠盐 X 射线衍射图片，其影像表明了 DNA 结构的螺旋周期性及碱基的空间取向等。这些资料对沃森和克里克构建 DNA 双螺旋结构模型起到了关键作用。

沃森和克里克阐明的是 B-DNA 结晶的结构模型，与细胞内存在的 DNA 大体一致，其结构特点如下：

（1）主链　　DNA 分子由两条反向平行的多核苷酸链围绕同一个"中心轴"构成右手双螺旋结构。磷酸和脱氧核糖在外侧，彼此之间通过磷酸二酯键连接形成 DNA 的骨架，糖环平面与中心轴平行。

（2）碱基对　　碱基层叠于螺旋内侧，碱基平面与纵轴垂直，糖环的平面与纵轴平行。同一平面的两条主链依靠彼此碱基之间形成的氢键相连，遵循 A=T 和 C≡G 的配对原则。

（3）大沟和小沟　　螺旋表面有一条大沟和一条小沟。小沟位于双螺旋的互补链之间，而大沟位于相邻的双股之间。

（4）结构参数　　双螺旋直径 2nm；顺轴方向每隔 0.34nm 有一个核苷酸，两个核苷酸之间的夹角为 36°，沿中心轴每旋转一周有 10 个核苷酸；相邻碱基对之间的距离约为 0.34nm。

碱基在一条链上的排列顺序不受任何限制。但是根据碱基配对原则，当一条多核苷酸链的序列被确定后，即可确定另一条互补链的序列，这就说明，遗传信息由碱基的序列所携带。

沃森和克里克的 DNA 双螺旋结构模型最主要的特点是碱基配对。碱基配对规律具有十分重要的生物学意义，它是 DNA 复制、RNA 转录和反转录的分子基础，关系到生物遗传特性的传递与表达。

DNA 双螺旋结构在生理条件下是很稳定的。维持这种稳定性的主要因素包括两条 DNA 链之间碱基配对形成的氢键和碱基堆积力。氢键固然重要，但主要是决定碱基配对的特异性，对双螺旋稳定的贡献不是最重要的，起决定性作用的是碱基堆积力。碱基堆积力是碱基对之间在垂直方向上的相互作用所产生的力，它包括疏水作用和范德华力。碱基间相互作用的强度与相邻碱基之间环重叠的面积成正比，总的趋势是嘌呤与嘌呤之间>嘌呤与嘧啶之间>嘧啶与嘧啶之间。另外碱基的甲基化能增强碱基的堆积力。再者，双螺旋外侧带负电荷的磷酸基团同带正电荷的阳离子之间形成的离子键可减少双链间的静电斥力使双螺旋结构稳定。

（三）DNA 二级结构的多态性

除 B-DNA 外，人们还发现了其他结构参数有一定差异的双螺旋 DNA，如 A-DNA、Z-DNA 等。这一现象称为 DNA 结构的多态性（polymorphism）。其产生的原因在于多核苷酸链的骨架含有许多可转动的单链，从而使糖环可呈现出不同的构象。

（1）A-DNA　　当 DNA 钠盐纤维在相对湿度为 92% 时，所处的状态为 B-DNA，当 DNA 钠盐纤维在相对湿度为 75% 时，所处的状态就叫 A-DNA。A-DNA 所形成的右手螺旋比 B-DNA 较大且较平，每旋转一圈的螺距为 2.8nm，每圈包含 11 个碱基对，直径为 2.55nm，每对碱基转角为 33°，碱基平面与轴夹角为 20°，这样使 A-DNA 的大沟窄且极深，而小沟浅。

（2）Z-DNA　　在 B-DNA 向 Z-DNA 转变中，碱基平面相对于螺旋轴转动了 180°。这一翻转对交替 d（GC）序列中的两种残基的构象产生了不同影响，胞嘧啶核苷残基整个转动了 180°，仍保持反式构象，而鸟嘌呤核苷残基中的碱基则绕苷键转动了 180°，结果导致多脱氧核苷酸主链的走向呈"Z"型。研究表明，在大多数细胞的阳离子条件下，交替的 CG 区段很可能处于 B 型，而在胞嘧啶被甲基化后，就转向 Z 型。这样甲基化所处环境就由 B-DNA 中的亲水区转而进入 Z 型的疏水区，也就增加了其稳定性，进而有利于 DNA 生物功能的发挥。

（四）DNA 的三级结构

　　DNA 的三级结构是由双螺旋 DNA 进一步扭曲盘绕形成的。其中，超螺旋是 DNA 三级结构的主要形式。自从 1965 年 Vinograd 等人发现多瘤病毒的环形 DNA 的超螺旋以来，人们已经知道绝大多数原核生物都是具有共价封闭环（covalently closed circle，CCC）结构的分子，这种双螺旋环状分子再度螺旋化就成为超螺旋结构。在真核生物中，虽然其染色体多为线性分子，但其 DNA 与蛋白质相结合，形成核小体结构。在蛋白质和 DNA 结合的区域之间，形成了一个突环结构，类似于 CCC 分子，同样具有超螺旋形式。超螺旋可以按照其方向分为正超螺旋和负超螺旋两种，如图 6-8 所示。在真核生物的核小体结构中，存在着负超螺旋。

右手(负)超螺旋　　环状螺旋　　左手(正)超螺旋

图 6-8　DNA 超螺旋结构

　　DNA 分子在三级结构的基础上与蛋白质进一步结合，如与组蛋白结合形成核小体结构。核小体由核心颗粒（core particle）和连接区 DNA（linker DNA）两部分组成，在电镜下可见其成捻珠状，前者包括组蛋白 H2A、H2B、H3 和 H4 各两分子构成的致密八聚体（又称核心组蛋白），以及缠绕其上一又四分之三圈、长度为 146bp 的 DNA 链；后者包括两相邻核心颗粒间约 60bp 的连接 DNA 和位于连接区 DNA 上的组蛋白 H1，连接区使染色质纤维获得弹性。核小体是 DNA 紧缩的第一阶段，在此基础上，DNA 链进一步折叠成每圈六个核小体，直径 30nm 的纤维状结构，这种 30nm 纤维再扭曲成襻，许多襻环绕染色体骨架（Scaffold）形成棒状的染色体，最终压缩将近一万倍。这样，才使每个染色体中几厘米长（如人染色体的 DNA 分子平均长度为 4cm）的 DNA 分子容纳在直径数微米（如人细胞核的直径为 6～7μm）的细胞核中。

（五）DNA 的功能

　　DNA 在生物体中具有多种重要的功能。首先，它作为遗传信息的存储库，编码构成生物体的蛋白质合成所需的遗传指令，保证了遗传信息的传递和生物代际传承。其次，DNA 参与基因调控，通过与调控蛋白相互作用，控制基因的表达和调节，影响细胞发育和功能的多样化。最后，DNA 在遗传变异和进化中发挥着关键作用，通过变异、基因重组和选择等机制，促进物种的多样性和适应性演化。这些功能使 DNA 成为生命的基石，维持着生物的遗传稳定性和多样性。

三、RNA 的分子结构及功能

　　绝大部分 RNA 分子是单链结构，其核苷酸残基数目在数十至数千之间，分子量一般在数百至数百万之间。RNA 分子的某些区域可自身回折进行碱基互补配对，形成局部双螺旋。在 RNA 局部双螺旋中 A 与 U 配对、G 与 C 配对，除此以外，还存在非标准配对，如 G 与 U 配对。RNA 分子中的双螺旋

RNA 的结构和功能

与 A 型 DNA 双螺旋相似，而非互补区则膨胀形成凸出（bulge）或者环（loop），这种短的双螺旋区域和环称为发夹结构（hairpin）。发夹结构是 RNA 中最普通的二级结构形式，二级结构进一步折叠形成三级结构，RNA 只有在具有三级结构时才能成为有活性的分子。RNA 也能与蛋白质形成核蛋白复合物，RNA 的四级结构是 RNA 与蛋白质的相互作用。

tRNA 约占总 RNA 的 15%。tRNA 主要的生理功能是在蛋白质生物合成中转运氨基酸和识别密码子，细胞内每种氨基酸都有其相应的一种或几种 tRNA，因此 tRNA 的种类很多，在细菌中约有 30～40 种 tRNA，在动物和植物中约有 50～100 种 tRNA。

（一）tRNA

1. tRNA 的一级结构

tRNA 是单链分子，含 73～93 个核苷酸，是分子量最小的 RNA。其分子含有 10%的稀有碱基（修饰碱基），如二氢尿嘧啶（DHU）、核糖胸腺嘧啶（rT）和假尿苷（ψ）以及不少碱基被甲基化，其 3′端为 CCA-OH、5′端多为 pG。分子中大约 30%的碱基是不变的或半不变的，也就是说它们的碱基类型是保守的。

2. tRNA 的二级结构

tRNA 的二级结构为三叶草型（如图 6-9 所示）。配对碱基形成局部双螺旋而构成臂，不配对的单链部分则形成环。三叶草型结构由 4 臂 4 环组成。氨基酸臂由 7 对碱基组成，其含有一个 3′末端的 CCA 序列，该序列与氨基酸结合酶相互作用，将相应的氨基酸连接到 tRNA 上。二氢尿嘧啶环因含有 2 个稀有碱基（DHU）而得名，由 8～12 个不配对的碱基组成。反密码环由 7 个不配对的碱基组成，其中 3 个核苷酸组成反密码子（anticodon），可与 mRNA 上相应的密码子结合。反密码臂由 5 对碱基组成。额外环又称可变环，其碱基种类和数量高度可变，在 4～21 个碱基不等，富含稀有碱基。TψC 环含有 7 个碱基，和核糖体上的 rRNA 识别结合，几乎所有的 tRNA 在此环中都含 TψC 序列。TψC 臂由 5 对碱基组成。

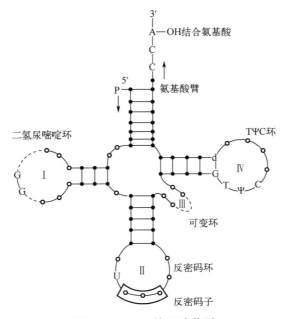

图 6-9　tRNA 的三叶草型

3. tRNA 的三级结构

20 世纪 70 年代初，科学家用 X 射线衍射技术分析发现 tRNA 的三级结构为倒 L 形（如图 6-10 所示）。tRNA 三级结构形成的原因是 D 环上的碱基与不变碱基以及 TψC 环上的碱基之间发生氢键作用。这些氢键将 D 臂和 TψC 臂折叠到一起，并将三叶草二级结构弯曲成稳定的倒 L 形三级结构。

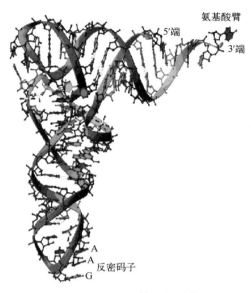

图 6-10　tRNA 的三级结构

（二）mRNA

mRNA 是由 DNA 的一条链作为模板转录而来并携带遗传信息，而且指导蛋白质合成的一类单链核糖核酸。在原核生物中，mRNA 通常不需要进一步加工，转录之后直接进入蛋白质翻译过程。而且，mRNA 的转录和翻译几乎是在同一细胞空间内同时进行的。

然而，在真核生物中，成熟的 mRNA 需要经过一系列的修饰和剪接过程才能参与蛋白质的合成。这些修饰和剪接过程发生在细胞核内，主要通过剪接不均一核糖核酸的前体来生成成熟的 mRNA。成熟的 mRNA 随后才能进入细胞质，参与蛋白质的合成。因此，真核细胞中 mRNA 的合成和表达发生在不同的细胞空间和时间内。由此可见，mRNA 的结构在原核生物中和真核生物中差别很大。

1. 原核生物 mRNA 结构特点

许多原核生物 mRNA 以多顺反子的形式存在，如细菌 mRNA 可以同时编码不同的蛋白质。在原核生物 mRNA 中，编码序列之间有间隔序列，间隔序列中含有核糖体识别、结合部位。原核生物 mRNA 中没有修饰碱基，也没有首尾结构。综上所述，这些特点使得原核生物能够在较短的时间内高效合成所需的蛋白质，从而适应其特殊的生活环境和快速的基因表达调控需求。

2. 真核生物 mRNA 结构特点

真核生物 mRNA 为单顺反子结构，即一个 mRNA 分子只包含一条多肽链的信息。在真核生物成熟的 mRNA 中，5′端有 7-甲基鸟嘌呤核苷三磷酸的帽子结构，帽子结构可保护

mRNA 不被核酸外切酶水解，并且能与帽结合蛋白结合识别核糖体并与之结合，与翻译起始有关。3′端有 polyA 尾巴，其长度为 20～250 个腺苷酸，有利于引导其由细胞核转移到细胞质，增加 mRNA 的稳定性。少数成熟 mRNA 没有 polyA 尾巴，如组蛋白 mRNA，它们的半衰期通常较短。

（三）rRNA 的结构

rRNA 占细胞总 RNA 的 80% 左右，rRNA 分子为单链，局部有双螺旋区域，具有复杂的空间结构。rRNA 单独存在时不执行其功能，它与多种蛋白质结合成核糖体，作为蛋白质生物合成的"装配机"。原核生物的核糖体所含的 rRNA 有 5S、16S 及 23S 三种，而真核生物有 4 种 rRNA，它们分别是 5S、5.8S、18S 和 28S。

所有生物体的核糖体都由大小不同的两个亚基组成。原核生物的核糖体为 70S，由 50S 和 30S 两个大小亚基组成。其中，30S 小亚基含有 16S rRNA 以及 21 种蛋白质，而 50S 大亚基则含有 23S 和 5S 两种 rRNA 以及 34 种蛋白质。真核生物核糖体为 80S，是由 60S 和 40S 两个大小亚基组成。40S 的小亚基含 18S rRNA 及 33 种蛋白质，60S 大亚基则由 28S、5.8S 和 5S 这三种 rRNA 及 49 种蛋白质组成。

（四）其他 RNA 分子

1. miRNA（微小 RNA）

miRNA 是一类短 RNA 分子，约 21～25 个核苷酸长。miRNA 通过与 mRNA 相结合，调控基因表达。它们能够指导转录后基因沉默，促进 mRNA 降解或抑制翻译，从而影响基因表达的水平。

2. lncRNA（长链非编码 RNA）

lncRNA 是一类长度超过 200 个核苷酸的 RNA 分子，虽然不编码蛋白质，但在细胞过程中扮演重要的角色。它们参与调节基因表达、染色质结构和细胞的生物学过程等。

3. snRNA（小核 RNA）

snRNA 是一类小而特殊的 RNA 分子，主要存在于核内的小核体中。它们参与剪接过程，帮助移除 mRNA 前体中的内含子。

4. snoRNA（核仁小 RNA）

snoRNA 是一类小核仁中的 RNA 分子，主要参与核仁中的 rRNA 修饰和加工。

（五）RNA 的功能

1. 转录

转录是基因表达的第一步，它将 DNA 的遗传信息转换成 RNA，为进一步的基因调控和蛋白质合成提供基础。

2. 翻译

翻译过程利用 RNA 分子中的核苷酸序列（称为密码子）来指导蛋白质合成，将氨基酸按特定顺序连接成多肽链，新合成的多肽链会经过后续的修饰和折叠过程，最终形成功能性的蛋白质。

3. 基因调控

某些类型的 RNA，如小核 RNA（snRNA）和微小 RNA（miRNA），可以通过与其他分子相互作用来调控基因表达。snRNA 参与剪接过程，调控蛋白质合成前 mRNA 的剪接，确保正确的蛋白质编码序列。miRNA 则通过与 mRNA 相互作用，调控蛋白质合成后的 mRNA 的稳定性和翻译过程，从而影响基因表达。

4. 信号转导

某些类型的 RNA，如信使 RNA（mRNA）和非编码 RNA（ncRNA），可以充当细胞内或细胞间的信号分子。mRNA 携带着遗传信息，向其他细胞传递蛋白质合成的指令。ncRNA 则能够调控基因表达、修复 DNA、参与细胞增殖和分化等生物过程。

5. 催化反应

某些 RNA 分子具备催化作用，被称为催化 RNA 或酶 RNA（ribozyme）。催化 RNA 能够在特定条件下催化化学反应，如剪切、连接和环化等反应。

四、核酸的理化性质

核酸的理化性质

核酸为白色固体，微溶于水，其盐易溶于水，但不溶于有机溶剂，常用乙醇、异丙醇等沉淀核酸。核酸既含有酸性的磷酸基团，又含有弱碱性碱基，故属于两性电解质，可发生两性解离。由于磷酸基团的酸性很强，所以 pI 较低，DNA 的 pI 为 4～4.5，RNA 的 pI 为 2.0～2.5。

大多数 DNA 是线性分子，分子量大且分子细长，长度可达几厘米但直径只有 2nm，所以 DNA 溶液的黏度极高，而 RNA 溶液的黏度要小得多。核酸水解之后得到的戊糖在不同的条件下发生显色反应。核糖与苔黑酚在浓酸中共热显绿色，2-脱氧核糖与二苯胺试剂在酸性条件下反应生成蓝色化合物，因此利用核糖和脱氧核糖的不同显色反应可鉴定 DNA 和 RNA。

（一）核酸的水解

核酸的水解是在酸、碱、酶的作用下，将核酸分子逐步分解为单个核苷酸或较短的核酸片段的过程。水分子与核酸分子中的磷酸二酯键相互作用，引发键的断裂，从而将核酸分子分解为更小的单元。

（二）核酸的紫外吸收

嘌呤碱基和嘧啶碱基具有共轭双键，因此核苷、核苷酸及核酸具有能够吸收紫外线的性质，在波长 250～280nm 范围内有强烈的吸收作用，最大吸收峰在 260nm 处。可以用紫外分光光度法对 DNA 和 RNA 分子进行定性和定量分析。

由于蛋白质在波长 280nm 处有最大的吸收峰，故在测定核酸样品纯度时可以用 A_{260}/A_{280} 的比值判定样品的纯度。纯 DNA 的 A_{260}/A_{280} 的比值应大于 1.8，纯 RNA 的 A_{260}/A_{280} 的比值为 2.0。样品中如含有杂蛋白及苯酚，A_{260}/A_{280} 就会明显降低。不纯的样品不能用紫外吸收法定量测定。对于纯的核酸溶液，只要测得 A_{260}，就可计算出溶液中核酸的量。通常以 1 OD 值相当于 50μg/mL 双螺旋 DNA，或 40μg/mL 单链 DNA（或 RNA），或 20μg/mL 寡核苷酸计算。不同 DNA 分子的紫外吸收光谱如图 6-11 所示。

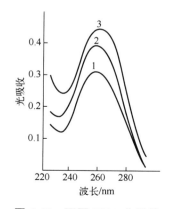

图 6-11　不同 DNA 分子的紫外吸收光谱

1—天然 DNA；2—变性 DNA；
3—核苷酸总吸收值

（三）核酸的变性和复性

变性（denaturation）和复性（renaturation）是双链核酸分子的两个重要物理特性，也是核酸研究中经常引用的术语。双链 DNA、RNA 双链区、DNA：RNA 杂种双链（hybrid duplex）以及其他异源双链核酸分子（heteroduplex）都具有此性质。

1. DNA 的变性

DNA 分子由稳定的双螺旋结构松解为无规则线性结构的现象称为变性。其原因是维持双螺旋稳定性的氢键和疏水键断裂，断裂可以是部分的或全部的，且变性可以是可逆的或非可逆的。DNA 变性不涉及其一级结构的改变。凡能破坏双螺旋稳定性的因素都可以成为变性的条件，如加热，极端的 pH，有机试剂甲醇、乙醇、尿素及甲酰胺等，均可破坏双螺旋结构引起核酸分子变性。变性能导致 DNA 一些理化及生物学性质的改变，如溶液黏度降低、溶液旋光性发生改变、增色效应或高色效应等。

（1）溶液黏度降低　DNA 双螺旋是紧密的"刚性"结构，变性后代之以"柔软" 而松散的无规则单股线性结构，DNA 黏度因此而明显下降。

（2）溶液旋光性发生改变　变性后整个 DNA 分子的对称性及分子局部的构象改变，使 DNA 溶液的旋光性发生变化。

（3）增色效应或高色效应（hyperchromic effect）　指变性后 DNA 溶液的紫外吸收作用增强的效应。DNA 分子具有吸收 $250\sim280nm$ 波长的紫外线的特性，其吸收峰值在 260nm 处。DNA 分子中碱基间电子的相互作用是紫外吸收的结构基础，但双螺旋结构有序堆积的碱基又"束缚"了这种作用。变性 DNA 的双链解开，碱基中电子的相互作用更有利于紫外吸收，故而产生增色效应。一般以 260nm 下的紫外吸收光密度作为观测此效应的指标，变性后该指标的观测值通常较变性前有明显增加，但不同来源 DNA 的变化不一。例如，大肠杆菌 DNA 经热变性后，其 260nm 处的光密度值可增加 40%以上，而其他不同来源的 DNA 溶液的增值范围多在 20%~30%之间。

当加热引起核酸变性时，使得 DNA 分子双链解开所需为温度称为熔解温度（melting temperature，T_m）。因热变性是在很窄的温度范围内突发的跃变过程，很像结晶达到熔点时的熔化现象，故名熔解温度。若以温度对 DNA 溶液的紫外吸光率作图，得到的典型 DNA 变性曲线呈 S 形。S 形曲线下方平坦段，表示 DNA 的氢键未被破坏，待加热到某一温度时，次级键突发断开，DNA 迅速解链，同时伴随吸光率急剧上升，此后因"无链可解"而出现温度效应丧失的上方平坦段。T_m 的定义中包含了使被测 DNA 的 50%发生变性的意义，即增色效应达到一半的温度作为 T_m，它在 S 形曲线上，相当于吸光率增加的中点处所对应的横坐标。不同来源 DNA 间的 T_m 值存在差别，在溶剂相同的前提下，影响 DNA T_m 大小的因素有：

（1）DNA 的均一性　DNA 的均一性有两种含义，其一是指 DNA 分子中碱基组成的均一性，其二是指样品 DNA 的组成是否均一。DNA 的均一性越高，其 T_m 值范围较窄，反之，则 T_m 值范围较宽。

（2）DNA 的（G+C）含量　在溶剂固定的前提下，T_m 值的高低取决于 DNA 分子中（G+C）的含量，（G+C）含量越高，即 G-C 碱基对越多，T_m 值越高。因为 G-C 碱基对具有 3 对氢键，而 A-T 碱基对只有 2 对氢键，DNA 中（G+C）含量高显然更能增强结构的稳定性，破坏 G-C 间氢键需比 A-T 间氢键付出更多的能量，故（G+C）含量高的 DNA，其变性 T_m 也高。实验表明，T_m 与 DNA 中（G+C）含量存在着密切相关性，T_m 与（G+C）含量（X）百分数的这种关系可用以下经验公式表示（DNA 溶于 0.2mol/L NaCl 中）：

$$X=2.44\times(T_m-69.3)$$

（3）离子强度　在离子强度低的介质中，DNA 的 T_m 值范围较宽；反之，在离子强度高的介质中，T_m 值范围较窄。因此，DNA 样品应保存在较高浓度的电解质中。

2. DNA 的复性

DNA 的复性，即变性 DNA 在适当条件下，两条互补链全部或部分恢复到天然双螺旋结构的现象。它是变性的一种逆转过程。热变性 DNA 一般经缓慢冷却后即可复性，此过程称之为"退火"（annealing）。DNA 的复性不仅受温度影响，还受 DNA 自身特性等其他因素的影响。

（1）温度和时间　变性 DNA 溶液在比 T_m 低 25℃的温度下维持一段时间，其吸光率会逐渐降低。将此 DNA 再加热，其变性曲线特征可以基本恢复到第一次变性曲线的图形，这表明复性是相当理想的。一般认为，比 T_m 低 25℃左右的温度是复性的最佳条件，越远离此温度，复性速度就越慢。在很低的温度（如 4℃以下）下，分子的热运动显著减弱，互补链结合的机会自然大大减少。从热运动的角度考虑，维持 T_m 以下较高温度更有利于复性。复性时温度下降必须是一缓慢过程，若在超过 T_m 的温度下迅速冷却至低温（如 4℃以下），复性几乎是不可能的。核酸实验中经常以此方式保持 DNA 的变性（单链）状态。这说明降温时间太短以及温差大均不利于复性。

（2）DNA 浓度　复性的第一步是两个单链分子间的相互作用"成核"。这一过程进行的速度与 DNA 浓度的平方成正比。即溶液中 DNA 分子越多，相互碰撞结合"成核"的机会越大。

（3）DNA 顺序的复杂性　具有很多重复序列的 DNA 分子，复性快；复杂特定序列的 DNA 分子，复性慢。

（4）DNA 的片段大小　DNA 片段越大，复性越慢；DNA 片段越小，情况则相反。

DNA 复性后，其溶液的吸光值减小，最多可减小至变性前的吸光值，这种现象称为减色效应。引起减色效应的原因是碱基状态的改变，DNA 复性后其碱基又藏于双螺旋内部，碱基对又呈堆积状态，它们之间电子的相互作用又得以恢复，这样就使碱基吸收紫外线的能力减弱。可以用减色效应的大小来跟踪 DNA 的复性过程，衡量复性的程度。

（四）核酸分子杂交

分子杂交，简称杂交（hybridization），是核酸研究中一项最基本的实验技术。其基本原理是应用核酸分子变性和复性的性质，使来源不同的 DNA（或 RNA）片段，按碱基互补关系形成杂交双链分子（heteroduplex）。杂交双链可以在 DNA 与 DNA 链之间，也可在 RNA 与 DNA 链之间形成。杂交的本质就是在一定条件（加热或碱处理）下使互补核酸链实现复性，使双螺旋解开成为单链，因此，变性技术也是核酸杂交的一个环节。

若杂交的目的是识别靶 DNA 中的特异核苷酸序列，这需要牵涉到另一项核酸操作的基本技术——探针的制备。探针是指带有某些标记物（如放射性同位素 ^{32}P、荧光物质异硫氰酸荧光素等）的特异性核酸序列片段。若我们设法使一个核酸序列带上 ^{32}P，那么它与靶序列互补形成的杂交双链就会带有放射性。以适当方法接收来自杂交链的放射信号，即可对靶序列 DNA 的存在及其分子大小加以鉴别。在现代分子生物学实验中，探针的制备和使用是与分子杂交相辅相成的技术手段。核酸分子杂交作为一项基本技术，已应用于核酸结构与功能研究的各个方面。在医学上，目前已用于多种遗传性疾病的基因诊断（gene diagnosis）、恶性肿瘤的基因分析、传染病病原体的检测等领域，其成果大大促进了现代医学的进步和发展。

工作任务

任务一　植物 DNA 的提取与鉴定

核酸是生物有机体中的重要成分，在生物体中核酸常与蛋白质结合在一起，以核蛋白的形式存在。核酸分为脱氧核糖核酸（DNA）和核糖核酸（RNA）两大类，在真核细胞中前者主要存在于细胞核中，后者主要存在于细胞质及核仁中。

一、检测方法

CTAB 法是一种快速简便的提取植物总 DNA 的方法。CTAB（十六烷基三甲基溴化铵）是一种阳离子型去污剂，它不仅能使蛋白质变性而且还能与核酸形成特异的核酸-CTAB 复合物，这种复合物溶于高盐缓冲液（≥0.7mol/L NaCl），降低盐浓度，通过超速离心能选择性地沉淀核酸，并与多糖等可溶性杂质分开，核酸-CTAB 复合物再用 70%～75%乙醇浸泡可脱掉 CTAB。提取时先将新鲜的植物组织在液氮中研磨，使其细胞破碎，然后加入 CTAB 分离缓冲液将 DNA 溶解出来，再经氯仿-异戊醇抽提除去蛋白质，最后通过异丙醇沉淀或低盐离心得到 DNA。

真核生物中的染色体 DNA 与组蛋白结合成核蛋白（DNP），存在于核内。DNP 溶于水和浓盐溶液（如质量浓度为 1mol/L 的 NaCl 溶液），但不溶于质量浓度为 0.14mol/L 的 NaCl 溶液，即 DNA 的溶解度随着 NaCl 溶液浓度的变化而变化（图 6-12）。将细胞破碎后用浓盐溶液提取，然后用水将 NaCl 溶液稀释至 0.14mol/L，使 DNP 纤维沉淀出来，缠绕在玻璃棒上，再经多次溶解和沉淀以达到纯化的目的。

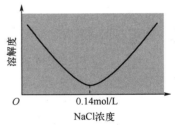

图 6-12　DNA 在 NaCl 溶液中的溶解度曲线

提取纯化后的 DNA 在酸性条件下加热，其嘌呤碱与脱氧核糖间的糖苷键断裂，生成嘌呤碱、脱氧核糖和脱氧嘧啶核苷酸，而 2-脱氧核糖在酸性环境中加热脱水生成 ω-羟基-γ-酮基戊糖，与二苯胺试剂反应生成蓝色物质。

二、工作准备

1. 试剂

① 0.5mol/L 乙二胺四乙酸（EDTA）（500mL）　取 EDTA-2Na 93.05g、NaOH 10g 加入蒸馏水充分溶解后调 pH 值至 8.0 后定容。

② 1mol/L Tris-HCl（1000mL）　取三羟甲基氨基甲烷（Tris）121.1g，浓 HCl 49mL 加入蒸馏水充分溶解后调 pH 值至 8.0 后定容。

③ TE（100mL） 加入 1mol/L Tris-HCl pH 8.0 溶液 1mL 和 0.5mol/L EDTA pH 8.0 溶液 0.2mL 后定容。

④ CTAB 提取液（100mL） 取 CTAB 2g、NaCl 8.18g、EDTA-2Na 0.74g、1mol/L 的 Tris-HCl（pH 8.0）10mL、巯基乙醇 0.2mL，加水后定容。

⑤ 洗涤缓冲液（70%乙醇，10mmol/L 乙酸铵） 取无水乙醇 70mL、乙酸铵 0.077g，加水到 100mL。

⑥ 氯仿/异戊醇=24∶1。

⑦ 干冰。

⑧ 二苯胺试剂。

A 液：取 0.2g 二苯胺溶于 10mL 冰醋酸中，再加 1.1mL 浓硫酸（相对密度 1.84），若冰醋酸不纯，试剂呈蓝色或绿色，则不能使用。

B 液：乙醛体积分数为 0.2%的溶液。

配制：将 0.1mL B 液加入到 10mL A 液中，现配现用。

⑨ 异丙醇。

2. 仪器和器皿

研钵或匀浆器、移液器（1mL、200μL、20μL）及吸头、离心管、离心机、水浴锅、烧杯、量筒等。

三、工作过程

① 将 10mL CTAB 提取液加入 50mL 离心管中，置于 65℃ 水浴中预热。

② 称取 1.0～1.5g 或适量新鲜植物组织或叶片，用预冷的液氮或干冰冷却研钵或匀浆器，将新鲜植物组织或叶片粉碎成细粉末，再将冷冻的组织转移至离心管中。

③ 取 1.0g 的已粉碎组织样品加入预热的 CTAB 提取液，充分混匀，65℃温育 30min，并每 5～10min 混匀一次。

④ 加入等体积的氯仿/异戊醇（24∶1），颠倒充分混匀，4000r/min 离心 10min，回收上层水相（即上清液，该上清液中含有所需 DNA）。

⑤ 转移上清液至新的离心管中，加入 1/2～2/3 体积预冷的异丙醇，轻轻混匀，室温静置使核酸沉至管底（有些情况下，这一步可以析出云雾状的 DNA，如果看不到云雾状的 DNA，样品则可以在冰浴中放置数小时甚至过夜）。

⑥ 如果有云雾状的 DNA 析出，则用玻璃棒在云雾状的 DNA 中轻轻转动，缠起 DNA，然后将玻璃棒转移至 20mL 洗涤缓冲液中浸泡洗涤 10min（不要将 DNA 沉淀从玻璃棒上弄掉）（如果看不到云雾状的 DNA，可将离心管在 4000r/min 离心 5min，小心倒掉上清液，在松散的沉淀上加 20mL 洗涤缓冲液，轻轻转动离心管，洗涤核酸沉淀 10min，然后离心，小心倒掉上清液，让 DNA 沉淀自然干燥 20min）。

⑦ 用玻璃棒缠出 DNA，在室温下使 DNA 自然干燥 20min。

⑧ 将自然干燥的 DNA 溶于 1mL TE 缓冲液中，−20℃保存备用。

⑨ 鉴定 取两支试管，分别编为 1 号、2 号，各加入 0.015mol/L 的 NaCl 溶液 2mL，将所得的白色絮状物质取出一部分放入 1 号试管，搅拌使其溶解，然后向两支试管中分别加入

2mL 二苯胺试剂，混合均匀后在沸水浴中加热 5~10min，观察颜色变化，将现象填入表 6-2 中。

表 6-2　DNA 的鉴别反应表

管号	NaCl 溶液	DNA 样品	二苯胺试剂	现象
1	2mL	加入白色絮状物质	2mL	
2	2mL	—	2mL	

　　※提示注意
　　① 所有操作均须温和进行，避免剧烈振荡。
　　② 研钵或匀浆器使用前要预冷。
　　③ 二苯胺试剂最好现配现用，否则二苯胺会变成浅蓝色，影响鉴定效果。
　　④ 操作时应戴手套，并注意不要污染其他实验器材。有机试剂的配制和操作要在通风橱中进行。
　　★思考与讨论
　　① 什么材料适合提取 DNA？
　　② 还有其他方法能对 DNA 进行鉴定吗？
　　③ 提取的 DNA 如果不是白色丝状物，说明什么？
　　④ 二苯胺鉴定结果如果不呈现蓝色，请分析原因。

四、结果记录

　　记录检测结果，见表 1-4。

五、工作评价

　　根据表 1-5 对工作任务的学习情况进行整体评价。

任务二　酵母 RNA 的提取（稀碱法）与鉴定

　　微生物是工业上大量生产核酸的原料。酵母核酸中主要是 RNA（占 2.67%~10.0%），DNA 很少（0.03%~0.516%），而且菌体容易收集，RNA 也易于分离，此外，抽提后的菌体蛋白质（占干菌体的 50%）仍具有很高的应用价值。

一、检测方法

　　RNA 提取过程首先要使 RNA 从细胞中释放，并使它和蛋白质分离，然后将菌体除去。再根据核酸在等电点时溶解度最小的性质，将 pH 值调至 2.0~2.5，使 RNA 沉淀并进行离心收集。然后利用 RNA 不溶于有机溶剂乙醇的特性，以乙醇洗涤 RNA 沉淀。
　　由于 RNA 的来源和种类很多，所以提取制备方法也各异，一般有苯酚法、去污剂法和盐酸胍法。其中苯酚法又是最常用的，具体操作为：组织匀浆用苯酚处理并离心后，RNA 即溶于上层被酚饱和的水相中，DNA 和蛋白质则留在酚层中；向水层加入乙醇后，RNA 即以白色絮状沉淀析出，此法能较好地除去 DNA 和蛋白质。该方法提取的 RNA 具有活性。

工业上常用稀碱法和浓盐法提取 RNA，用这两种方法所提取的核酸均为变性的 RNA，主要用作制备核苷酸的原料，其工艺比较简单。浓盐法使用 10%左右的氯化钠溶液，在 90℃提取 3～4h，迅速冷却，提取液经离心后，上清液用乙醇沉淀 RNA。而稀碱法是使用稀碱使酵母细胞裂解，然后用酸中和，除去蛋白质和菌体后的上清液用乙醇沉淀 RNA 或调 pH 值至2.5 利用等电点沉淀。

酵母含 RNA 达 2.67%～10.0%，而 DNA 含量仅为 0.03%～0.516%，为此，提取 RNA 多以酵母为原料。

RNA 中含有核糖、嘌呤碱、嘧啶碱和磷酸各组分。加硫酸煮沸可使其水解，从水解液中可以测出上述组分的存在。

核糖：核糖能与酸作用生成糠醛，后者再与地衣酚（又称苔黑酚，3,5-二羟基甲苯）作用产生绿色物质。一定范围内绿色的深浅与核糖的量成正比，故可以用比色法测定核糖的含量，然后算出 RNA 的含量。

嘌呤：在浓氨水中可与硝酸银反应生成絮状的嘌呤银化合物沉淀。

磷酸：磷与钼酸铵反应生成黄色的磷钼酸铵沉淀，在有还原剂抗坏血酸存在的情况下，进一步与其反应生成蓝色的钼蓝。在一定范围内，蓝色的深浅与磷的含量成正比，可用于 RNA 的定量测定。

二、工作准备

1. 试剂

① 0.04mol/L NaOH 溶液。

② 95%乙醇。

③ 乙醚。

④ 1.5mol/L 硫酸溶液。

⑤ 浓氨水。

⑥ 0.1mol/L 硝酸银溶液。

⑦ 酸性乙醇溶液（30mL 乙醇加 0.3mL HCl）。

⑧ 三氯化铁浓盐酸溶液：将 2mL 10%三氯化铁（$FeCl_3 \cdot 6H_2O$）溶液加入 400mL 浓 HCl 中。

⑨ 苔黑酚（3,5-二羟基甲苯）乙醇溶液：称取 6g 苔黑酚溶于 100mL 95%乙醇。

⑩ 定磷试剂

A.17%硫酸：将 17mL 浓硫酸（相对密度 1084）缓缓倾入 83mL 水中；

B.2.5%钼酸铵：2.5g 钼酸铵溶于 100mL 水中；

C.10%抗坏血酸溶液：10g 抗坏血酸溶于 100mL 水中，于棕色瓶中保存。

注：临用时将三种溶液和水按下列比例混合：17%硫酸：2.5%钼酸铵：10%抗坏血酸：水＝1：1：1：2（体积比）。

2. 仪器设备

研钵、锥形瓶、量筒、滴管、水浴锅、离心机、电磁炉、布氏漏斗等。

三、工作过程

1. 酵母 RNA 提取

称 5g 干酵母粉悬浮于 30mL 0.04mol/L NaOH 溶液中并在研钵中研磨均匀。悬浮液转入锥形瓶，沸水浴加热 30min，冷却，转入离心管。3000r/min 离心 15min 后，将上清液慢慢倾入 10mL 酸性乙醇中，边加边搅拌。加毕，静置，待 RNA 沉淀完全后，3000r/min 离心 3min。弃去上清液，用 95%乙醇洗涤沉淀两次，再用乙醚洗涤沉淀一次后，用乙醚将沉淀转移至布氏漏斗抽滤，沉淀（白色沉淀即是核酸钠盐）在空气中干燥。称量所得 RNA 粗品的质量。重复检测两次。

2. RNA 含量计算

$$干酵母粉RNA含量（\%）= \frac{RNA重（g）}{干酵母粉重（g）} \times 100\%$$

3. RNA 组分鉴定

取 2g 提取的核酸，加入 1.5mol/L 硫酸 10mL，沸水浴加热 10min 制成水解液，然后进行组分鉴定。

（1）嘌呤碱　取一支试管，加入 1mL 水解液，加入过量浓氨水（约 2mL）。然后加入 1mL 0.1mol/L 硝酸银溶液，观察有无嘌呤碱银化合物沉淀（有时沉淀出现比较慢，需要静止 15min）。

加入 $AgNO_3$ 后，观察有何变化。静置 15min 后，再比较两管中的沉淀。

（2）核糖　取水解液 1mL，加入三氯化铁浓盐酸溶液 2mL 和苔黑酚乙醇溶液 0.2mL（苔黑-$FeCl_3$）。放沸水浴中 10min。注意观察核糖是否变成绿色。

（3）磷酸　取一支试管，加入 1mL 水解液，然后加入定磷试剂 1mL。在水浴中加热 30min 观察溶液是否变成蓝色。

※提示注意

① 操作人员戴橡胶手套。

② 样品管、移液器枪头、塑料容器和溶液需确定不含 RNA 酶。所有玻璃制品都必须在 150℃烘烤 4h。所有旧塑胶制品都必须用 0.5mol/L 的 NaOH 处理 10min，并用 DEPC-H_2O 彻底冲洗后灭菌。无法用焦碳酸二乙酯（DEPC）处理的用具可以用氯仿擦拭若干次，这样通常可以消除 RNA 分解酵素的活性。

★思考与讨论

① 如何从酵母中提取到较纯的 RNA？

② 稀碱法提取有哪些环节会引起 RNA 的损耗？

四、结果记录

记录检测结果，见表 1-4。

五、工作评价

根据表 1-5 对工作任务的学习情况进行整体评价。

 能力拓展

拓展任务　真菌 RNA 的提取（浓盐法）与含量测定

在工业生产上 RNA 提取常用的是稀碱法和浓盐法。稀碱法是利用细胞壁在稀碱条件下溶解，使 RNA 释放出来，这种方法提取时间短，但 RNA 在稀碱条件下不稳定，容易被碱分解。

一、检测方法

浓盐法是在加热的条件下，利用高浓度的盐改变细胞膜的透性，使 RNA 释放出来，此法易掌握，产品质量较好。使用浓盐法提取 RNA 时应注意掌握温度，避免在 20～70℃之间停留时间过长，因为这是磷酸二酯酶和磷酸单酯酶作用的温度范围，会使 RNA 因降解而降低提取率。在 90～100℃条件下加热可使蛋白质变性，破坏磷酸二酯酶和磷酸单酯酶，有利于 RNA 的提取。

嘌呤碱和嘧啶碱具有共轭双键，使碱基、含有碱基的核苷、核苷酸和核酸在 240～290nm 波段具有紫外吸收特性。利用此性质，可在波长 260nm 测定样品 RNA 的吸光度值并计算样品 RNA 的含量。

二、工作准备

1. 试剂
① 活性干酵母。
② 精密试纸（pH 0.5～5.0）。
③ NaCl（化学纯）。
④ 6mol/L HCl。
⑤ 95%乙醇（化学纯）。
⑥ 冰块。
2. 仪器
分析天平、锥形瓶（100mL）、量筒（50mL）、水浴锅、电磁炉、试管夹、离心管、离心机（4000r/min）、烧杯（250mL，50mL，10mL）、滴管及玻棒、吸滤瓶（500mL）、布氏漏斗、表面皿（8cm）、烘箱、干燥器、紫外-可见分光光度计。

三、工作过程

1. RNA 提取
取活性干酵母粉 5g，倒入 100mL 锥形瓶中，加 NaCl 5g，水 50mL，搅拌均匀，置于沸水浴中提取 1h。
2. 提取液分离
将上述提取液取出，立即用自来水冷却，装入大离心管内，以 3500r/min 离心 10min，

使提取液与菌体残渣等分离。

3. 沉淀 RNA

将离心得到的上清液倾于 50mL 烧杯中，并置于放有冰块的 250mL 烧杯中冷却，待冷却至 10℃ 以下时，用 6mol/L HCl 小心地调节 pH 值至 2.0～2.5。随着 pH 下降，溶液中白色沉淀逐渐增加，到等电点时沉淀量最多（注意严格控制 pH）。调好后继续于冰水中静置 10min，使沉淀充分，颗粒变大。

提示：RNA 蛋白溶于碱，DNA 蛋白溶于酸。提纯 RNA 需要去除溶液中的 DNA。首先要高温加热且温度要迅速达到 80℃ 以上，使 DNA 变性，30min 左右后，拿出来再骤冷，防止 DNA 复性。

4. 抽滤和洗涤

上述悬浮液以 3000r/min 离心 10min，得到 RNA 沉淀。将沉淀物放在 10mL 小烧杯内，用 95% 的乙醇 5～10mL 充分搅拌洗涤，然后在铺有已称重滤纸的布氏漏斗上用真空泵抽气过滤，再用 95% 乙醇 5～10mL 淋洗 3 次。由于 RNA 不溶于乙醇，洗涤不仅可脱水，使沉淀物疏松，便于过滤、干燥，而且可除去可溶性的脂类及色素等杂质，提高制品的纯度。

5. 干燥

从布氏漏斗上取下有沉淀物的滤纸，放在 8cm 表面皿上，置于 80℃ 烘箱内干燥。将干燥后的 RNA 制品称重。

6. 含量测定

称取一定量干燥后的 RNA 产品配制成浓度为 10～50μg/mL 的溶液，在紫外分光光度计上测定其 260nm 处的光密度值（OD），按下式计算 RNA 含量：

$$RNA含量（\%）=\frac{OD_{260nm}}{0.024L}\times\frac{RNA溶液总体积（mL）}{RNA称取量（\mu g）}\times100$$

式中 OD_{260nm}——260nm 处的光密度值；

L——比色杯的光径，cm；

0.024——1mL 溶液含有 1μg RNA 的光密度值。

7. 结果计算

根据含量测定的结果按下式计算提取率：

$$RNA提取率（\%）=\frac{RNA含量（\%）\times RNA制品重（g）}{酵母重（g）}\times100$$

※提示注意

① 避开核酸酶作用的温度范围 20～70℃，防止 RNA 降解。同时在调 pH 值时，一定要缓慢小心，且要在低温下进行。

② 在抽滤洗涤时，要用乙醇洗涤，不可用水洗，否则将导致 RNA 部分溶解而造成损失，降低 RNA 提取率。

★思考与讨论

① 在酵母 RNA 提取实验过程中，沸水浴的目的是什么？

② 本实验中，调节 pH 值至 2.0～2.5，目的是什么？

四、结果记录

记录检测结果，见表 1-4。

五、工作评价

根据表 1-5 对工作任务的学习情况进行整体评价。

 项目学习思维导图

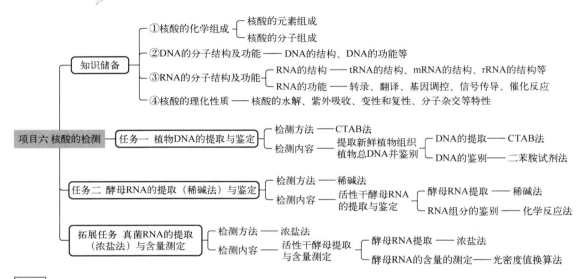

 项目学习检测

一、填空题

1. 核苷酸是由_____、_____和磷酸基连接而成。

2. 体内的嘌呤主要有_____和_____；嘧啶主要有_____、_____和_____；某些 RNA 分子中还有和含有微量的其他碱基，称为_____。

3. 嘌呤环上的第_____位氮原子与戊糖的第_____位碳原子相连形成_____键，通过这种键相连而成的化合物叫_____。

4. B-型构造的 DNA 双螺旋直径为_____，双螺旋每隔_____转一圈，约相当于_____个碱基对。

5. tRNA 的三叶草型结构中有_____环，_____环，_____环及_____环，还有_____。

二、单选题

1. 热变性的 DNA 分子在适当条件下可以复性，条件之一是（   ）。

A. 骤然冷却　　　　B. 缓慢冷却　　　　C. 浓缩　　　　D. 加入浓的无机盐

2. 在适宜条件下，核酸分子的两条链通过杂交作用可自行形成双螺旋，取决于（   ）。

A. DNA 的 T_m 值　　　　　　　　　B. 序列的重复程度

C. 核酸链的长短　　　　　　　　　　D. 碱基序列的互补

3. 核酸中核苷酸之间的连接方式是（　　　）。

A.2′,5′-磷酸二酯键　　　　　　　　B. 氢键

C.3′,5′-磷酸二酯键　　　　　　　　D. 糖苷键

4.tRNA 的分子结构特征是（　　　）。

A. 有反密码环和 3′-端有—CCA 序列　B. 有反密码环和 5′-端有—CCA 序列

C. 有密码环　　　　　　　　　　　　D.5′-端有—CCA 序列

5. 下列关于 DNA 分子中的碱基组成的定量关系哪个是不正确的？（　　　）

A.C+A=G+T　　B.C=G　　　　　C.A=T　　　　　　D.C+G=A+T

6. 下面关于 Watson-Crick DNA 双螺旋结构模型的叙述中哪一项是正确的？（　　　）

A. 两条单链的走向是反平行的　　　　B. 碱基 A 和 G 配对

C. 碱基之间共价结合　　　　　　　　D. 磷酸戊糖主链位于双螺旋内侧

7. 具 5′-CpGpGpTpAp-3′顺序的单链 DNA 能与下列哪种 RNA 杂交？（　　　）

A.5′-GpCpCpAp-3′　　　　　　　　B.5′-GpCpCpApUp-3′

C.5′-UpApCpCpGp-3′　　　　　　　D.5′-TpApCpCpGp-3′

8.RNA 和 DNA 彻底水解后的产物（　　　）。

A. 核糖相同，部分碱基不同　　　　　B. 碱基相同，核糖不同

C. 碱基不同，核糖不同　　　　　　　D. 碱基不同，核糖相同

9. 下列关于 mRNA 描述哪项是错误的？（　　　）

A. 原核细胞的 mRNA 在翻译开始前需加"PolyA"尾巴

B. 原核细胞的许多 mRNA 携带着几个多肽链的结构信息

C. 真核细胞 mRNA 在 3′ 端有特殊的"尾巴"结构

D. 真核细胞 mRNA 在 5′ 端有特殊的"帽子"结构

10.tRNA 的三级结构是（　　　）。

A. 三叶草叶形结构　　　　　　　　　B. 倒 L 形结构

C. 双螺旋结构　　　　　　　　　　　D. 发夹结构

11. 维系 DNA 双螺旋稳定的最主要的力是（　　　）。

A. 氢键　　　　　B. 离子键　　　　C. 碱基堆积力　　　D. 范德华力

12. 下列关于 DNA 的双螺旋二级结构稳定的因素中哪一项是不正确的？（　　　）

A.3′,5′-磷酸二酯键

B. 互补碱基对之间的氢键

C. 碱基堆积力

D. 磷酸基团上的负电荷与介质中的阳离子之间形成的离子键

13. T_m 是指什么情况下的温度？（　　　）

A. 双螺旋 DNA 达到完全变性时　　　B. 双螺旋 DNA 开始变性时

C. 双螺旋 DNA 结构失去 1/2 时　　　D. 双螺旋结构失去 1/4 时

14. 双链 DNA 的解链温度的增加，提示其中含量高的是（　　　）。

A. A 和 G　　　　　B. C 和 T　　　　　C. A 和 T　　　　　D. C 和 G

15. 核酸变性后，可发生哪种效应？（　　　）

A. 减色效应　　　　　　　　　　B. 增色效应

C. 失去对紫外线的吸收能力　　　D. 最大吸收峰波长发生转移

16. 某双链 DNA 纯样品含 15%的 A，该样品中 G 的含量为（　　　）。

A.35%　　　　　　B.15%　　　　　　C.30%　　　　　　D.20%

17. 可用于测量生物样品中核酸含量的元素是：（　　　）。

A. 碳　　　　　B. 氢　　　　　C. 氧　　　　　D. 磷　　　　　E. 氮

18. 下列哪种碱基只存在于 RNA 而不存在于 DNA？（　　　）

A. 尿嘧啶　　　　B. 腺嘌呤　　　　C. 胞嘧啶　　　　D. 鸟嘌呤　　　　E. 胸腺嘧啶

19. 核酸对紫外线的最大吸收峰在哪一波长附近？（　　　）

A.280nm　　　　　B.260nm　　　　　C.200nm　　　　　D.340nm

20. DNA 变性是指：（　　　）。

A. 分子中磷酸二酯键断裂　　　　B. 多核苷酸链解聚

C. DNA 分子由超螺旋→双链双螺旋　D. 互补碱基之间氢键断裂

21. DNA 不溶解于（　　　）。

A. 氯化钠溶液　　　B. 氯化钾溶液　　　C. 酒精溶液　　　D. 氯化镁溶液

22. DNA 的溶解度最低时，氯化钠的物质的量浓度为（　　　）。

A.2mol/L　　　　　B.0.1mol/L　　　　　C.0.14mol/L　　　　　D.0.015mol/L

23. 鉴定 DNA 的试剂是（　　　）。

A. 斐林试剂　　　B. 苏丹Ⅲ染液　　　C. 双缩脲试剂　　　D. 二苯胺试剂

24. 在向溶解 DNA 的氯化钠溶液中，不断加入蒸馏水的目的是（　　　）。

A. 加快溶解 DNA 的速度

B. 加快溶解杂质的速度

C. 减小 DNA 的溶解度，加快 DNA 析出

D. 减小杂质的溶解度，加快杂质的析出

25. 在 DNA 的粗提取过程中,初步析出 DNA 和提取较纯净的 DNA 所用的药品的浓度及其名称分别是（　　　）。

①0.1g/mL 柠檬酸钠溶液　②2mol/L 氯化钠溶液　③0.14mol/L 氯化钠溶液　④体积分数为 95%的酒精溶液　⑤0.015mol/L 氯化钠溶液　⑥0.04mol/L 氯化钠溶液

A.①③⑤　　　　　B.③④　　　　　C.②④　　　　　D.②③④

26. 下列关于 DNA 粗提取与鉴定实验的说法，错误的是（　　　）。

A. 实验中提取较纯净的 DNA 利用了 DNA 不溶于酒精的特点

B. 充分溶解 DNA 的盐溶液是 2mol/L 的 NaCl 溶液

C. 实验操作过程中先后两次加入蒸馏水的作用相同

D. 对最后提取的 DNA 用二苯胺试剂鉴定时需沸水浴加热

27. 关于 DNA 在氯化钠溶液中的溶解度，下面的叙述哪一个是正确的？（　　　）

A. 随着氯化钠溶液浓度增大，DNA 在氯化钠溶液中的溶解度也增大

B. 随着氯化钠溶液浓度的减小，DNA 在氯化钠溶液中的溶解度也减小

C. DNA 在氯化钠溶液中的溶解度与氯化钠溶液的浓度无关

D. 当氯化钠溶液的浓度为 0.14mol/L 时，DNA 的溶解度最低

28. 向溶有 DNA 的 2mol/L 的 NaCl 溶液中不断加入蒸馏水，在这个过程中 DNA 的溶解度变化情况分别是（　　　）。

A. 减小；减小　　　　　　　　　　B. 增大；增大

C. 先减小后增大　　　　　　　　　D. 增大；减小

29. 与析出 DNA 黏稠物有关的叙述，不正确的是（　　　）。

A. 操作时缓慢滴加蒸馏水，降低 DNA 的溶解度

B. 操作时用玻棒轻缓搅拌以保证 DNA 分子的完整

C. 加蒸馏水可以同时降低 DNA 和蛋白质的溶解度

D. 当丝状黏稠物不再增加时，NaCl 溶液的浓度可以认为是 0.14mol/L

30. DNA 遇二苯胺（沸水浴）会变成（　　　）。

A. 硅红色　　　　　B. 红色　　　　　C. 紫色　　　　　D. 蓝色

三、判断题

1. 杂交双链是指 DNA 双链分开后两股单链的重新结合。（　　　）

2. tRNA 的二级结构是倒 L 型。（　　　）

3. DNA 分子中的 G 和 C 的含量愈高，其熔点（T_m）值愈大。（　　　）

4. 如果 DNA 一条链的碱基顺序是 CTGGAC，则互补链的碱基序列为 GACCTG。（　　　）

5. 在 tRNA 分子中，除四种基本碱基（A、G、C、U）外，还含有稀有碱基。（　　　）

6. 一种生物所有体细胞的 DNA，其碱基组成均是相同的，这个碱基组成可作为该类生物种的特征。（　　　）

7. DNA 是遗传物质，而 RNA 则不是。（　　　）

8. 核酸的紫外吸收与溶液的 pH 值无关。（　　　）

9. Z 型 DNA 与 B 型 DNA 可以相互转变。（　　　）

10. 生物体内，天然存在的 DNA 分子多为负超螺旋。（　　　）

项目七
维生素的检测

 学习目标

知识目标：1. 掌握维生素的种类、生理功能；
　　　　　2. 熟悉常见维生素的缺乏症；
　　　　　3. 了解维生素的来源。

技能目标：1. 能利用滴定法测定食品、药品、化妆品及其添加剂中维生素的含量；
　　　　　2. 能利用紫外-可见分光光度法测定食品、药品、化妆品及其添加剂中维生素的含量。

素质目标：1. 正确处理检测争议，依法依规履行复检责任；
　　　　　2. 贯彻绿色实验室理念，培养成本控制意识；
　　　　　3. 主动关注检验检测行业政策法规动态更新，树立终身学习理念。

≫导学阅读　　"海上凶神"——坏血病

　　英国是工业革命的起点，其海军军备在当时最为发达，海军航行距离随着工业发展越来越远，与荷兰、西班牙、法国等争夺海上霸权的战争也愈演愈烈。但这时英国海军最大的敌人不是敌舰，也不是海上的风暴，而是坏血病。这种病造成的非战斗减员已经达到了让人难以忍受的程度。最严重的一次是在 1740~1744 年的环球航行中，乔治·安森手下的 1500 人竟有 1300 多人死于坏血病。在整个 16 世纪，英国海军船员的阵亡率与病死率之比高达 1∶50。在 17 世纪，每年死于坏血病的患者高达 5000 人。当时水手们谈到坏血病就会为之色变，把它称之为"海上凶神"，因此视远洋航行为畏途。

　　★**思考与讨论**

　　① 坏血病是什么症状？
　　② 现在能治疗坏血病吗？用什么物质治疗？
　　③ 这个治疗的物质性质是怎样的？

认识维生素

　　维生素（vitamin）旧称维他命，是维持机体正常生理功能所必需的一类微量低分子有机化合物，也是人和动物生长所必需的有机化合物。维生素对机体的新陈代谢、生长、发育、健康有极重要的作用。维生素在人体内不能合成或合成量不足，每天必须从食物中获取，它们不参与机体构成也不提供能量，机体长期缺乏维生素时会出现相应的缺乏症。

　　在营养素缺乏中以维生素缺乏最为多见,维生素缺乏是一个渐进的过程。当人们在某种维生素长期摄入过低时,就会发生维生素缺乏症。机体缺乏维生素原因可能有:①维生素摄入不足;②吸收利用障碍;③维生素需要量相对增加。因此,维生素类的药品、保健品及食品均需要进行维生素的检测。

　　本项目中以维生素 C 片鉴别检查及维生素 B₁ 片的鉴别和含量检测作为代表性工作任务。

 知识储备

　　维生素种类很多,是个庞大的家族。目前所知的维生素就有几十种,各种维生素的化学结构以及性质不同。维生素可按字母命名,也可按化学结构或功能命名,因而,一种维生素可有多种名称。

一、维生素的分类

　　维生素常根据其溶解性进行分类,分为脂溶性维生素和水溶性维生素两大类。

　　1. 脂溶性维生素

　　脂溶性维生素是指不溶于水而溶于脂肪及非极性有机溶剂(如苯、乙醚及氯仿等)的一类维生素,包括维生素 A、维生素 D、维生素 E、维生素 K 等。这类维生素一般只含有碳、氢、氧三种元素,在食物中多与脂质共存,其在机体内的吸收通常与肠道中的脂质密切相关,可随脂质吸收进入人体并在体内储存(主要在肝脏),排泄率不高。脂溶性维生素摄入量过多易引起中毒,若摄入量过少则缓慢出现缺乏症。另外,脂溶性维生素大多稳定性相对较强。

　　2. 水溶性维生素

　　水溶性维生素是指可溶于水而不溶于非极性有机溶剂的一类维生素,包括维生素 B 族和维生素 C。这类维生素除碳、氢、氧元素外,有的还含有氮、硫等元素。与脂溶性维生素不同,水溶性维生素在人体内储存较少,从肠道吸收后进入人体的多余的水溶性维生素大多从尿中排出,因此可通过尿中维生素的检测了解机体代谢情况。

　　另外,有些化合物具有生物活性,有人称其为"类维生素",如类黄酮、肉碱、牛磺酸等。

二、维生素的特点

　　① 以本体或前体形式存在于天然食物中。

　　② 不能在体内合成,也不能大量贮存,必须由食物提供。

　　③ 机体需要量甚微,但在调节机体代谢方面起重要作用。

　　④ 不构成组织,也不提供能量。

　　⑤ 多以辅酶或辅基的形式发挥功能。

　　⑥ 有的具有几种结构相近、活性相同的化合物。

三、维生素 A

　　1. 概念和分类

　　维生素 A 是抗干眼症维生素,是具有 β-白芷酮环结构的多烯基结构和视黄醇生物活性的

认识脂溶性维生素

一大类物质，包括维生素 A 和维生素 A 原及其代谢产物。

维生素 A 包括维生素 A_1（视黄醇）及其衍生物和维生素 A_2（3-脱氢视黄醇）及其衍生物，其结构如图 7-1 所示。前者主要存在于海水鱼的肝脏中，生物活性较高；后者主要存在于淡水鱼的肝脏中，生物活性较低。

维生素 A 原在体内可转换成维生素 A 的类胡萝卜素，包括 α-胡萝卜素、β-胡萝卜素、γ-胡萝卜素、隐黄素等，其中以 β-胡萝卜素活性最高。

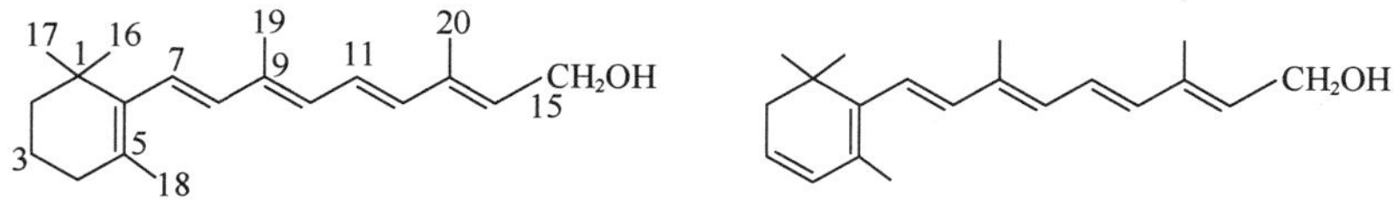

维生素A_1（视黄醇）　　　　　　　　维生素A_2（3-脱氢视黄醇）

图 7-1　维生素 A_1（视黄醇）和维生素 A_2（3-脱氢视黄醇）

2. 理化性质

维生素 A 常为淡黄色黏稠液体，纯净的维生素 A 为淡黄色洁晶，溶于非极性有机溶剂及脂肪中，不饱和度高，化学性质活泼，易被空气、氧化剂氧化。在高温条件下，紫外线和金属均可促进其被氧化破坏，当油脂酸败时，其中的维生素 A 和维生素 A 原将受到严重的破坏。

3. 吸收与代谢

动物中视黄醇酯和植物中的维生素 A 原在胃内蛋白酶的作用下从食物中释出，然后在小肠胆汁和胰脂酶的作用下消化分解。其中 β-胡萝卜素在加氧酶的作用下形成两分子维生素 A。

血液循环中维生素 A 主要以视黄醇结合蛋白形式存在。

视黄醇在体内被氧化为视黄醛后，进一步氧化为视黄酸，前两者具有相同的生物活性，后者生物活性不全，为代谢排泄形式。

4. 生理功能

① 维持正常视觉　维生素 A 能促进细胞内感光物质视紫红质的合成与再生，维持正常的暗适应能力，从而维持正常视觉。

② 维持上皮形态与生长。

③ 促进生长发育。

④ 抗癌作用。

⑤ 维持正常免疫功能。

5. 缺乏与过量

（1）维生素 A 缺乏　①暗适应时间延长、易患夜盲症。②干眼症。③上皮干燥、增生及角化。④儿童生长发育迟缓。

（2）维生素 A 过量　引起急性、慢性及致畸毒性。多发生在一次或连续多次摄入成人摄入量 100 倍以上。

6. 营养状况鉴定

① 血清维生素 A 的含量指标。

② 暗适应功能能力检测。

③ 血浆视黄醇结合蛋白含量指标。

④ 眼结膜印迹细胞学检查。

⑤ 眼部症状检查。

以上检测可反映维生素 A 的营养状况。

7. 食物来源

维生素 A 的良好来源是动物肝脏、奶类、蛋类等，维生素 A 原的良好来源是深色蔬菜与水果。

四、维生素 D

1. 概念和分类

维生素 D 是指含环戊氢烯菲环结构并具有钙化醇生物活性的一大类物质，以维生素 D_2（麦角钙化醇）和维生素 D_3（胆钙化醇）最为常见。前者是由酵母菌或麦角中的麦角甾醇经紫外线照射后的产物，后者是来自于食物中和体内皮下组织的 7-脱氢胆固醇经紫外线照射产生（图 7-2）。

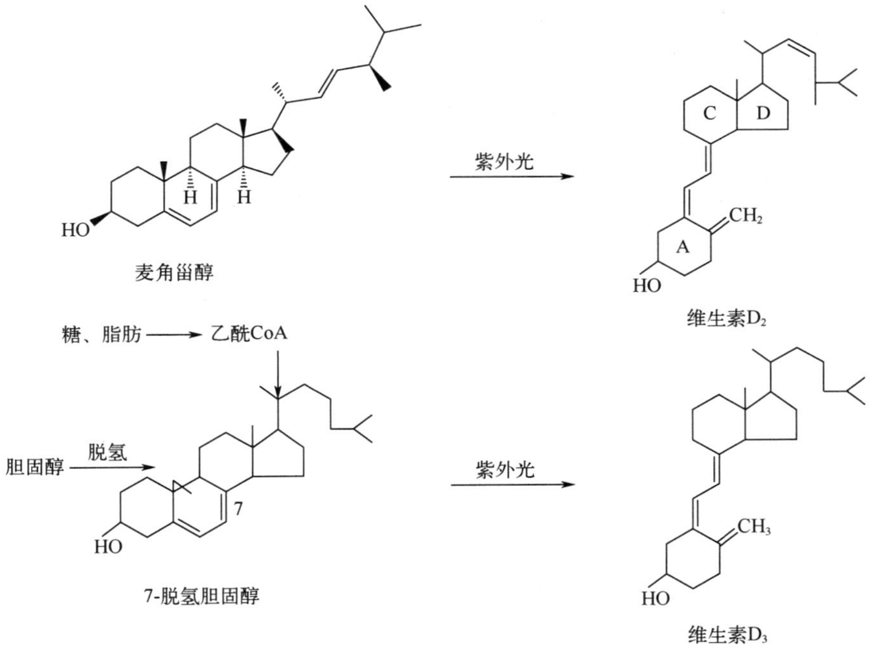

图 7-2　维生素 D_2（麦角钙化醇）和维生素 D_3（胆钙化醇）产生

2. 理化性质

维生素 D_2 和维生素 D_3 皆为白色晶体，化学性质比较稳定，在中性和碱性溶液中耐热，不易被氧化，但在酸性溶液中则逐渐分解，通常的烹调加工不会引起维生素 D 的损失。脂肪酸败可引起维生素 D 被破坏。

3. 吸收与代谢

膳食中的维生素 D_3 在胆汁的作用下，在小肠乳化被吸收入血液。从膳食和皮肤两条途径获得的维生素 D_3 与血浆 α-球蛋白结合被转运至肝脏，在肝内经维生素 D_3-25-羟化酶作用下生成 25-OH-D_3；然后被转运至肾脏，在 D_3-1-羟化酶作用下，生成 1, 25-(OH)$_2$-D_3，即为维生

素 D_3 的活性形式。然后在蛋白的载运下，经血液到达小肠、骨等靶器官中发挥作用。

4. 生理功能

① 促进小肠钙吸收，在小肠黏膜上皮细胞内，会诱发一种特异的钙运输的载体——钙结合蛋白合成，既将钙主动转运，又增加黏膜细胞对钙的通透性。

② 促进肾小管对钙、磷的重吸收，减少丢失。

③ 参与血钙平衡的调节，与内分泌系统一起发挥作用。

④ 其他如对骨细胞的多种作用及调节基因转录作用等。

5. 缺乏症与过多症

① 维生素 D 缺乏症　小儿佝偻病；成人骨质软化症；老年人骨质疏松。

② 维生素 D 过多症　摄入量过多，尤其是药物型摄入过量或注射过量时会发生中毒。

6. 营养水平鉴定

血液 25-OH-D_3 或 1, 25-(OH)$_2$-D_3 的含量可指示维生素 D 的营养状况。

7. 食物来源

海水鱼（如沙丁鱼等）、动物肝脏、蛋黄、奶油等。

五、维生素 E

1. 概念和分类

维生素 E 又称为生育酚，是含苯并二氢吡喃结构、具有 α-生育酚生物活性的一类物质。天然的维生素 E 有 8 种化合物：生育酚类和生育三烯酚类各有 α、β、γ、δ4 种。因 α-生育酚生物活性最高，通常以 α-生育酚（图 7-3）作为维生素 E 的代表。

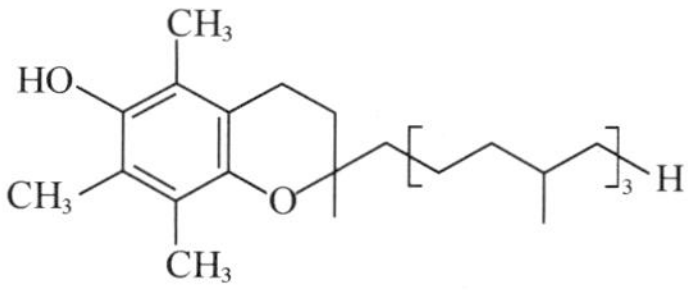

图 7-3　α-生育酚结构

2. 理化性质

维生素 E 常为黄色油状物，不溶于水而溶于有机溶剂。不易被酸、碱、高温破坏。对氧十分敏感，极易被氧化，故可保护其他同时存在的易被氧化的物质不被氧化破坏，常作抗氧化剂，在食品、药品、化妆品加工中已有广泛的应用。

3. 吸收与代谢

维生素 E 的吸收与肠道脂肪有关，影响脂肪吸收的因素也影响维生素 E 吸收。大部分被吸收的维生素 E 通过乳糜微粒到肝脏，为肝细胞所摄取。维生素 E 主要贮存在脂肪组织中。

4. 生理功能

① 抗氧化作用，维生素 E 是很强的抗氧化剂，可以在体内保护细胞免受自由基损害。维生素 E 抗氧化的机制是防止脂性过氧化物的生成，为联合抗氧化作用中的第一道防线。这一功能与其保持红细胞的完整性、抗动脉粥样硬化、抗肿瘤、改善免疫功能及延缓衰老等过

程有关。现今，维生素 E 在预防衰老、减少机体内脂褐质形成方面研究很多。

② 具有促进蛋白质的更新合成作用，具体表现为促进人体新陈代谢，增强机体耐力，维持肌肉、外周血管、中枢神经及视网膜系统的正常结构和功能。

③ 与动物的生殖功能和精子的生成有关，临床上用于习惯性流产的辅助治疗。

④ 调节血小板的黏附力和聚集作用。

5. 缺乏症与过多症

① 维生素 E 缺乏症：贫血；肌力不足；不孕不育。

② 维生素 E 过多症：抑制生长、肌无力、视觉模糊；维生素 K 吸收与利用障碍；女生闭经。

6. 营养水平鉴定

① 血清维生素 E 水平直接反映人体维生素 E 的贮存情况。

② 红细胞溶血试验，当维生素 E 缺乏时，红细胞对试验试剂——过氧化氢敏感增加，进而在检查中可看到溶血增加。

7. 食物来源

植物油、麦胚、坚果、豆类、谷类，蛋类、内脏、绿叶蔬菜等。

※应用拓展

维生素 E 是优良的抗氧化剂，在机体内能防止过氧化物生成、对抗自由基的破坏作用、清除自由基。在药品、化妆品、食品制备时，添加维生素 E，除可作为有效成分外，还可作为抗氧化剂，保护易氧化的有效成分。

六、维生素 K

1. 概念与理化性质

维生素 K 又称凝血维生素，是一类含甲萘醌衍生物的物质，其结构如图 7-4 所示。维生素 K 有维生素 K_1、维生素 K_2、维生素 K_3、维生素 K_4 4 种，其中维生素 K_1、维生素 K_2 为天然维生素 K，临床上应用的为人工合成的维生素 K_3、维生素 K_4。维生素 K_3、维生素 K_4 溶于水，可口服或注射。维生素 K_1 多为黄色油状物，维生 K_2 为淡黄色晶体，维生素 K_1 和维生素 K_2 对热较稳定，但对光及碱很敏感，易被破坏，故应避光保存。

2. 吸收、转运与代谢

从食物中来的维生素 K 与食物中的脂类一起，由消化道吸收，与乳糜微粒相结合，由淋巴系统运输入血液，送至肝内，在肝脏中被利用，很少一部分被贮存，其他的经分解后，经尿排出，或进入肠、肝循环。在动物体内具有生物活性的是维生素 K_2，维生素 K_1 和维生素 K_3 都要转化为维生素 K_2 才能起作用。

3. 生理功能

① 参与凝血因子合成。

② 促进骨代谢。

③ 抗动脉钙化。

4. 缺乏与过量

维生素 K 在正常人体内并不缺乏，但是维生素 K 在体内贮存少。以下三个原因会导致维

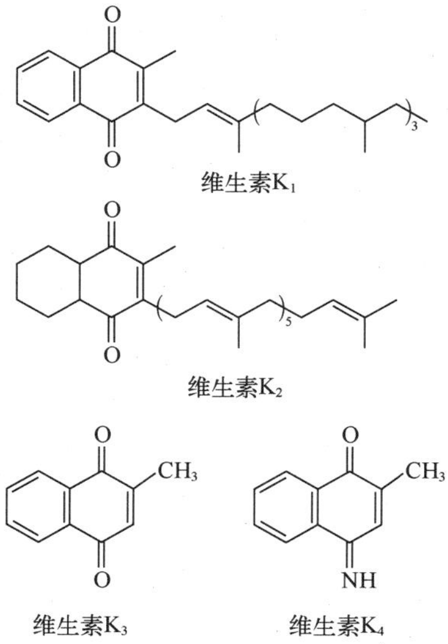

维生素K₁

维生素K₂

维生素K₃   维生素K₄

图 7-4　维生素 K 结构

生素 K 缺乏：消化吸收方面的疾病，引起维生素 K 吸收不良；用抗生素或磺胺类药物进行肠道消毒，减少了维生素 K 的合成，那么体内的维生素 K 可能在一定时间内耗尽，发生维生素 K 缺乏症；新生婴儿的肠道在出生时是无菌的，不能靠肠道细菌来合成维生素 K，如果他们没从母体中获得足够的维生素 K，就会产生维生素 K 缺乏症。

注意：严重缺乏维生素 K 会导致出血症。

5. 机体营养状况评价

通常通过测定凝血时间来诊断维生素 K 是否缺乏。

6. 来源

维生素 K 在食物中广泛分布，在人体肠道内的细菌也可合成维生素 K，供人体利用。

认识水溶性
维生素

七、维生素 C

1. 概念与理化性质

维生素 C 又名抗坏血酸，为一种含 6 个碳的 α-酮基内酯的弱酸（图 7-5）。

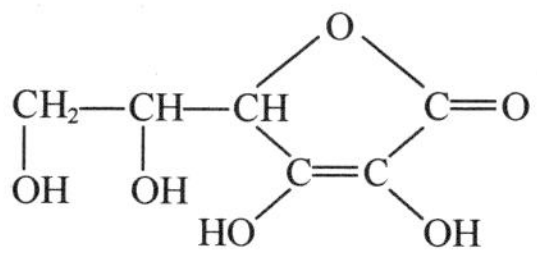

维生素 C 为白色或微黄色片状晶体或粉末，熔点为 190～192℃，极易溶于水，微溶于乙醇，不溶于有机溶剂，无臭，味酸，具有酸性和较强的还原性。其化学性质较活泼，

图 7-5　维生素 C 结构

在干燥条件下比较稳定，但在受潮或加热时容易发生氧化分解，在酸性溶液中（pH<4）较稳定，在中性以上的溶液中（pH>7.6）非常不稳定。其氧化过程为：还原型维生素 C 先被氧化为氧化型维生素 C，若进一步氧化为二酮古洛糖酸时，便失去维生素 C 活性。铜、铁等金属离子可促进上述反应过程。

2. 吸收、转运与代谢

维生素 C 在小肠中被吸收。血浆中维生素 C 可逆浓度梯度转运至许多组织细胞中去，并在其中形成高浓度积累。维生素 C 从尿中排出，其代谢产物除了还原型维生素 C 之外还有多种物质，如：二酮古洛糖酸等。

3. 生理功能

① 维生素 C 可作为一种电子供体，参与体内氧化还原反应，具有多种生理功能。如：抗氧化作用，提高体内-SH 水平；促进铁的吸收，使叶酸还原为四氢叶酸，使高铁血红蛋白还原为正常血红蛋白及解毒等。

② 参与羟化反应，通过羟化反应可发挥以下功能。

a. 维持胶原蛋白的正常功能，维生素 C 可使赖氨酸和脯氨酸羟化为羟赖氨酸和羟脯氨酸，后两者是胶原蛋白的重要成分。

b. 参与胆固醇的羟化，使胆固醇转变为胆酸，从而降低血胆固醇含量。

c. 参与神经递质合成及酪氨酸代谢等。

③ 研究认为维生素 C 有抗肿瘤及预防感冒的作用。

4. 缺乏与过量

（1）维生素 C 缺乏症　坏血病。

（2）维生素 C 摄入过量　一次性口服过多时可能出现腹泻症状，长期摄入量过高而饮水较少时，有增加尿路结石的危险。

5. 机体营养状况评价

① 负荷试验：给受试者一大剂量的水溶性维生素口服，当体内某种维生素缺乏或不足时，将首先满足机体的需要，从尿中排出的数量相对较少；反之，当体内充足时，从尿中排出的数量相对较多，根据排出量的多少可对机体水溶性维生素的营养状况作出评价。目前，一般采用的方法是口服维生素 C 500mg 进行 4h 负荷实验。

② 血浆维生素 C 含量可反映机体是否缺乏维生素 C。

③ 白细胞中维生素 C 浓度可反映机体贮存水平。

6. 食物来源

主要存在于新鲜的蔬菜与水果中。

八、维生素 B_1

1. 概念与理化性质

维生素 B_1 又称硫胺素，是人类发现最早的维生素之一，其结构如图 7-6 所示。

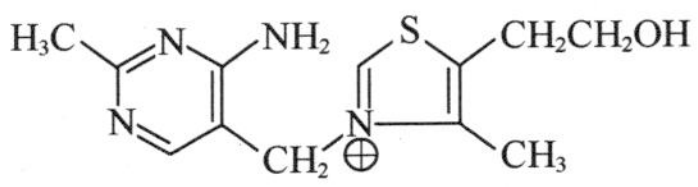

维生素 B_1 溶于水，耐酸、耐热，不易被氧化，但在碱性环境下加热时可迅速被分解破坏；在有亚硫酸盐存在时也可迅速被分解破坏。

图 7-6　维生素 B_1 结构

2. 吸收、转运和代谢

维生素 B_1 的吸收主要在空肠，吸收过程需钠离子存在并消耗 ATP。在血液中主要以焦硫酸酯的形式由红细胞完成体内转运。然后硫胺素以多种形式存在于组织细胞中，以肝、肾、心脏为最高。

3. 生理功能

① 以硫胺素焦磷酸（TPP）辅酶形式参与体内糖代谢中的两个主要反应。

a.α-酮酸氧化脱羧作用，即丙酮酸转变为乙酰辅酶 A 与 α-酮戊二酸转变为琥珀酰辅酶 A，经此反应后 α-酮酸才能进入柠檬酸循环彻底氧化。

b. 戊糖磷酸途径的转酮醇酶反应，此反应是合成核酸所需的戊糖、脂肪和类固醇合成所需 NADPH 的重要来源。

② 维持神经、肌肉特别是心肌的正常功能。

③ 与维持食欲、胃肠道正常蠕动及消化液分泌有关。

4. 缺乏与过量

维生素 B_1 典型缺乏症为脚气病，主要损害神经血管系统。目前尚未见过多症。

5. 营养水平鉴定

（1）尿中排出量检测常用两种方法　①检测全天尿维生素 B_1 排出量，可较好判断体内维生素 B_1 营养情况，但操作较困难；②检测尿中克肌硫胺素与肌酐排出量的比值，也可较好判断是否缺乏维生素 B_1。

（2）红细胞转酮醇酶活力系数（ETK-AC）或 TPP 效应　血液中硫胺素绝大多数以 TPP 形式存在于红细胞中，并作为转酮醇酶辅酶发挥作用。该酶活力大小与血液中硫胺素浓度密切相关。可通过体外试验测定加 TPP 与不加 TPP 时红细胞转酮醇酶的变化反映营养状态。是目前广泛应用的一种可靠方法。

6. 食物来源

维生素 B_1 来源广泛。其良好来源是动物内脏和瘦肉，全谷、豆类和坚果。但过度加工的米、面会使硫胺素大量流失。

九、维生素 B_2

1. 概念与理化性质

维生素 B_2 又称核黄素。在酸性溶液中对热稳定，在碱性环境中易于分解而被破坏。游离型核黄素对紫外线高度敏感，在酸性条件下可光解为光黄素，在碱性条件下光解为光色素而丧失生物活性，维生素 B_2 结构如图 7-7 所示。

2. 吸收与转运

食物中维生素 B_2 绝大多数以辅酶形式存在，少量以游离形式存在，经肠道酶水解后被释放吸收。

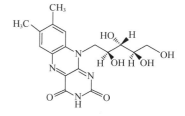

图 7-7　维生素 B_2 结构

维生素 B_2 在血液中主要靠与白蛋白的松散结合及与免疫球蛋白的紧密结合在体内转运。

3. 生理功能

维生素 B_2 以 FMN、FAD 的形式作为多种黄素酶的辅基，在体内广泛参与各种氧化还原反应。

① 在细胞代谢呼吸链能量产生反应中起重要作用；在氨基酸、脂肪氧化、蛋白质和某些激素的合成过程中发挥重要作用。

② 有抗氧化作用，与核黄素参与谷胱甘肽还原酶组成有关。

4. 缺乏与过量

维生素 B_2 典型缺乏症有"口腔生殖综合征"之称。主要表现为：口角炎、唇炎、舌炎、睑缘炎、结膜炎、脂溢性皮炎、阴囊皮炎等。

目前尚未见任何毒副作用。

5. 人体营养状况评价

① 尿排出量：a. 负荷实验；b. 任意一次尿中核黄素/肌酐比值（μg/g）测定。

② 全血谷胱甘肽还原酶活力系数可反映组织核黄素状态。

6. 食物来源

维生素 B_2 良好的食物来源主要是动物性食物，以肝、肾、心脏、蛋黄、乳类中最为丰富。植物性食物则是绿叶蔬菜类及豆类中含量较多。

十、维生素 PP

1. 概念与理化性质

维生素 PP 又名尼克酸、抗癞（糙）皮病维生素，包括烟酸及烟酰胺。维生素 PP 对酸、碱、光、热稳定，一般烹调损失较小。烟酸及烟酰胺结构如图 7-8 所示。

2. 吸收与代谢

烟酸在小肠吸收，经门静脉入肝，转化为辅酶Ⅰ（NAD）与辅酶Ⅱ（NADP）。

3. 生理功能

维生素 PP 作为 NAD、NADP 的组成成分，在碳水化合物、脂肪和蛋白质的能量释放上起重要作用，是氧化还原反应的递氢者，是氢的供体或受体。

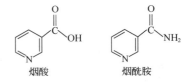

图 7-8　烟酸及烟酰胺结构

NADP 在维生素 B_6、泛酸和生物素存在下参与脂肪、类固醇等生物合成。

尼克酸是葡萄糖耐量因子的重要成分，具有增强胰岛素效能的作用。

4. 缺乏与过量

维生素 PP 典型缺乏症为癞皮病。典型症状为"三 D"症状，为皮炎、腹泻、痴呆。

5. 机体营养状况评定

在尿中排出的盐酸代谢物中，我国以尿中 N-甲烟酰胺排出量作为评价指标。可用尿负荷实验及任意一次尿 N-甲烟酰胺与肌酐比值表示。

6. 食物来源

烟酸广泛存在于动植物性食物中。

十一、维生素 B_6

1. 理化性质

维生素 B_6 包括吡哆醇、吡哆醛和吡哆胺。易溶于水与乙醇，在酸性溶液中耐热，在碱性溶液中不耐热，并对光敏感。吡哆醇、吡哆醛和吡哆胺结构及转化如图 7-9 所示。

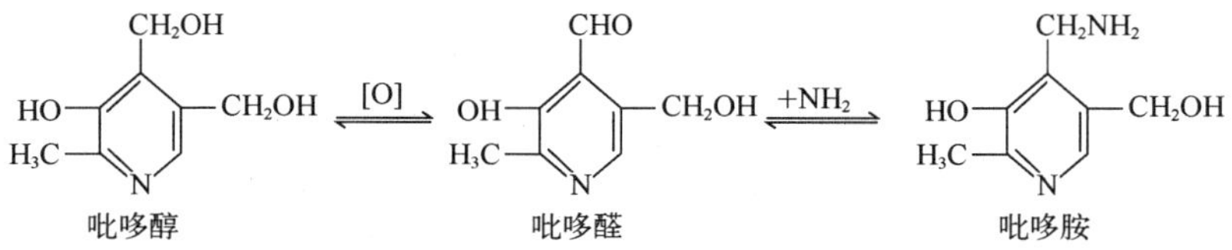

图 7-9　吡哆醇、吡哆醛和吡哆胺结构及转化

2. 生理功能

维生素 B_6 以磷酸吡哆醛（PLP）的形式参与近百种酶反应。多数与氨基代谢有关，包括转氨基、脱羧等作用。如蛋白质合成与分解代谢，糖异生、不饱和脂肪酸代谢、某些神经介质的合成方面；其参与一碳单位代谢，因而影响核酸和 DNA 合成。

3. 机体营养状况评价

① 色氨酸负荷试验。

② 血浆 PLP 含量。

4. 食物来源

维生素 B_6 广泛存在于各种食物中。其良好来源为：肉类（尤其是肝脏）、豆类、坚果等。

十二、叶酸

1. 概念与理化性质

叶酸是含有蝶酰谷氨酸结构的一类化合物的统称，因最初是从菠菜叶中分离出来而得名。在酸性溶液中对热不稳定，在中性和碱性环境中稳定。叶酸结构如图 7-10 所示。

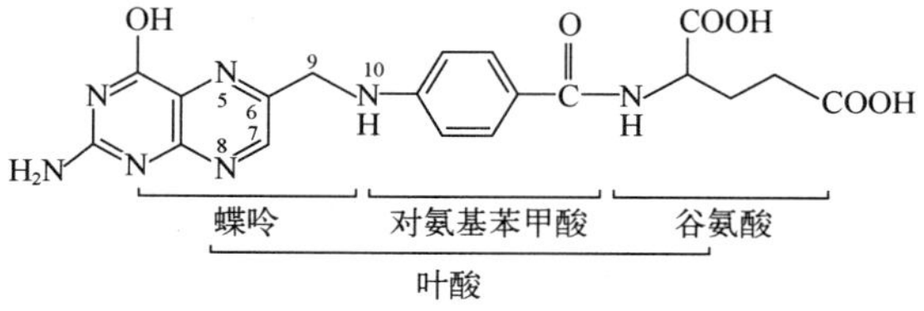

图 7-10　叶酸结构

2. 生理功能

叶酸在体内的活性形式为四氢叶酸，在体内许多重要的生物合成中作为一碳单位的载体发挥重要功能。可通过腺嘌呤、胸腺酸影响 DNA 和 RNA 的合成；可通过蛋氨酸代谢影响磷脂、肌酸的合成等。

3. 缺乏症

叶酸典型缺乏症为巨幼红细胞贫血。

叶酸缺乏可使高同型半胱氨酸向蛋氨酸转化出现障碍，进而导致高同型半胱氨酸血症。已经证实，其对血管内皮细胞有毒害作用。叶酸缺乏可能是动脉粥样硬化及心血管疾病的重要致病因素之一。此外，高同型半胱氨酸还具有胚胎毒性，患高同型半胱氨酸血症的母亲所生子女中神经管畸形的发生率明显较高。

4. 机体营养状况评价

① 测定血清叶酸是评价叶酸营养状况普遍采用的方法，但该方法受影响因素较多。

② 用测定血清、红细胞叶酸含量来进行综合分析。

5. 给量与食物来源

叶酸广泛存在于动植物性食物中，其良好来源为肝、肾、绿叶蔬菜、土豆、豆类和麦胚等。中国居民膳食维生素的推荐摄入量或适宜摄入量如图 7-11 所示。

表4 中国居民膳食维生素的推荐摄入量或适宜摄入量																
年龄(岁)/ 生理阶段	VA μgRAE/d		VD μg/d	VE(AI)mg α-TE/d	VK(AI) μg/d	VB$_1$ mg/d		VB$_2$ mg/d		VB$_6$ mg/d	VB$_{12}$ mg/d	泛酸(AI) mg/d	叶酸 μgDFE/d	烟酸 mgNE/d		胆碱(AI) mg/d		生物素(AI) mg/d	VC mg/d
	男	女				男	女	男	女					男	女	男	女		
0–	300(AI)		10(AI)	3	2	0.1(AI)		0.4(AI)		0.2(AI)	0.3(AI)	1.7	65(AI)	2(AI)		120		5	40(AI)
0.5–	350(AI)		10(AI)	4	10	0.3(AI)		0.5(AI)		0.4(AI)	0.6(AI)	1.9	100(AI)	3(AI)		150		9	40(AI)
1–	310		10	6	30	0.6		0.6		0.6	1.0	2.1	160	6		200		17	40
4–	360		10	7	40	0.8		0.7		0.7	1.2	2.5	190	8		250		20	50
7–	500		10	9	50	1.0		1.0		1.0	1.6	3.5	250	11	10	300		25	65
11–	670	630	10	13	70	1.3	1.1	1.3	1.1	1.3	2.1	4.5	350	14	12	400		35	90
14–	820	620	10	14	75	1.6	1.3	1.5	1.2	1.4	2.4	5.0	400	16	13	500	400	40	100
18–	800	700	10	14	80	1.4	1.2	1.4	1.2	1.4	2.4	5.0	400	15	12	500	400	40	100
50–	800	700	10	14	80	1.4	1.2	1.4	1.2	1.6	2.4	5.0	400	14	12	500	400	40	100
65–	800	700	15	14	80	1.4	1.2	1.4	1.2	1.6	2.4	5.0	400	14	11	500	400	40	100
80–	800	700	15	14	80	1.4	1.2	1.4	1.2	1.6	2.4	5.0	400	13	10	500	400	40	100
孕妇（早）	–	+0	+0	+0	+0	–	+0	–	+0	+0.8	+0.5	+1.0	+200	–	+0	–	+20	+0	+0
孕妇（中）	–	+70	+0	+0	+0	–	+0.2	–	+0.2	+0.8	+0.5	+1.0	+200	–	+0	–	+20	+0	+15
孕妇（晚）	–	+70	+0	+0	+0	–	+0.3	–	+0.3	+0.8	+0.5	+1.0	+200	–	+0	–	+20	+0	+15
乳母	–	+600	+0	+3	+5	–	+0.3	–	+0.3	+0.3	+0.8	+2.0	+150	–	+3	–	+120	+10	+50

图 7-11   中国居民膳食维生素推荐摄入量或适宜摄入量

（图片来源《中国居民膳食营养素参考摄入量》2013 修订版）

工作任务

任务一   维生素 C 片的鉴别与检查

维生素 C 片属于维生素类制剂，用于预防坏血病，也可用于各种急性传染病、慢性传染疾病及紫癜等的辅助治疗。现抽检到一批维生素 C 片，要求进行鉴别和溶液的颜色检查。维生素 C 片质量标准载于《中国药典》（2025 版）二部，具体如图 7-12 所示。

一、检测方法

1. 薄层色谱法

薄层色谱法是利用混合物中各成分对同一吸附剂吸附能力不同，使混合物在流动相（溶剂）流过固定相（吸附剂）的过程中，连续地产生吸附、解吸附、再吸附、再解吸附，从而达到各成分互相分离的目的。

在《中国药典》（2025 版）第四部指出，薄层色谱法系将供试品溶液点于薄层板上，在展开容器内用展开剂展开，使供试品所含成分分离，所得色谱图与标准物质按同法所得的色谱图对比，亦可用薄层色谱扫描仪进行扫描，用于鉴别、检查或含量测定。具体操作法如下：

维生素C片
Weishengsu C Pian
Vitamin C Tablets

本品含维生素C（$C_6H_8O_6$）应为标示量的93.0%~107.0%。

【性状】本品为白色至略带淡黄色片。

【鉴别】（1）取本品细粉适量（约相当于维生素C 0.2g），加水10mL，振摇使维生素C溶解，滤过，滤液照维生素C鉴别（1）项试验，显相同的反应。

（2）照薄层色谱法（通则0502）试验。

供试品溶液　取本品细粉适量（约相当于维生素C 10mg），加水10mL，振摇使维生素C溶解，滤过，取滤液。

对照品溶液　取维生素C对照品适量，加水溶解并稀释制成每1mL中约含1mg的溶液。

色谱条件　采用硅胶GF_{254}薄层板，以乙酸乙酯-乙醇-水（5：4：1）为展开剂。

测定法　吸取供试品溶液与对照品溶液各2μL，分别点于同一薄层板上，展开，取出，晾干，立即（1小时内）置紫外线灯（254nm）下检视。

结果判定　供试品溶液所显主斑点的位置和颜色应与对照品溶液的主斑点相同。

【检查】溶液的颜色　取本品细粉适量（相当于维生素C 1.0g），加水20mL，振摇使维生素C溶解，滤过，滤液照紫外-可见分光光度法（通则0401），在440nm的波长处测定吸光度，不得过0.07。

其他-应符合片剂项下有关的各项规定（通则0101）。

【含量测定】取本品20片，精密称定，研细，精密称取适量（约相当于维生素C 0.2g），置100mL量瓶中，加新沸过的冷水100mL与稀醋酸10mL的混合液适量，振摇使维生素C溶解并稀释至刻度，摇匀，迅速滤过，精密量取续滤液50mL，加淀粉指示液1mL，立即用碘滴定液（0.05mol/L）滴定至溶液显蓝色并持续30秒钟不褪。每1mL碘滴定液（0.05mol/L）相当于8.806mg的$C_6H_8O_6$。

【类别】同维生素C。

【规格】（1）25mg　（2）50mg　（3）100mg　（4）250mg

【贮藏】遮光，密封保存。

图 7-12　维生素 C 片质量标准

（1）薄层板制备

a. 市售薄层板：临用前一般应在 110℃活化 30min。聚酰胺薄膜不需活化。铝基片薄层板、塑料薄层板可根据需要剪裁，但须注意剪裁后的薄层板底边的固定相层不得有破损。

b. 自制薄层板：除另有规定外，将 1 份固定相和 3 份水（或加有黏合剂的水溶液，如 0.2%～0.5%羟甲基纤维素钠水溶液，或为规定浓度的改性剂溶液）在研钵中按同一方向研磨混合，去除表面的气泡后，倒入涂布器中，在玻板上平稳地移动涂布器进行涂布（厚度为 0.2～0.3mm），取下涂好薄层的玻板，置水平台上于室温下晾干后，在 110℃烘 30min，随即置于有干燥剂的干燥箱中备用。使用前检查其均匀度，在反射光及透视光下检视，表面应均匀、平整、光滑，并且无麻点、无气泡、无破损及污染。

（2）点样　除另有规定外，在洁净干燥的环境中，用专用毛细管或配合相应的半自动、自动点样器械点样于薄层板上。一般为圆点状或窄细的条带状，点样基线距底边 10～15mm，高效板一般基线离底边 8～10mm。圆点状直径一般不大于 4mm，高效板一般不大于 2mm。接触点样时注意勿损伤薄层表面。条带状宽度一般为 5～10mm，高效板条带宽度一般为 4～8mm，可用专用半自动或自动点样器械喷雾法点样。点间距离可视斑点扩散情况以相邻斑点互不干扰为宜，一般不少于 8mm，高效板供试品间隔不少于 5mm。

（3）展开　将点好供试品的薄层板放入展开缸中，浸入展开剂的深度为距原点 5mm 为宜，密闭。除另有规定外，一般上行展开 8～15cm，高效薄层板上行展开 5～8cm。溶剂前沿达到规定的展距，取出薄层板，晾干，待检测。

展开前如需要溶剂蒸气预平衡，可在展开缸中加入适量的展开剂，密闭，一般保持 15～30min。溶剂蒸气预平衡后，应迅速放入载有供试品的薄层板，立即密闭，展开。

必要时，可进行二次展开或双向展开，进行第二次展开前，应使薄层板残留的展开剂完全挥干。

（4）显色与检视　有颜色的物质可在可见光下直接检视，无色物质可用喷雾法或浸渍法以适宜的显色剂显色，或加热显色，在可见光下检视。有荧光的物质或显色后可激发产生荧光的物质可在紫外线灯（365nm 或 254nm）下观察荧光斑点。对于在紫外线下有吸收的成分，可用带有荧光剂的薄层板（如硅胶 GF$_{254}$ 板），在紫外光线（254nm）下观察荧光板面上的荧光物质淬灭形成的斑点。

（5）记录　薄层色谱图像一般可采用摄像设备拍摄，以光学照片或电子图像的形式保存。也可用薄层色谱扫描仪扫描或其他适宜的方式记录相应的色谱图。

（6）鉴别结果判断　按各品种项下规定的方法，制备供试品溶液和对照标准溶液，在同一薄层板上点样、展开与检视，供试品色谱图中所显斑点的位置和颜色（或荧光）应与标准物质色谱图的斑点一致。必要时化学药品可采用供试品溶液与标准溶液混合点样、展开，与标准物质相应斑点应为单一、紧密斑点。

2. 紫外-可见分光光度法

紫外-可见分光光度法是在 190～800nm 波长范围内测定物质的吸光度，用于鉴别、杂质检查和定量测定的方法。当光穿过被测物质溶液时，物质对光的吸收程度随光的波长不同而变化。因此，通过测定物质在不同波长处的吸光度，并绘制其吸光度与波长的关系图即得被测物质的吸收光谱。从吸收光谱中，可以确定最大吸收波长 λ_{max} 和最小吸收波长 λ_{min}。物质的吸收光谱具有与其结构相关的特征性。因此，可以通过特定波长范围内样品的光谱与对照光谱或对照品光谱的比较，或通过确定最大吸收波长，或通过测量两个特定波长处的吸光度比值而鉴别物质。用于定量时，在最大吸收波长处测量一定浓度样品溶液的吸光度，并与一定浓度的对照溶液的吸光度进行比较或采用吸收系数法求算出样品溶液的浓度。

测定时，除另有规定外，应以配制供试品溶液的同批溶剂为空白对照，采用 1cm 的石英吸收池，在规定的吸收峰波长±2nm 以内测试几个点的吸光度，或由仪器在规定波长附近自动扫描测定，以核对供试品的吸收峰波长位置是否正确。除另有规定外，吸收峰波长应在该品种项下规定的波长±2nm 以内，并以吸光度最大的波长作为测定波长。一般供试品溶液的吸光度读数，以在 0.3～0.7 之间为宜。仪器的狭缝波带宽度宜小于供试品吸收带的半高宽度的 1/10，否则测得的吸光度会偏低；狭缝宽度的选择，应以减小狭缝宽度时供试品的吸光度不再增大为准。由于吸收池和溶剂本身可能有空白吸收，因此测定供试品的吸光度后应减去空白读数，或由仪器自动扣除空白读数后再计算含量。

当溶液的 pH 值对测定结果有影响时，应将供试品溶液的 pH 值和对照品溶液的 pH 值调成一致。

因任务要求是鉴别和检查，则按本品种项下规定的方法进行即可。

二、工作准备

1. 试剂

乙酸乙酯、乙醇、维生素 C 片、维生素 C 对照品、硝酸银、二氯靛酚钠。

2. 仪器设备和器皿

分析天平、紫外-可见分光光度计、展开缸、毛细管、硅胶 GF$_{245}$ 预制板、50mL 烧杯、漏斗、玻璃棒、铁架台、滤纸、吸耳球，刻度吸管、洗瓶、500mL 烧杯、吸水纸、擦镜纸、试管，滴管。

三、工作过程

维生素 C 片
鉴别 1

1. 维生素 C 片【鉴别】（1）项下

（1）标准要求　取本品细粉适量（约相当于维生素 C 0.2g），加水 10mL，振摇使维生素 C 溶解，滤过，滤液照维生素 C【鉴别】（1）——《中国药典》（2025 版）第二部试验。

（2）收集资料

① 查找"维生素 C【鉴别】（1）——《中国药典》（2025 版）二部"

【鉴别】（1）取本品 0.2g，加水 10mL 溶解后，分成二等份，在一份中加硝酸银试液 0.5mL，即生成银的黑色沉淀；在另一份中，加二氯靛酚钠试液 1～2 滴，试液的颜色即消失。

② 查找"维生素 C【鉴别】（1）所需试剂配法——《中国药典》（2025 版）四部'试液'"项下：

硝酸银试液　可取用硝酸银滴定液（0.1mol/L）。

硝酸银滴定液（0.1mol/L）AgNO$_3$=169.87　16.99g→1000mL

【配制】取硝酸银 17.5g，加水适量使溶解成 1000mL，摇匀。

二氯靛酚钠试液　取 2,6-二氯靛酚钠 0.1g，加水 100mL 溶解后，滤过，即得。

（3）完成任务

① 计算取样量　取 20 片维生素 C，精密称取重量，求得平均片重 $M_{平均}$。

$$取样量=M_{平均}×0.2g×1000÷规格。$$

② 鉴别过程　配制硝酸银试液：取硝酸银 1.75g，加水溶解成 100mL，摇匀。

配制二氯靛酚钠试液：取 2,6-二氯靛酚钠 0.1g，加水 100mL 溶解后，滤过，即得。

鉴定：取维生素 C 片研细，按①算得的"取样量"取样，加水 10mL，振摇使维生素 C 溶解，滤过，滤液分成二等份，一份加入硝酸银试液 0.5mL，即生成黑色沉淀。一份加入二氯靛酚钠试液 1～2 滴，试液颜色消失。

③ 鉴别结果　参照鉴别中描述现象，与鉴别现象相同记录为"合格"，不同记录为"不合格"。

维生素 C 片
鉴别 2

2. 维生素 C 片【鉴别】（2）项下

（1）依标准要求完成鉴别操作

① 供试品溶液　取本品细粉适量（约相当于维生素 C 10mg），加水 10mL，振摇使维生素 C 溶解，滤过，取滤液。

②　对照品溶液　取维生素 C 对照品适量，加水溶解并稀释制成 1mL 中约含 1mg 的溶液。

③　色谱条件　采用硅胶 GF$_{254}$ 薄层板，以乙酸乙酯-乙醇-水（5：4：1）为展开剂。

④　测定法　吸取供试品溶液与对照品溶液各 2μL，分别点于同一薄层板上，展开，取出，晾干，立即（1 小时内）置紫外线灯（254nm）下检视。

（2）结果判定　供试品溶液所显主斑点的位置和颜色与对照品溶液的主斑点相同，为"合格"。若供试品溶液所显主斑点的位置和颜色与对照品溶液的主斑点不相同，为"不合格"。

维生素 C 片检查
（溶液的颜色）

3. 维生素 C 片【检查】"溶液的颜色"项下

（1）依标准要求完成鉴别操作　取本品细粉适量（相当于维生素 C 1.0g），加水 20mL，振摇使维生素 C 溶解，滤过，滤液照紫外-可见分光光度法（通则 0401），在 440nm 的波长处测定吸光度，不得过 0.07。

注意：空白溶液制备。

（2）结果判定　吸光度不过 0.07 为"合格"，大于 0.07 为"不合格"。

四、结果记录

记录维生素 C 片【鉴别】（1）、维生素 C 片鉴别（2）、维生素 C 片【检查】"溶液的颜色"的检测结果，见表 1-4。

五、工作评价

根据表 7-1～表 7-3 对工作任务的学习情况进行整体评价。

表 7-1　维生素 C 片【鉴别】（1）评分细则

评价内容		分值	评分细则	实得分
正确填写记录（15 分）		15	正确填写记录（15 分）	
操作过程	试剂配制（15 分）	10	完成硝酸银试液配制（10 分）	
		5	完成二氯靛酚钠试液配制（5 分）	
	计算取样量（30 分）	30	会操作测出平均片重（15 分）	
			计算取样量平均片重（15 分）	
	正确操作完成检测（15 分）	15	依标准正确操作试管鉴别反应（15 分）	
	正确记录结果（15 分）	10	做出正确结果（10 分）	
		5	正确记录结果（5 分）	
	清场（10 分）	10	完成清场（10 分）	

表 7-2　维生素 C 片【鉴别】(2) 评分细则

评价内容		分值	评分细则	实得分
正确填写记录（15分）		15	正确填写记录（15分）	
操作过程	计算取样量（10分）	10	会操作测出平均片重（5分）	
			计算取样量平均片重（5分）	
	制作样品和标准品（15分）	10	依标准完成样品制作（10分）	
		5	依标准完成对照品制作（5分）	
	鉴别过程（50分）	10	配制展开剂（10分）	
		10	做好记号，完成点样（10分）	
		5	预饱和操作（5分）	
		5	展开操作（5分）	
		5	晾干操作（5分）	
		15	检视，得出正确结果并记录（15分）	
	清场（10分）	10	完成清场（10分）	

表 7-3　维生素 C 片【检查】"溶液的颜色"评分细则

评价内容		分值	评分细则	实得分
正确填写记录（15分）		15	正确填写记录（15分）	
操作过程	计算取样量（10分）	10	会操作测出平均片重（5分）	
			计算取样量平均片重（5分）	
	制作样品和空白溶液（20分）	10	依标准完成样品制作（10分）	
		10	制作空白溶液（10分）	
	检查过程（45分）	10	开机预热（10分）	
		10	调节检测波长至440nm（10分）	
		10	以空白溶液调零（10分）	
		5	测定吸光度（5分）	
		5	结果正确（5分）	
		5	正确记录结果（5分）	
	清场（10分）	10	完成清场（10分）	

任务二　维生素 B$_1$ 片的鉴别和含量检测

维生素 B$_1$ 片属于维生素类制剂，用于预防和治疗维生素 B$_1$ 缺乏症，如脚气病、神经炎、消化不良等。现抽检到一批维生素 B$_1$ 片，要求对其进行鉴别和含量检测。维生素 B$_1$ 片质量标准载于《中国药典》（2025 版）二部，具体如图 7-13 所示。

维生素B₁片
Weishengsu B₁ Pian
Vitamin B₁ Tablets

本品含维生素B₁（$C_{12}H_{17}ClN_4OS \cdot HCl$）应为标示量的90.0%~110.0%。

【性状】本品为白色片。

【鉴别】取本品细粉适量，加水搅拌，滤过，滤液蒸干后，照维生素B₁鉴别（1）、（2）项下试验，显相同的反应。

【检查】有关物质-照高效液相色谱法（通则0512）测定。

供试品溶液 取本品细粉适量，加流动相适量，振摇使维生素B₁溶解，用流动相稀释制成每1mL中约含维生素B₁ 1mg的溶液，滤过，取续滤液。

对照溶液 精密量取供试品溶液1mL，置100mL量瓶中，用流动相稀释至刻度，摇匀。

色谱条件、系统适用性要求与测定法 见维生素B₁有关物质项下。

限度 供试品溶液色谱图中如有杂质峰，各杂质峰面积的和不得大于对照溶液主峰面积的1.5倍（1.5%）。

其他 应符合片剂项下有关的各项规定（通则0101）。

【含量测定】照紫外-可见分光光度法（通则0401）测定。

供试品溶液 取本品20片，精密称定，研细，精密称取适量（约相当于维生素B₁ 25mg），置100mL量瓶中，加盐酸溶液（9→1000）约70mL，振摇15分钟使维生素B₁溶解，用上述溶剂稀释至刻度，摇匀，用干燥滤纸滤过，精密量取续滤液5mL，置另一100mL量瓶中，再加上述溶剂稀释至刻度，摇匀。

测定法 取供试品溶液，在246nm的波长处测定吸光度，按$C_{12}H_{17}ClN_4OS \cdot HCl$的吸收系数（$E_{1cm}^{1\%}$）为421计算。

【类别】同维生素B₁。

【规格】(1)5mg (2)10mg

【贮藏】遮光，密封保存。

图 7-13 维生素 B₁ 片质量标准

一、检测方法

紫外-可见分光光度法含量测定：紫外-可见分光光度法测定物质含量，一般有 4 种方法，包括对照品比较法、吸收系数法、计算分光光度法、比色法。本次含量测定的方法为吸收系数法。

按《中国药典》的方法配制供试品溶液，在规定的波长处测定其吸光度，再以该品种在规定条件下的吸收系数计算含量。用本法测定时，吸收系数通常应大于 100，并要注意仪器的校正和检定。

二、工作准备

1.试剂

氢氧化钠、铁氰化钾、维生素 B₁ 片、正丁醇、硝酸、硝酸银、氨水、盐酸。

2.仪器设备和器皿

分析天平、紫外-可见分光光度计、50mL 烧杯、漏斗、玻璃棒、铁架台、滤纸、吸耳球、刻度吸管、洗瓶、500mL 烧杯、吸水纸、擦镜纸、试管，滴管。

三、工作过程

1. 维生素 B₁ 片【鉴别】项下

（1）标准要求　取本品细粉适量，加水搅拌，滤过，滤液蒸干后，照维生素 B₁ 鉴别（1）、（3）项下试验，显相同的反应。

（2）收集资料

① 查找维生素 B₁【鉴别】（1）、（3）——《中国药典》（2025 版）二部。

【鉴别】（1）取本品约 5mg，加氢氧化钠试液 2.5mL 溶解后，加铁氰化钾试液 0.5mL 与正丁醇 5mL，强力振摇 2min，放置使分层，上面的醇层显强烈的蓝色荧光，加酸使成酸性，荧光即消失，再加碱使成碱性，荧光又显出。

（2）省略。

（3）本品的水溶液显氯化物鉴别（1）的反应（通则 0301）

② 查找维生素 B₁【鉴别】（1）所需试剂配法——《中国药典》（2025 版）四部"试液"项下：

氢氧化钠试液　取氢氧化钠 4.3g，加水使溶解成 100mL，即得。

铁氰化钾试液　取铁氰化钾 1g，加水 10mL 使溶解，即得。本液应临用新制。

③ 查找维生素 B₁【鉴别】（3）鉴别方法及试剂配制方法——《中国药典》（2025 版）四部通则 0301 和"试液"项下。

氯化物（1）取供试品溶液，加稀硝酸使成酸性后，滴加硝酸银试液，即生成白色凝乳状沉淀；分离，沉淀加氨试液即溶解，再加稀硝酸酸化后，沉淀复生成。如供试品为生物碱或其他有机碱的盐酸盐，须先加氨试液使成碱性，将析出的沉淀滤过除去，取滤液进行试验。

稀硝酸　取硝酸 105mL，加水稀释至 1000mL，即得。本液含 HNO_3 应为 9.5%～10.5%。

氨试液　取浓氨溶液 400mL，加水使成 1000mL，即得。

（3）完成任务

①计算取样量　取 20 片维生素 B₁ 片，精密称取重量，求得平均片重 $M_{平均}$。

$$取样量 = M_{平均} \times 0.2g \times 1000 \div 规格。$$

② 鉴别过程　配制硝酸银试液：取硝酸银 1.75g，加水溶解成 100mL，摇匀。

配制二氯靛酚钠试液：取 2,6-二氯靛酚钠 0.1g，加水 100mL 溶解后，滤过即得。

鉴定：取维生素 B₁ 片研细，按①算得"取样量"取样，加水 10mL，振摇使维生素 B₁ 片溶解，滤过，滤液分成二等份，一份加入硝酸银试液 0.5mL，即生成黑色沉淀。一份加入二氯靛酚钠试液 1～2 滴，试液颜色消失。

③ 鉴别结果　参照鉴别中描述现象，与鉴别现象相同记录为"合格"，反之记录为"不合格"。

2. 维生素 B₁ 片【含量测定】项下

（1）标准要求　供试品溶液：取本品 20 片，精密称定，研细，精密称取适量（约相当于维生素 B₁ 25mg），置 100mL 量瓶中，加盐酸溶液（9→1000）约 70mL，振摇 15min 使维生素 B₁ 溶解，用上述溶剂稀释至刻度，摇匀，用干燥滤纸滤过，精密量取续滤液 5mL，置另一 100mL 量瓶中，再加上述溶剂稀释至刻度，摇匀。

测定法：取供试品溶液，在 246nm 的波长处测定吸光度，按 $C_{12}H_7ClN_4OS \cdot HCl$ 的吸收系

维生素 B₁ 片
（含量测定）

数（$E_{1cm}^{1\%}$）为 421 计算。

（2）配制检测试剂 盐酸溶液（9→1000）：精密移取 9mL 盐酸，置于 1000mL 容量瓶中，用水定容至刻度，即得。

（3）完成任务 按上述"2.维生素 B$_1$ 片【含量测定】项下（1）标准要求"操作，完成检测任务。

（4）结果计算

$$A= E_{1cm}^{1\%} CL$$

则 C（g/100mL）$=A/ E_{1cm}^{1\%} L$

式中 C——100mL 溶液中所含被测物质的重量，g/100mL；

L——1cm；

A——测得的吸光度。

标准要求"维生素 B$_1$ 含量应为标示量的 90%～110%"。

则本品所含维生素 B$_1$ 含量相当于标示量（%）=每片含量/规格×100%。

四、结果记录

记录维生素 B$_1$ 片【鉴别】（1）、维生素 B$_1$ 片【鉴别】（3）、维生素 B$_1$ 片【含量测定】的检测结果，见表 1-4。

五、工作评价

根据表 7-4～表 7-6 对工作任务的学习情况进行整体评价。

表 7-4 维生素 B$_1$ 片"鉴别"（1）评分细则

评价内容		分值	评分细则	实得分
正确填写记录（15 分）		15	正确填写记录（15 分）	
操作过程	试剂配制（15 分）	5	完成氢氧化钠试液配制（10 分）	
		10	完成铁氰化钾试液配制（5 分）	
	计算取样量（30 分）	30	会操作测出平均片重（15 分）	
			计算取样量平均片重（15 分）	
	正确操作完成检测（15 分）	15	依标准正确操作试管鉴别反应（15 分）	
	正确记录结果（15 分）	10	做出正确结果（10 分）	
		5	正确记录结果（5 分）	
	清场（10 分）	10	清场（10 分）	

表 7-5 维生素 B$_1$ 片"鉴别"（3）评分细则

评价内容	分值	评分细则	实得分
正确填写记录（15 分）	15	正确填写记录（15 分）	
会查找标准（10 分）	10	查找《中国药典》（2025 版）四部通则 0301，确定氯化物检测方法（10 分）	

续表

	评价内容	分值	评分细则	实得分
操作过程	试剂配制（20分）	10	完成稀硝酸配制（10分）	
		10	完成氨试液配制（10分）	
	计算取样量（15分）	15	会操作测出平均片重（5分）	
			计算取样量平均片重（10分）	
	正确操作完成检测（15分）	15	依标准正确操作试管鉴别反应（15分）	
	正确记录结果（15分）	10	做出正确结果（10分）	
		5	正确记录结果（5分）	
	清场（10分）	10	清场（10分）	

表 7-6　维生素 B_1 片"含量测定"评分细则

	评价内容	分值	评分细则	实得分
正确填写记录（5分）		5	正确填写记录（5分）	
操作过程	试剂配制（10分）	10	完成盐酸溶液（9→1000）配制（10分）	
	计算取样量（10分）	10	会操作测出平均片重（5分）	
			计算取样量平均片重（5分）	
	正确操作完成检测（50分）	50	平行两份样品（10分）	
			制作空白溶液（10分）	
			完成样品制作（10分）	
			开机预热、调节检测波长（10分）	
			依空白溶液调零，测定吸光度（10分）	
	正确记录结果（20分）	10	计算得待测液浓度（10分）	
		10	计算得最终结果，下结论（10分）	
	清场（5分）	5	清场（5分）	

 能力拓展

拓展任务一　婴幼儿乳品中维生素 C 的测定

　　婴幼儿乳品中均添加维生素 C，根据国家标准 GB 5413.18—2010 规定，需测定乳品中的维生素 C 的含量。维生素 C（抗坏血酸）在活性炭存在下氧化成脱氢抗坏血酸，它与邻苯二胺反应生成荧光物质，用荧光分光光度计测

维生素 B_2 片含量检测（高效液相色谱法）

定其荧光强度，其荧光强度与维生素 C 的浓度成正比，以外标法定量。

一、工作准备

1. 试剂

淀粉酶：酶活力 1.5μ/mg，根据活力单位大小调整用量。

偏磷酸—乙酸溶液 A：称取 15g 偏磷酸及 40mL 乙酸（36%）于 200mL 水中，溶解后稀释至 500mL 备用。

偏磷酸—乙酸溶液 B：称取 15g 偏磷酸及 40mL 乙酸（36%）于 100mL 水中，溶解后稀释至 250mL 备用。

酸性活性炭：称取粉状活性炭（化学纯，80～200 目）约 200g，加入 1L 体积分数为 10% 的盐酸，加热至沸腾，真空过滤，取下结块于一个大烧杯中，用水清洗至滤液中无铁离子为止，在 110～120℃烘箱中干燥约 10h 后使用。

检验铁离子的方法：普鲁士蓝反应。将 20g/L 亚铁氰化钾与体积分数为 1%的盐酸等量混合，将上述洗出滤液滴入，如有铁离子则产生蓝色沉淀。

乙酸钠溶液：用水溶解 500g 三水乙酸钠，并稀释至 1L。

硼酸—乙酸钠溶液：称取 3.0g 硼酸，用乙酸钠溶液溶解并稀释至 100mL，临用前配制。

邻苯二胺溶液（400mg/L）：称取 40mg 邻苯二胺，用水溶解并稀释至 100mL，临用前配制。

维生素 C 标准溶液（100μg/mL）：称取 0.050g 维生素 C 标准品，用偏磷酸—乙酸溶液 A 溶解并定容至 50mL，再准确吸取 10.0mL 该溶液用偏磷酸—乙酸溶液 A 稀释并定容至 100mL，临用前配制。

2. 仪器

荧光分光光度计、分析天平（感量为 0.1mg）、烘箱（温度可调）、培养箱（45℃±1℃）。

二、工作过程

1. 试样处理

（1）含淀粉的试样　称取约 5g（精确至 0.0001g）混合均匀的固体试样或约 20g（精确至 0.0001g）液体试样（含维生素 C 约 2mg）于 150mL 锥形瓶中，加入 0.1g 淀粉酶，固体试样加入 50mL 45～50℃的蒸馏水，液体试样加入 30mL 45～50℃的蒸馏水，混合均匀后，用氮气排除瓶中空气，盖上瓶塞，置于 45℃±1℃培养箱内 30min，取出冷却至室温，用偏磷酸—乙酸溶液 B 转至 100mL 容量瓶中定容。

（2）不含淀粉的试样　称取混合均匀的固体试样约 5g（精确至 0.0001g），用偏磷酸—乙酸溶液 A 溶解，定容至 100mL。或称取混合均匀的液体试样约 50g（精确至 0.0001g），用偏磷酸—乙酸溶液 B 溶解，定容至 100mL。

2. 待测液的制备

① 将上述试样及维生素 C 标准溶液转至放有约 2g 酸性活性炭的 250mL 锥形瓶中，剧烈振动，过滤（弃去约 5mL 最初滤液），即为试样及标准溶液的滤液。然后准确吸取 5.0mL 试样及标准溶液的滤液分别置于 25mL 及 50mL 放有 5.0mL 硼酸—乙酸钠溶液的容量瓶中，静置 30min 后，用蒸馏水定容。以此作为试样及标准溶液的空白溶液。

② 在此 30min 内，再准确吸取 5.0mL 试样及标准溶液的滤液于另外的 25mL 及 50mL 放有 5.0mL 乙酸钠溶液和约 15mL 水的容量瓶中，用水稀释至刻度。以此作为试样溶液及标准溶液。

③ 试样待测液：分别准确吸取 2.0mL 试样溶液及试样的空白溶液于 10.0mL 试管中，向每支试管中准确加入 5.0mL 邻苯二胺溶液，摇匀，在避光条件下放置 60min 后待测。

④ 标准系列待测液：准确吸取上述标准溶液②0.5mL、1.0mL、1.5mL 和 2.0mL，分别置于 10mL 试管中，再用水补充至 2.0mL。同时准确吸取标准溶液的空白溶液 2.0mL 于 10mL 试管中。向每支试管中准确加入 5.0mL 邻苯二胺溶液，摇匀，在避光条件下放置 60min 后待测。

3. 试样待测液的测定

（1）标准曲线的绘制　将标准系列待测液 2. 待测液的制备④立刻移入荧光分光光度计的石英杯中，于激发波长 350nm，发射波长 430nm 条件下测定其荧光值。以标准系列荧光值分别减去标准空白荧光值为纵坐标，对应的维生素 C 质量浓度为横坐标，绘制标准曲线。

（2）试样待测液的测定　将试样待测液 2. 待测液的制备③按 3. 试样待测液的测定（1）的方法分别测其荧光值，试样溶液荧光值减去试样空白溶液荧光值后在标准曲线上查得对应的维生素 C 质量浓度。

4. 结果计算

试样中维生素 C 的含量按下式计算。

$$X = \frac{cVf}{m} \times \frac{100}{1000}$$

式中　X ——试样中维生素 C 的含量，mg/100g；

　　　V ——试样的定容体积，mL；

　　　c ——由标准曲线查得的试样测定液中维生素 C 的质量浓度，μg/mL；

　　　m ——试样的质量，g；

　　　f ——试样稀释倍数。

以重复性条件下获得的两次独立测定结果的算术平均值表示，结果保留至小数点后一位。

5. 提示

① 本方法检出限为 0.1mg/100g。

② 精密度：要求重复检测两次，在重复性条件下获得两次独立测定结果的绝对差值不得超过算术平均值的 10%。

6. 作业

自行设计报告，并完成报告填写。

※提示注意

① 荧光分光光度计　荧光分光光度计是用于扫描液相荧光标记物所发出的荧光光谱的一种仪器。其能提供包括激发光谱、发射光谱以及荧光强度、量子产率、荧光寿命、荧光偏振等许多物理参数，从各个角度反映分子的成键和结构情况。通过对这些参数的测定，荧光分光光度计不但可以用作一般的定量分析，而且还可以推断分子在各种环境下的构象变化，从而阐明分子结构与功能之间的关系。荧光分光光度计的激发波长扫描范围一般是 190～650nm，发射波长扫描范围是 200～800nm。可用于液体、固体样品（如凝胶条）的光谱扫描。

荧光分光光度计分为单光束式荧光分光光度计和双光束式荧光分光光度计两大系列。其基本结构如下：

a. 光源：为高压汞蒸气灯或氙弧灯，后者能发射出强度较大的连续光谱，且在 300～400nm 范围内强度几乎相等，故较常用。

b. 激发单色器：置于光源和样品室之间的为激发单色器或第一单色器，能筛选出特定的激发光谱。

c. 发射单色器：置于样品室和检测器之间的为发射单色器或第二单色器，常采用光栅为单色器，能筛选出特定的发射光谱。

d. 样品室：通常由石英池（液体样品用）或固体样品架（粉末或片状样品）组成。测量液体时，光源与检测器成直角；测量固体时，光源与检测器成锐角。

e. 检测器：一般用光电管或光电倍增管作检测器。可将光信号放大并转为电信号。

② 荧光分光光度法　荧光分光光度法具有灵敏度高、选择性强、用样量少、方法简便、工作曲线线形范围宽等优点，可以广泛应用于生命科学、医学、药学和药理学、有机和无机化学等领域。

A. 荧光分光光度法工作原理：由高压汞灯或氙弧灯发出的紫外线和蓝紫光经滤光片照射到样品池中，激发样品中的荧光物质发出荧光，荧光经过滤过和反射后，被光电倍增管所接受，然后以图或数字的形式显示出来。

物质荧光的产生是由在通常状况下处于基态的物质分子吸收激发光后变为激发态，这些处于激发态的分子是不稳定的，在返回基态的过程中将一部分的能量又以光的形式放出，从而产生荧光。不同物质由于分子结构的不同，其激发态能级的分布具有各自不同的特征，这种特征反映在荧光上表现为各种物质都有其特征荧光激发和发射光谱，因此可以用荧光激发和发射光谱的不同来定性地进行物质的鉴定。

在溶液中，当荧光物质的浓度较低时，其荧光强度与该物质的浓度通常有良好的正比关系，即 $IF=Kc$（IF 为荧光强度、K 为常数、c 为物质浓度），利用这种关系可以进行荧光物质的定量分析，与紫外-可见分光光度法类似，荧光分析通常也采用标准曲线法进行，图 7-14 为荧光分光光度计。

图 7-14　荧光分光光度计

B. 荧光分光光度计功能特点

a. 荧光发射光谱：选择某一固定波长的光激发样品，记录样品中产生的荧光发射强度与发射波长间的函数关系，即得荧光发射光谱。

b. 荧光激发光谱：选定某一荧光发射波长记录荧光发射强度作为激发光波长的函数，即得荧光激发光谱。

c. 时间分辨技术：可用于对混合物中光谱重叠但有寿命差异的组分进行分辨并分别测量。

拓展任务二　婴幼儿食品和乳品中维生素 B_{12} 的测定

维生素 B_{12} 又叫钴胺素，是唯一一种需要一种肠道分泌物（内源因子）帮助才能被吸收的维生素。有的人由于肠胃异常，缺乏这种内源因子，即使膳食中来源充足也会患恶性贫血。植物性食物中基本上没有维生素 B_{12}。维生素 B_{12} 在肠道内停留时间长，大约需要三小时（大多数水溶性维生素只需要几秒钟）才能被吸收。维生素 B_{12} 的主要生理功能是参与制造骨髓红细胞，防止恶性贫血以及防止大脑神经受到破坏。

自然界中的维生素 B_{12} 都是微生物合成的，高等动植物不能制造维生素 B_{12}。B_{12} 主要存在于肉类中，植物中的大豆以及一些草药中也含有 B_{12}，肠道细菌可以合成，故一般情况下不缺乏，但 B_{12} 是消化道疾病者容易缺乏的维生素，也是红细胞生成不可缺少的重要元素，如果严重缺乏，将导致恶性贫血。

此外，维生素 B_{12} 也是唯一含必须矿物质的维生素，因含钴而呈红色，又称红色维生素，是少数有色的维生素。维生素 B_{12} 虽属 B 群维生素，却能贮藏在肝脏，用尽贮藏量后，经过半年以上才会出现缺乏症状。人体维生素 B_{12} 需要量极少，只要饮食正常，就不会缺乏。少数吸收不良的人较易出现缺乏症。

一、检测方法

本任务参考 GB 5009.285—2022 采用微生物法检测维生素 B_{12}。利用维生素 B_{12} 对特定微生物生长的促进作用，在不含维生素 B_{12} 的培养基中加入维生素 B_{12} 对照品和样品，通过培养液浊度值的变化比较培养液中细菌的生长速率，计算样品中维生素 B_{12} 的含量。莱士曼氏乳酸杆菌（*Lactobacillus leichmannii*）对维生素 B_{12} 具有特异性和灵敏性，以此定量测定出试样中维生素 B_{12} 的含量。在测定用培养基中供给除维生素 B_{12} 以外的所有营养成分，这样微生物生长产生的透光率就会同标准曲线工作液及未知待测溶液中维生素 B_{12} 的含量相对应。以不同浓度标准溶液的透光率相对于各浓度水平标准物质的浓度绘制标准曲线，根据标准曲线即可计算出试样中维生素 B_{12} 的含量。

二、工作准备

1. 试剂

① 菌株　莱士曼氏乳酸杆菌（*Lactobacillus leichmannii*）ATCC 7830。

② 维生素 B_{12}（vitamin B_{12} 或 cyanocobalamin）标准品：纯度≥99%。

③ 培养基　a. 乳酸杆菌琼脂培养基[番茄汁 100mL、三号蛋白胨 7.5g、酵母浸膏 7.5g、葡萄糖 10.0g、磷酸二氢钾 2.0g、聚山梨糖单油酸酯 1.0g、琼脂 14.0g、水 1000mL、pH 6.8±0.1（25℃±5℃）]。配制方法：先将除琼脂以外的其他成分溶解于蒸馏水中，调节 pH，再加入琼脂，加热煮沸至完全溶解。混合均匀后分装试管，每管 10mL。121℃高压灭菌 15min，备用。

b. 乳酸杆菌肉汤培养基[番茄汁 100mL、三号蛋白胨 7.5g、酵母浸膏 7.5g、葡萄糖 10.0g、磷酸二氢钾 2.0g、聚山梨糖单油酸酯 1.0g、水 1000mL、pH 6.8±0.1（25℃±5℃）]。制法：先将上述成分溶解于水中，调节 pH，加热煮沸，混合均匀后分装试管，每管 10mL。121℃高压灭菌 15min，备用。

维生素 B_{12} 测定用培养基[无维生素酸水解酪蛋白 15.0g、葡萄糖 40.0g、天门冬酰胺 0.2g、醋酸钠 20.0g、抗环血酸 4.0g、L-胱氨酸 0.4g、DL-色氨酸 0.4g、硫酸腺嘌呤 20.0mg、盐酸鸟嘌呤 20.0mg、尿嘧啶 20.0mg、黄嘌呤 20.0mg、核黄素 1.0mg、盐酸硫胺素 1.0mg、生物素 10.0μg、烟酸 2.0mg、p-氨基苯甲酸 2.0mg、泛酸钙 1.0mg、盐酸吡哆醇 4.0mg、盐酸吡哆醛 4.0mg、盐酸吡哆胺 800.0μg、叶酸 200.0μg、磷酸二氢钾 1.0g、磷酸氢二钾 1.0g、硫酸镁 0.4g、氯化钠 20.0mg、硫酸亚铁 20.0mg、硫酸锰 20.0mg、聚山梨糖单油酸酯（吐温 80）2.0g、水 1000mL、pH 6.0±0.1（25℃±5℃）]。制法：将上述成分溶解于水中，调节 pH，备用。一些商品化的合成培养基效果良好，商品化的合成培养基按标签说明进行配制。

④ 9g/L 氯化钠溶液（生理盐水）　称取 9.0g 氯化钠溶解于 1000mL 水中，分装于具塞试管中，每管 10mL，121℃灭菌 15min。

⑤ 乙醇溶液　体积分数为 25%。

⑥ 无水磷酸氢二钠（Na_2HPO_4）。

⑦ 无水偏重亚硫酸钠（$Na_2S_2O_5$）。

⑧ 柠檬酸（含一个结晶水）（$C_6H_8O_7 \cdot H_2O$）。

⑨ 标准溶液的制备　维生素 B_{12} 贮备液（10μg/mL）：精确称取维生素 B_{12} 标准品，用乙醇溶液定容至维生素 B_{12} 浓度为 10μg/mL。

维生素 B_{12} 中间液（100ng/mL）：用乙醇溶液将 5.0mL 维生素 B_{12} 贮备液定容至 500mL。

维生素 B_{12} 工作液（1ng/mL）：用乙醇溶液将 5.0mL 维生素 B_{12} 中间液定容至 500mL。

标准曲线工作液：分别吸取两个 5mL 维生素 B_{12} 工作液于 250mL 和 500mL 容量瓶中，用水定容至刻度。高浓度溶液的浓度为 0.02ng/mL；低浓度溶液的浓度为 0.01ng/mL。（注：所有标准溶液都要储存于冰箱内，保存期三个月。标准曲线工作液临用前配制。）

2. 仪器设备和器皿

微生物实验室常规灭菌设备、天平（0.1mg）、酸度计（精度≤0.01）、分光光度计、涡旋混合器、离心机（转速≥2000r/min）、恒温培养箱（36℃±1℃）、冰箱（2～5℃）、刻度无菌吸管（10mL、0.1mL）、瓶口分液器（0～10mL）；锥形瓶（200mL）；容量瓶（100mL、250mL、500mL），单刻度移液管（5mL），漏斗（直径 90mm），定量滤纸（直径 90mm），试管（18mm×180mm）。

注：准备玻璃仪器时，使用活性剂对硬玻璃测定管及其他必要的玻璃器皿进行清洗，清洗之后要求在 200℃干热 2h。

三、工作过程

1. 测试菌液的制备

（1）菌株复苏　将莱士曼氏乳酸杆菌（ATCC 7830）的冻干菌株活化后，接种到乳酸杆菌琼脂培养基上，36℃±1℃培养 24h。再转种 2～3 代来增强活力。置 2～5℃冰箱保存备用，每 15d 转种一次。

（2）菌悬液的制备　将活化后的菌株接种到乳酸杆菌肉汤培养基中，36℃±1℃培养 18～24h，以 2000r/min 离心 2～3min，弃去上清液，加入 10mL 生理盐水，混匀，再离心 2～3min，弃去上清液，再加入 10mL 生理盐水，混匀。如前离心操作，弃去上清液。再加 10mL 生理盐水，混匀。吸适量该菌悬液于 10mL 生理盐水中，混匀制成测试菌液。

（3）测试菌液　用分光光度计，以生理盐水作空白，于 550nm 波长下测试菌液的透光率，使其透光率在 60%～80% 之间。

2. 试样的处理

① 称取无水磷酸氢二钠 1.3g，无水偏重亚硫酸钠 1.0g，柠檬酸（含一个结晶水）1.2g，用 100mL 水溶解。

② 称一定量的样品（精确到 0.0001g），含维生素 B_{12}50～100ng，用 10mL 的上述溶液混合后，再加 150mL 水，于 121℃水解 10min，冷却后调 pH 值至 4.5±0.2，再用水定容至 250mL，过滤。移取滤液 5mL，加入水 20～30mL，调 pH 值至 6.8±0.2，用水定容至 100mL。最终溶液中维生素 B_{12} 的质量浓度在 0.01～0.02ng/mL，偏重亚硫酸钠的质量浓度小于 0.03mg/mL。

3. 标准曲线的制作

按表 7-7 顺序加入水、标准曲线工作液和维生素 B_{12} 测定用培养基于培养管中，一式三份。

表 7-7　标准曲线的制作所加试剂

试管号	S1	S2	S3	S4	S5	S6	S7	S8	S9	S10
水/mL	5	5	4	3	2	1	0	2	1	0
0.01ng/mL 标准曲线工作液/mL	0	0	1	2	3	4	5	0	0	0
0.02ng/mL 标准曲线工作液/mL	0	0	0	0	0	0	0	3	4	5
培养基/mL	5	5	5	5	5	5	5	5	5	5

4. 待测液的制作

按表 7-8 顺序加水、待测液和维生素 B_{12} 测定用培养基于培养管内，一式三份。

表 7-8　待测液的制作所加试剂

试管号	1	2	3	4
水/mL	4	3	2	1
待测液/mL	1	2	3	4
培养基/mL	5	5	5	5

5. 灭菌

将步骤 3. 和 4. 中所有的试管盖上试管帽，121℃灭菌 5min（商品培养基按标签说明进行灭菌）。

6. 接种

将上述试管迅速冷却至 30℃以下。用滴管或移液器向上述试管中各滴加 1 滴（约 50μL）测试菌液（其中标准曲线管中空白 S1 除外）。

7. 培养

将试管放入恒温培养箱内，36℃±1℃培养 19～20h。

8. 测定

培养结束后，对每支试管进行目测检查，未接种试管 S1 内培养液应是澄清的，如果出现浑浊，则测定无效。

① 以接种空白管作对照，测定最高浓度标准曲线试管的透光率，2h 后重新测定。两次结果透光率差值若小于 2%，则取出全部检验管测其透光率。

② 用未接种空白试管（S1）作空白，将分光光度计透光率调到 100%（或吸光度为 0），读出接种空白试管（S2）的读数。再以接种空白试管（S2）为空白，调节透光率为 100%（或吸光度为 0），依次读出其他每支试管的透光率（或吸光度）。

③ 用涡旋混合器充分混合每一支试管（也可以加一滴消泡剂）后，立即将培养液移入比色皿内进行测定，波长为 550nm，待读数稳定 30s 后，读出透光率，每支试管稳定时间要相同。以维生素 B_{12} 标准品的含量为横坐标，透光率为纵坐标绘制标准曲线。

④ 根据待测液的透光率，从标准曲线中查得该待测液中维生素 B_{12} 的浓度，再根据稀释因子和称样量计算出试样中维生素 B_{12} 的含量。透光率超出标准曲线管 S3～S10 范围的试样管要舍去。

⑤ 检测表 7-8 中不同编号待测液的透光率，用每个待测液透光率计算 1mL 该编号待测液中维生素 B_{12} 的浓度，并计算该编号待测液的维生素 B_{12} 浓度平均值，每支试管测得的浓度不得超过该平均值的±15%，超过者要舍去。如果符合该要求的管数少于所有的四个编号的待测液的总管数的 2/3，用于计算试样含量的数据是不充分的，需要重新检验。如果符合要求的管数超过原来管数的 2/3，重新计算每一个编号的有效试样管中 1mL 测定液中维生素 B_{12} 含量的平均值，以此平均值计算全部编号试样管的总平均值为 ρ。用于计算试样中的维生素 B_{12} 含量。

注意：绘制标准曲线，既可读取透光率（$T\%$），也可读取吸光度（A）。

9. 结果计算

$$X = \frac{\rho f \times 100}{m \times 1000}$$

式中　X ——试样中维生素 B_{12} 的含量，$\mu g/100g$；

　　　ρ ——有效试样管中维生素 B_{12} 浓度的总平均值，ng/mL；

　　　m ——试样的质量，g；

　　　f ——稀释倍数。

10. 提示

① 以在重复性条件下获得的两次独立测定结果的算术平均值表示，结果保留两位有效数字。

② 本方法检出限为 $0.1\mu g/100g$。

11. 精密度

在重复性条件下获得的两次独立测定结果的绝对差值不得超过算术平均值的 10%。

※提示注意：

国家食品药品监督管理总局标准 WS170（X—147）—93 及美国药典将微生物法作为制

剂中微量维生素 B_{12} 的含量测定方法。但该方法手工操作步骤烦琐，培养温度的均匀性、培养基的均匀程度以及测定时间的一致性等因素均可影响测定结果的准确性，对检验人员、操作步骤和实验环境等方面均要求较高。

莱士曼氏乳酸杆菌（*L.leichamanni*）对维生素 B_{12} 的存在具有极高的灵敏性，微生物法就是利用这种特异性定量的测出奶粉婴幼儿食品中维生素 B_{12} 的含量。为了达到定量测定的目的，在供繁殖试验菌株所用培养基中供给除维生素 B_{12} 以外的所有营养成分，这样细菌的生长就会同标准溶液及未知测定溶液中维生素 B_{12} 的水平相对应。以不同浓度溶液的 $T\%$ 读数相对于各管中所含标准物质的量绘制标准曲线。根据标准曲线即可计算出样品中维生素 B_{12} 的含量。本方法适用于维生素 B_{12} 活性含量 $\geqslant 0.1\mu g/g$（mL）的奶粉婴幼儿食品。

四、结果记录

自行设计报告，并完成报告填写。

五、工作评价

根据表 1-5 对工作任务的学习情况进行整体评价。

 项目学习思维导图

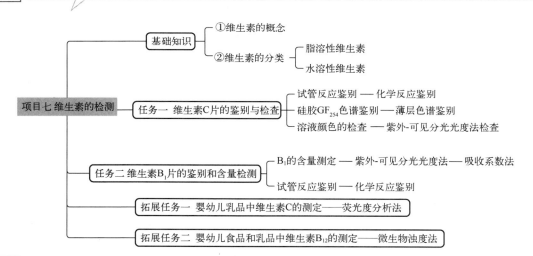

 项目学习检测

一、填空题

1.vitamin 的中文意思是_____。

2.脂溶性维生素包括维生素_____、_____、_____和_____等。

3.维生素 D_3 必须经过羟化反应生成_____，才具有活性，可用于儿童的_____防治。

4.水溶性维生素包括维生素 B 族和_____。

5.叶酸缺乏可引起_____。

6. 维生素 A 的缺乏易导致_____和_____病。

7. 维生素 K 缺乏时凝血时间_____，引起_____。

8. 维生素 E 又名_____，是良好的_____剂。

二、单选题

1. 临床上用于预防和治疗干眼病和夜盲症的维生素是（　　）。

A. 生物素　　　　　　B. 维生素 D　　　　C. 维生素 A　　　　　D. 氰钴胺素

2. 临床上用于治疗恶性贫血的维生素是（　　）。

A. 生物素　　　　　　B. 硫胺素　　　　　C. 维生素 A　　　　　D. 氰钴胺素

3. 辅助治疗婴儿惊厥和妊娠呕吐应选用的维生素是（　　）。

A. 维生素 B_6　　　　B. 维生素 B_1　　　C. 维生素 B_3　　　　D. 维生素 B_7

4. 临床上用于预防和治疗佝偻病的维生素是（　　）。

A. 生物素　　　　　　B. 维生素 A　　　　C. 维生素 D　　　　　D. 氰钴胺素

5. 维生素 A 可用于预防和治疗（　　）。

A. 佝偻病　　　　　　B. 夜盲症　　　　　C. 贫血病　　　　　　D. 呕吐

6. 在人体内，维生素 D_3 的主要活性形式是（　　）。

A. $25\text{-}OH\text{-}D_3$　　　B. $1,25\text{-}(OH)_2\text{-}D_3$　C. $1\text{-}OH\text{-}D_3$　　　D. 7-脱氢胆固醇

7. 缺乏时导致能量代谢障碍的维生素是（　　）。

A. 维生素 B_1　　　　B. 维生素 B_{12}　　C. 维生素 B_6　　　　D. 维生素 C

8. 参与体内钙、磷代谢调节的维生素是（　　）。

A. 维生素 E　　　　　B. 维生素 D　　　　C. 维生素 B_1　　　　D. 维生素 K

9. 小儿经常晒太阳可预防哪种维生素缺乏？（　　）

A. 维生素 A　　　　　B. 维生素 E　　　　C. 维生素 D　　　　　D. 维生素 K

10. 哪一种维生素具有可逆的氧化还原特性？（　　）

A. 生物素　　　　　　B. 核黄素　　　　　C. 硫胺素　　　　　　D. 钴胺素

11. 人体肠道细菌能合成的维生素是（　　）。

A. 维生素 K　　　　　B. 泛酸　　　　　　C. 生物素　　　　　　D. 以上均是

12. 长期过量摄入哪一种维生素可引起蓄积性中毒？（　　）

A. 维生素 B_1　　　　B. 维生素 A　　　　C. 维生素 C　　　　　D. 维生素 B_6

13. 脂类消化吸收障碍时，可引起哪一种疾病？（　　）

A. 坏血病　　　　　　B. 佝偻病　　　　　C. 癞皮病　　　　　　D. 巨幼红细胞贫血

14. 维生素 E 的主要功能是（　　）。

A. 促进胶原的形成　　　　　　　　　B. 与生殖有关

C. 与暗适应有关　　　　　　　　　　D. 保持生物膜

15. 与暗适应有关的维生素是（　　）。

A. 维生素 C　　　　　B. 维生素 A　　　　C. 维生素 E　　　　　D. 维生素 K

16. 缺乏核黄素会引起（　　）。

A. 肝损害　　　　　　B. 惊厥　　　　　　C. 口角炎　　　　　　D. 脚气病

17. 与毛细血管脆性有关的维生素是（　　）。

A. 叶酸　　　　　B. 维生素 B_{12}　　　C. 维生素 B_6　　　D. 维生素 C

18. 与骨骼钙化有关的维生素是（　　）。

A. 维生素 A　　　B. 维生素 D　　　C. 维生素 C　　　D. 维生素 E

19. 脚气病可以用哪种维生素治疗？（　　）

A. 维生素 B_{12}　　B. 维生素 C　　　C. 维生素 B_1　　　D. 维生素 B_2

20. 生物素与下列哪类反应有关？（　　）

A. 脱水作用　　　B. 脱氢作用　　　C. 羧化作用　　　D. 脱氨作用

21. 哪一种维生素又称为钴胺素？（　　）

A. 维生素 K　　　B. 维生素 B_1　　C. 维生素 B_6　　　D. 维生素 B_{12}

22. 属于类固醇衍生物的维生素是（　　）。

A. 维生素 K　　　B. 维生素 D　　　C. 维生素 B_6　　　D. 维生素 B_{12}

23. 哪种维生素是良好的脂溶性抗氧化剂？（　　）

A. 维生素 A　　　B. 维生素 D　　　C. 维生素 E　　　D. 维生素 K

24. 脚气病的实质是（　　）。

A. 脚部细菌感染　B. 脚部真菌感染　C. 多发性神经炎　D. 胃炎

25. 下列辅酶含有维生素 PP 的是（　　）。

A. FAD　　　　　B. $NADP^+$　　　C. TPP　　　　　D. FH_4

三、多选题

1. 缺乏下列哪些维生素时容易出血？（　　）

A. 维生素 A　　　B. 维生素 D　　　C. 维生素 K　　　D. 维生素 B_1　　　E. 维生素 C

2. 维生素 B_2 缺乏可引起（　　）。

A. 口角炎　　　　B. 脚气病　　　　C. 唇炎　　　　　D. 多发性神经炎　E. 夜盲症

3. 维生素 A 缺乏可引起（　　）。

A. 夜盲症　　　　B. 抽搐　　　　　C. 发育迟缓　　　D. 皮肤干燥　　　E. 干眼病

4. 脂溶性维生素包括（　　）。

A. 维生素 D　　　B. 维生素 C　　　C. 维生素 E　　　D. 维生素 B_{12}　　E. 维生素 K

5. 以下哪些不是维生素的特点？（　　）

A. 每日需要量较多　　　　　　B. 人体主要从食物中获取

C. 对机体结构和供能方面毫无意义

D. 为小分子无机物　　　　　　E. 主要参与某些活性物质的构成

6. 脂溶性维生素的特点是（　　）。

A. 不溶于水　　　B. 易排泄　　　　C. 易蓄积　　　　D. 过量易中毒

E. 不溶于脂类和脂溶剂

7. 水溶性维生素的特点是（　　）。

A. 具有一定的水溶性　　　　　B. 不易排泄　　　C. 易蓄积

D. 过量易中毒　　　　　　　　E. 不溶于脂类和脂溶剂

8. 正常情况下，维生素的摄取途径主要包括（　　　）。

A. 食物直接供给　　　　　　　　B. 少数可由肠道菌合成补给

C. 全部体内合成　　　　　　　　D. 维生素原在体内转变

E. 药物补充

9. 维生素缺乏的原因主要是由于（　　　）。

A. 吸收障碍　　　　B. 长期偏食　　　　C. 需要量增加　　　D. 烹调时破坏　　　E. 长期服用

四、判断题

1. 维生素是机体生理功能所需要，能为机体提供 ATP 的一类有机小分子。（　　　）

2. 泛酸的化学结构是由蝶呤啶、对氨基苯甲酸和谷氨酸构成。（　　　）

3. 婴幼儿每天大量给予鱼肝油（维生素 A 和维生素 D）是有益处的。（　　　）

4. 维生素 B_2 有氧化还原作用。（　　　）

5. 泛酸是辅酶 A 的组成成分，在物质代谢中参与氨基转移作用。（　　　）

6. 新鲜水果和蔬菜含丰富的维生素 C。（　　　）

7. 摄入量不足是导致维生素缺乏症的唯一原因。（　　　）

8. 维生素的重要性，除作为构成组织的原料外，也是机体的能源物质。（　　　）

9. 维生素 B_{12} 与四氢叶酸的协同作用，可促进红细胞发育和成熟。（　　　）

10. 临床上治疗消化不良常应用维生素 B_1，因为维生素 B_1 可以促进肠蠕动，增加消化液分泌。（　　　）

11. 摄入维生素 C 越多，在体内储存也越多，易引起中毒。（　　　）

12. 脚气病是由于缺乏维生素 B_1 而使糖代谢出现障碍，影响神经组织等的能量供给而出现的一种多发性神经炎及胃肠功能障碍性疾病。（　　　）

13. 生物素是羧化酶的辅酶，参与体内 CO_2 的固定与羧化反应。（　　　）

附录　吸光度与α-淀粉酶浓度对照表

吸光度（A）	酶浓度（c）/（U/mL）	吸光度（A）	酶浓度（c）/（U/mL）	吸光度（A）	酶浓度（c）/（U/mL）
0.100	4.694	0.135	4.518	0.170	4.347
0.101	4.689	0.136	4.513	0.171	4.342
0.102	4.684	0.137	4.507	0.172	4.338
0.103	4.679	0.138	4.502	0.173	4.333
0.104	4.674	0.139	4.497	0.174	4.329
0.105	4.669	0.140	4.492	0.175	4.324
0.106	4.664	0.141	4.487	0.176	4.319
0.107	4.659	0.142	4.482	0.177	4.315
0.108	4.654	0.143	4.477	0.178	4.310
0.109	4.649	0.144	4.472	0.179	4.306
0.110	4.644	0.145	4.467	0.180	4.301
0.111	4.639	0.146	4.462	0.181	4.297
0.112	4.634	0.147	4.457	0.182	4.292
0.113	4.629	0.148	4.452	0.183	4.288
0.114	4.624	0.149	4.447	0.184	4.283
0.115	4.619	0.150	4.442	0.185	4.279
0.116	4.614	0.151	4.438	0.186	4.275
0.117	4.609	0.152	4.433	0.187	4.270
0.118	4.604	0.153	4.428	0.188	4.266
0.119	4.599	0.154	4.423	0.189	4.261
0.120	4.594	0.155	4.418	0.190	4.257
0.121	4.589	0.156	4.413	0.191	4.253
0.122	4.584	0.157	4.408	0.192	4.248
0.123	4.579	0.158	4.404	0.193	4.244
0.124	4.574	0.159	4.399	0.194	4.240
0.125	4.569	0.160	4.394	0.195	4.235
0.126	4.564	0.161	4.389	0.196	4.231
0.127	4.559	0.162	4.385	0.197	4.227
0.128	4.554	0.163	4.380	0.198	4.222
0.129	4.549	0.164	4.375	0.199	4.218
0.130	4.544	0.165	4.370	0.200	4.214
0.131	4.539	0.166	4.366	0.201	4.210
0.132	4.534	0.167	4.361	0.202	4.205
0.133	4.529	0.168	4.356	0.203	4.201
0.134	4.524	0.169	4.352	0.204	4.197

续表

吸光度（A）	酶浓度（c）/（U/mL）	吸光度（A）	酶浓度（c）/（U/mL）	吸光度（A）	酶浓度（c）/（U/mL）
0.205	4.193	0.245	4.037	0.285	3.915
0.206	4.189	0.246	4.034	0.286	3.912
0.207	4.185	0.247	4.03	0.287	3.909
0.208	4.181	0.248	4.026	0.288	3.906
0.209	4.176	0.249	4.023	0.289	3.903
0.210	4.172	0.250	4.019	0.290	3.900
0.211	4.168	0.251	4.016	0.291	3.897
0.212	4.164	0.252	4.012	0.292	3.894
0.213	4.160	0.253	4.009	0.293	3.891
0.214	4.156	0.254	4.005	0.294	3.888
0.215	4.152	0.255	4.002	0.295	3.885
0.216	4.148	0.256	3.998	0.296	3.881
0.217	4.144	0.257	3.995	0.297	3.878
0.218	4.140	0.258	3.991	0.298	3.875
0.219	4.136	0.259	3.988	0.299	3.872
0.220	4.132	0.260	3.984	0.300	3.869
0.221	4.128	0.261	3.981	0.301	3.866
0.222	4.124	0.262	3.978	0.302	3.863
0.223	4.120	0.263	3.974	0.303	3.860
0.224	4.116	0.264	3.971	0.304	3.857
0.225	4.112	0.265	3.968	0.305	3.854
0.226	4.108	0.266	3.964	0.306	3.851
0.227	4.105	0.267	3.961	0.307	3.848
0.228	4.101	0.268	3.958	0.308	3.845
0.229	4.097	0.269	3.954	0.309	3.842
0.230	4.093	0.270	3.951	0.310	3.839
0.231	4.089	0.271	3.948	0.311	3.836
0.232	4.085	0.272	3.944	0.312	3.833
0.233	4.082	0.273	3.941	0.313	3.830
0.234	4.078	0.274	3.938	0.314	3.827
0.235	4.074	0.275	3.935	0.315	3.824
0.236	4.070	0.276	3.932	0.316	3.821
0.237	4.067	0.277	3.928	0.317	3.818
0.238	4.063	0.278	3.925	0.318	3.815
0.239	4.059	0.279	3.922	0.319	3.812
0.240	4.056	0.280	3.919	0.320	3.809
0.241	4.052	0.281	3.916	0.321	3.806
0.242	4.048	0.282	3.913	0.322	3.803
0.243	4.045	0.283	3.922	0.323	3.800
0.244	4.041	0.284	3.919	0.324	3.797

吸光度（A）	酶浓度（c）/（U/mL）	吸光度（A）	酶浓度（c）/（U/mL）	吸光度（A）	酶浓度（c）/（U/mL）
0.325	3.794	0.365	3.679	0.405	3.569
0.326	3.791	0.366	3.676	0.406	3.567
0.327	3.788	0.367	3.673	0.407	3.564
0.328	3.785	0.368	3.670	0.408	3.559
0.329	3.782	0.369	3.668	0.409	3.556
0.330	3.779	0.370	3.665	0.410	3.554
0.331	3.776	0.371	3.662	0.411	3.551
0.332	3.774	0.372	3.659	0.412	3.548
0.333	3.771	0.373	3.656	0.413	3.546
0.334	3.768	0.374	3.654	0.414	3.543
0.335	3.765	0.375	3.651	0.415	3.541
0.336	3.762	0.376	3.648	0.416	3.538
0.337	3.759	0.377	3.645	0.417	3.535
0.338	3.756	0.378	3.643	0.418	3.533
0.339	3.753	0.379	3.640	0.419	3.530
0.340	3.750	0.380	3.637	0.420	3.528
0.341	3.747	0.381	3.634	0.421	3.525
0.342	3.744	0.382	3.632	0.422	3.522
0.343	3.741	0.383	3.629	0.423	3.520
0.344	3.739	0.384	3.626	0.424	3.517
0.345	3.736	0.385	3.623	0.425	3.515
0.346	3.733	0.386	3.621	0.426	3.512
0.347	3.730	0.387	3.618	0.427	3.509
0.348	3.727	0.388	3.615	0.428	3.507
0.349	3.724	0.389	3.612	0.429	3.504
0.350	3.721	0.390	3.610	0.430	3.502
0.351	3.718	0.391	3.607	0.431	3.499
0.352	3.716	0.392	3.604	0.432	3.497
0.353	3.713	0.393	3.602	0.433	3.494
0.354	3.710	0.394	3.599	0.434	3.492
0.355	3.707	0.395	3.596	0.435	3.489
0.356	3.704	0.396	3.594	0.436	3.487
0.357	3.701	0.397	3.591	0.437	3.484
0.358	3.699	0.398	3.588	0.438	3.482
0.359	3.696	0.399	3.585	0.439	3.479
0.360	3.693	0.400	3.583	0.440	3.477
0.361	3.690	0.401	3.580	0.441	3.474
0.362	3.687	0.402	3.577	0.442	3.472
0.363	3.684	0.403	3.575	0.443	3.469
0.364	3.682	0.404	3.572	0.444	3.467

续表

吸光度（A）	酶浓度（c）/（U/mL）	吸光度（A）	酶浓度（c）/（U/mL）	吸光度（A）	酶浓度（c）/（U/mL）
0.445	3.464	0.485	3.369	0.525	3.280
0.446	3.462	0.486	3.366	0.526	3.278
0.447	3.459	0.487	3.364	0.527	3.276
0.448	3.457	0.488	3.362	0.528	3.274
0.449	3.454	0.489	3.359	0.529	3.272
0.450	3.452	0.490	3.357	0.530	3.270
0.451	3.449	0.491	3.355	0.531	3.268
0.452	3.447	0.492	3.353	0.532	3.266
0.453	3.444	0.493	3.350	0.533	3.264
0.454	3.442	0.494	3.348	0.534	3.262
0.455	3.440	0.495	3.346	0.535	3.260
0.456	3.437	0.496	3.344	0.536	3.258
0.457	3.435	0.497	3.341	0.537	3.255
0.458	3.432	0.498	3.339	0.538	3.253
0.459	3.430	0.499	3.337	0.539	3.251
0.460	3.427	0.500	3.335	0.540	3.249
0.461	3.425	0.501	3.333	0.541	3.247
0.462	3.423	0.502	3.330	0.542	3.245
0.463	3.420	0.503	3.328	0.543	3.243
0.464	3.418	0.504	3.326	0.544	3.241
0.465	3.415	0.505	3.324	0.545	3.239
0.466	3.413	0.506	3.321	0.546	3.237
0.467	3.411	0.507	3.319	0.547	3.235
0.468	3.408	0.508	3.317	0.548	3.233
0.469	3.406	0.509	3.315	0.549	3.231
0.470	3.404	0.510	3.313	0.550	3.229
0.471	3.401	0.511	3.311	0.551	3.227
0.472	3.399	0.512	3.308	0.552	3.225
0.473	3.397	0.513	3.306	0.553	3.223
0.474	3.394	0.514	3.304	0.554	3.221
0.475	3.392	0.515	3.302	0.555	3.219
0.476	3.389	0.516	3.300	0.556	3.217
0.477	3.387	0.517	3.298	0.557	3.215
0.478	3.385	0.518	3.295	0.558	3.213
0.479	3.383	0.519	3.293	0.559	3.211
0.480	3.380	0.520	3.291	0.560	3.209
0.481	3.378	0.521	3.289	0.561	3.207
0.482	3.376	0.522	3.287	0.562	3.205
0.483	3.373	0.523	3.285	0.563	3.204
0.484	3.371	0.524	3.283	0.564	3.202

吸光度（A）	酶浓度（c）/（U/mL）	吸光度（A）	酶浓度（c）/（U/mL）	吸光度（A）	酶浓度（c）/（U/mL）
0.565	3.200	0.605	3.126	0.645	3.060
0.566	3.198	0.606	3.124	0.646	3.058
0.567	3.196	0.607	3.123	0.647	3.057
0.568	3.194	0.608	3.121	0.648	3.055
0.569	3.192	0.609	3.119	0.649	3.054
0.570	3.190	0.610	3.118	0.650	3.052
0.571	3.188	0.611	3.116	0.651	3.051
0.572	3.186	0.612	3.114	0.652	3.049
0.573	3.184	0.613	3.112	0.653	3.048
0.574	3.183	0.614	3.111	0.654	3.046
0.575	3.181	0.615	3.109	0.655	3.045
0.576	3.179	0.616	3.107	0.656	3.043
0.577	3.177	0.617	3.106	0.657	3.042
0.578	3.175	0.618	3.104	0.658	3.04
0.579	3.173	0.619	3.102	0.659	3.039
0.580	3.171	0.620	3.101	0.660	3.037
0.581	3.169	0.621	3.099	0.661	3.036
0.582	3.168	0.622	3.097	0.662	3.034
0.583	3.166	0.623	3.096	0.663	3.033
0.584	3.164	0.624	3.095	0.664	3.031
0.585	3.162	0.625	3.094	0.665	3.03
0.586	3.160	0.626	3.092	0.666	3.028
0.587	3.158	0.627	3.089	0.667	3.027
0.588	3.157	0.628	3.087	0.668	3.025
0.589	3.155	0.629	3.086	0.669	3.024
0.590	3.153	0.630	3.084	0.670	3.022
0.591	3.151	0.631	3.082	0.671	3.021
0.592	3.149	0.632	3.081	0.672	3.02
0.593	3.147	0.633	3.079	0.673	3.018
0.594	3.146	0.634	3.078	0.674	3.017
0.595	3.144	0.635	3.076	0.675	3.015
0.596	3.142	0.636	3.074	0.676	3.014
0.597	3.140	0.637	3.073	0.677	3.012
0.598	3.139	0.638	3.071	0.678	3.011
0.599	3.137	0.639	3.070	0.679	3.01
0.600	3.135	0.640	3.068	0.680	3.008
0.601	3.133	0.641	3.066	0.681	3.007
0.602	3.131	0.642	3.065	0.682	3.005
0.603	3.130	0.643	3.063	0.683	3.004
0.604	3.128	0.644	3.062	0.684	3.003

续表

吸光度（A）	酶浓度（c）/（U/mL）	吸光度（A）	酶浓度（c）/（U/mL）	吸光度（A）	酶浓度（c）/（U/mL）
0.685	3.001	0.713	2.964	0.741	2.931
0.686	3	0.714	2.963	0.742	2.93
0.687	2.998	0.715	2.962	0.743	2.929
0.688	2.997	0.716	2.961	0.744	2.928
0.689	2.996	0.717	2.959	0.745	2.927
0.690	2.994	0.718	2.958	0.746	2.926
0.691	2.993	0.719	2.957	0.747	2.925
0.692	2.992	0.720	2.956	0.748	2.923
0.693	2.99	0.721	2.955	0.749	2.922
0.694	2.989	0.722	2.953	0.750	2.921
0.695	2.988	0.723	2.952	0.751	2.92
0.696	2.986	0.724	2.951	0.752	2.919
0.697	2.985	0.725	2.95	0.753	2.918
0.698	2.984	0.726	2.949	0.754	2.917
0.699	2.982	0.727	2.947	0.755	2.916
0.700	2.981	0.728	2.946	0.756	2.915
0.701	2.98	0.729	2.945	0.757	2.914
0.702	2.978	0.730	2.944	0.758	2.913
0.703	2.977	0.731	2.943	0.759	2.912
0.704	2.976	0.732	2.941	0.760	2.911
0.705	2.975	0.733	2.94	0.761	2.91
0.706	2.973	0.734	2.939	0.762	2.909
0.707	2.972	0.735	2.938	0.763	2.908
0.708	2.971	0.736	2.937	0.764	2.907
0.709	2.969	0.737	2.936	0.765	2.906
0.710	2.968	0.738	2.935	0.766	2.905
0.711	2.967	0.739	2.933		
0.712	2.966	0.740	2.932		

参考文献

[1] 中国食品药品检定研究院.中国药品检验标准操作规范[M].北京：中国医药科技出版社，2019.

[2] 中国食品药品检定研究院.药品检验仪器操作规程及使用指南[M].北京：中国医药科技出版社，2019.

[3] 国家卫生和计划生育委员会.GB 5009.235—2016食品安全国家标准 食品中氨基酸态氮的测定[S].北京：中国标准出版社，2016.

[4] 国家卫生和计划生育委员会.GB 5009.124—2016食品安全国家标准 食品中氨基酸的测定[S].北京：中国标准出版社，2016.

[5] 中华人民共和国卫生部.GB 5009.5—2010食品安全国家标准 食品中蛋白质的测定[S].北京：中国标准出版社，2010.

[6] 国家市场监督管理总局，国家标准化管理委员会.GB/T 41906—2022超氧化物歧化酶活性检测方法[S].北京：中国标准出版社，2022.

[7] 中华人民共和国国家质量监督检验检疫总局，国家标准化管理委员会.GB/T 5521—2008粮油检验 谷物及其制品中α-淀粉酶活性的测定 比色法[S].北京：中国标准出版社，2008.

[8] 国家卫生和计划生育委员会.GB 5009.8—20食品安全国家标准 食品中果糖、葡萄糖、蔗糖、麦芽糖、乳糖的测定

[9] 国家卫生健康委员会 GB 5009.8—2023食品安全国家标准 食品中果糖、葡萄糖、蔗糖、麦芽糖、乳糖的测定[S].北京：中国标准出版社，2023.

[10] 国家卫生和计划生育委员会.GB 5009.7—2016食品安全国家标准 食品中还原糖的测定[S].北京：中国标准出版社，2016.

[11] 中华人民共和国卫生部.GB 28050—2011食品安全国家标准 预包装食品营养标签通则[S].北京：中国标准出版社，2011.

[12] 国家卫生和计划生育委员会.GB 5009.6—2016食品安全国家标准 食品中脂肪的测定[S].北京：中国标准出版社，2016.

[13] 国家卫生和计划生育委员会.GB 5009.257-—2016食品安全国家标准 食品中反式脂肪酸的测定[S].北京：中国标准出版社，2016.

[14] 国家卫生和计划生育委员会.GB 5009.229—2016食品安全国家标准 食品中酸价的测定[S].北京：中国标准出版社，2016.

[15] 中华人民共和国卫生部.GB 5413.18—2010食品安全国家标准 婴幼儿食品和乳品中维生素C的测定[S].北京：中国标准出版社，2010.

[16] 国家卫生健康委员会.GB 5009.285—2022食品安全国家标准 食品中维生素B_{12}的测定[S].北京：中国标准出版社，2022.